# 日本をめぐる安全保障 これから10年のパワー・シフト

その戦略環境を探る

渡邉昭夫　秋山昌廣　編著

亜紀書房

# 日本をめぐる安全保障
# これから10年のパワー・シフト

その戦略環境を探る

# まえがき

昨年（２０１３年）末、防衛戦略研究会議は「２０１０年代の国際環境と日本の安全保障」と題するレポートを作成発表した。本書籍は、このレポートをベースに一般の刊行向けに再編集したものである。

防衛戦略研究会議は１９９９年に、防衛省防衛研究所内に発足した。まず、この会議のことについて触れておきたい。その発足にはいろいろ背景があったが、新しい世紀を目前にして、国家像、安全保障、国防といった国家の基本にかかわる事柄について、戦略的に思考していかなければならないという認識が強くあった。日本においては、このような問題が戦略的に取り組まれてこなかった。

政府に安全保障戦略会議でも設けてほしかったが、当時はそう簡単なことではなく、とりあえず民間の専門家、学者を中心としたいわばトラック２の形で、しかも防衛研究所の研究の一環として、防衛戦略研究会議を立ち上げたのである。本書籍の共同編著者の渡邉昭夫が座長、秋山が主査であった。

会議では、安全保障あるいは国防を中心に戦略的観点からの議論が多かったため、各年度の共通課題には、「日米同盟」「日本の役割」「日本の安全保障戦略」という言葉が多く並んでいた。同会議では最近に至り、「グローバルパワー米国」「中国のパワー」「日本の国家再構築」という言葉が使われ始めたが、これは、現在、日本の安全保障が大きな転換期を迎えているからに他ならない。

そして、平成24年度は前述の「２０１０年代の国際環境と日本の安全保障」が共通課題となった。しかも、この年度は、防衛研究所が60周年を迎えることでもあり、防衛研究所60周年記念出版事業の一環として、この研究会議の議論をレポートにまとめ、これを刊行することを企画した。これを前提に、発表者＝執筆者を選び、年度間の議論の方向を事前に構想し、発表、討議、執筆を順次進めた。

年度共通課題の下で議論全体を構想した渡邉昭夫議長は、個別に発表者（執筆者）と意見交換をし、会議での議論もリードした。会議で発表した後、それにかかわる議論も踏まえて、発表者は各テーマについて執筆をする、というプロセスを経た。

このレポートは、大きく3部から構成された。ここで、レポートの構成について少し説明しておきたい。三つの部は、「パワー・シフト下における日本」「パワー・シフト下における東アジア」「新しい安全保障の課題」である。「パワー・シフト下における日本」では、山本吉宣先生に「パワー・シフトのなかの日本の安全保障」を、中西寛先生に「2010年代 世界と日本の位置」を、坂元一哉先生に「米国新戦略と日米同盟」を執筆いただいた。「パワー・シフト下における東アジア」では、浅野亮先生に「『グレーゾーン』のなかの日中関係」を、袴田茂樹先生に「プーチン政権の安定性と対外関係」を、小此木政夫先生に「朝鮮半島―システム再編期の国際関係」を、執筆いただいた。今回一般書籍化にあたり、菊池努先生に「パワー・シフトと東南アジア」を追加執筆いただいた。「新しい安全保障の課題」では、秋山が「海洋の安全保障と日本」を執筆し、橋本靖明先生に「宇宙空間の安全保障利用」を、土屋大洋先生に「非伝統的安全保障としてのサイバーセキュリティの課題」を執筆いただいた。宇宙と海洋については、研究会議での発表はなかったが、新しい安全保障の課題として外すわけにいかないとの考えから、紙上参加という形となった。

結語というべき終章において、議長の渡邉昭夫先生が、日本の安全保障の将来についての深い思いを吐露された。

レポート自体は昨年末に完成し発表されたが、国民の広い層にこのような安全保障戦略問題に関心と理解を深めてもらおうと、これをアップデートおよび一般書籍向きにするとともに補充原稿を加え、今回発刊することになったものである。

２０１４年年６月　　秋山昌廣

# 目次

# 第Ⅱ部　パワー・シフト下における東アジア

## 第Ⅲ部　新しい安全保障の課題

## 第10章 非伝統的安全保障としてのサイバーセキュリティの課題
### ――サイバースペースにおける領域侵犯の検討

土屋 大洋

終　章　歴史の流れのなかで考えよ　　渡邉　昭夫

# 第Ⅰ部　パワー・シフト下における日本

# 第1章　パワー・シフトのなかの日本の安全保障

山本吉宣

要約

今世紀に入り、中国やインドというメガ新興国の台頭が顕著になった。冷戦後、1990年代の第三世界の内戦、2000年代の国際テロに代わって、あるいはそれに加えて2000年代後半から大国間の政治が顕在化する大きな理由となった。とくに、中国は、経済、軍事で急速に伸張し、アメリカを追っており、パワー・トランジッションと呼ばれる現象を引き起こしている。2010年代全体を通して、国際政治の基調をなすものと考えられる。またそれは20年代には中国がGDPでアメリカに追いつくという将来の影のなかで展開する。冷戦後の単極構造が崩れていく過程であるが、米中間の密なる経済相互依存関係もあり、そこでは協力と競争が並行して見られる。

このなかでの米中の基本的な行動（戦略）は、利益の整合性と力関係によって決まる。相互の利益がそれほど対立せず、力関係がかなり開いているときには、台頭する中国は、アメリカとの協調的な関係を維持しつつ、自己の経済力、軍事力を増大させていくヘッジング戦略（韜光養晦《とうこうようかい》）をとり、またアメリカも、中国と協調的な関係を維持しつつ、中国の伸張と機会主義的な行動に対処するため、軍事を整え、また同盟国等との協力を強化するヘッジング（協力が失敗するリスクに対処する）戦略をとる。双方ともヘッジング戦略をとれば、国際システムは安定している。しかし、米中の力が接近し、また利益の齟齬するところが大きくなると、たとえば、アメリカはハードなバランシング（軍事的な均衡を旨とする）戦略に転換し、中国は挑戦的な要素の強い戦略をとるようになることも考えられる。いかに米中の利益の齟齬を管理する制度をつくっていくか、また20年代に二極となった場合の安定メカニズムはどのようなものかが模索される。

米中以外の第三国の行動も国際システムのあり方に大きな影響を与える。米中とともに密なる経済関係をもち、また安全保障上の問題がない国は、米中双方とよい関係を保つことができよう。自立性を旨とし、米中と等距離外交をとる国も存在しよう。中国と安全保障上の問題を抱えている国々は、アメリカとの安全保障上、また経済上の協力関係を強めようし、中国と体制も近く、安全保障上の問題もなく、経済的に中国に大きく依存している国は、中国に大きく引っ張られよう。米中共に密なる関係をもつ国、また等距離外交をとる国々は、アジア太平洋の亀裂を抑える機能をもつとともに、地域に生起する紛争等に、バック・パッシング（他国に対処をゆだねる方法）を行い、問題の解決に直接の役割を果たすことが少ないと考えられる。

日本は、二重のパワー・シフトに直面している。一つは、米中間のパワー・トランジッションであり、いま一つは、日本自身の相対的な力が、急速に低下していることである。このなかで、近年中国と極めて厳しい安全保障問題を抱える。日本は、優雅なる衰退をいかに克服し、経済を立て直し、防衛力を整備し、アメリカとの安全保障協力を確たるものにしていくか、この10年の大きな課題である。

## はじめに

冷戦後、国際的安全保障は、三つの波を伴って変化してきた。冷戦後すぐの１９９０年代には、大国間の対立は背景に引き、第三世界の内戦が安全保障の支配的な問題となった。９・11以後の国際テロの顕在化、そしてその余波ともいえる、アフガニスタン、イラクにおける戦争は、２０００年代の安全保障の中心的な問題であった。このような90年代の内戦、２０００年代の国際テロという二つの波を経て、２０００年代の末には、冷戦後の安全保障の第３の波が起きてきている。それは、新興国の台頭、とりわけ中国の台頭によって引き起こされたものであり、第１の波、第2の波とは異なり、そこでは、国家間の安全保障、それも冷戦後背後に引いていた大国間の安全保障の問題が顕在化したのである。M・マンデルバウムの言葉でいえば、大国政治への回帰（the return of great-power politics）である（Mandelbaum [2010 : chapter 4]）。

本章の課題は、２０１０年代の国際政治環境と日本の安全保障について、この第3の波を、パワー・トランジッションをキー・コンセプトとしながら考えることである。現在すでに、10年代もかなり過ぎてしまっているが、過去から現在にかけての国際政治環境の変化を考え、ついで、２０２０年あたりの国際システムのあり方をも念頭において、日本の安全保障の基本的な問題を考察したい。ここで、若干言葉の使い方について述べておきたい。それは、パワー・トランジッションとパワー・シフトという二つの言葉である。一般に、二国間で、相対的な力が変化し、より小さな国が、優位であった国を抜き去る可能性があるとき、それをパワー・シフトという。これは、歴史的には広く見られるものである。たとえば、日中のＧＤＰの逆転は、パワー・シフトの一つである。これに対して、パワー・トランジッションとは、パワー・シフトの一つであるが、世界的な覇権国とそれを追走する国の間の力の接近や交代を意味するものであり、後でも述べるが、世界全体の秩序に大きな影響を与えるものであり、したがって、パワー・トランジッションは、秩序（order）・トランジッション（Goh［2013］）の可能性を含むものである。本章では、このような区別をし、この二つの用語を使うことにする。

## 1　パワー・トランジッション現象とその認識

パワー・トランジッションは、国家間で、それも世界の最大の国家（覇権国）とそれを追走する大国との差が縮まり、さらに力の交代が起きるという事象を指している。パワー・トランジッションは、国際政治学上の概念でもあり、それは、少なくとも１９５０年代の末まで遡らなければならない（Organski［1958：chapter 13］）。しかし、いまや日本でも、中国の台頭やアメリカの衰退、さらにはパワー・トランジッションという概念そのものが、政策上、また学問上も、重要な課題として取り上げられるようになっている。ただ、現在進行中のパワー・トランジッションが、いつから、どのような形で認識されるようになったのか。ここでは、パワー・トランジッションの一方の主役であるアメリカがそれをどのようにそれを認識してきたかを、米国国家情報会議（National Intelligence Council<NIC>）の『グローバル・トレンド』を素材として考えてみたい。

ＮＩＣは１９９７年以来５次にわたって『グローバル・トレンド』を刊行してきた（NIC［1997］，NIC［2000］，NIC［2004］，NIC［2008］，NIC［2012］）。それは、それぞれの刊行の時点から、約15年後の世界を予測し、アメリカのあるべき政策を考えようとするものである。１９９７年版（２０１０年予測）では、中国の台頭についての言及はなく、最も注目されているのは第三世界の内戦であった。また２０００年版（２０１５年予測）では、中国のポテンシャルには言及しつつも、中国の経済、政治に関する不確実性が指摘されているにすぎなかった。２０１５年の世界を考えた場合でも、アメリカは「圧倒的な力（the preponderant power）」であるとされている。

しかし、２００４年版（２０２０年予測）で中国をはじめとする新興国の台頭が基本的なテーマ（の一つ）となった。そして、中国やインドの台頭は、19世紀のドイツの台頭や20世紀初頭のアメリカの台頭と比することができるものであり、地政学的な構図を大きく変える可能性があると述べている。ただ、２０２０年の世界においても、アメリカは経済においても、技術においても、また軍事の面でも、「唯一の最も力のある行為者（the single most powerful actor）」であり続けると述べている。２００４年版の２０２０年予測のなかでは、中国がＧＤＰでアメリカに追いつくのは２０４０年過ぎであると予測されている。この版以後、中国をはじめとする新興国の台頭は、つねに第１のテーマとなった。

２００８年版（２０２５年予測）では、グローバルな多極システムが現れつつあるという認識が示され、２０２５年までには、アメリカは世界的な主要アクターの一つにすぎなくなっているが、全般的に見れば、アメリカは支配的な国ではないとしても、「唯一の最も力のある国家（the single most powerful country）」（これは、２００４年版と同じ）として存在し続けようと述べている。そして、20世紀初頭、第一次世界大戦に至った多極化とは異なるであろうが、このような国際システムの推移は、危険に満ちたものであると述べている。２０２５年までには、中国は世界第２の経済大国になっているが、中国のＧＤＰがアメリカを抜くのは２０３６年あたりであると予測している。そして、いまから2世紀前には、中国は世界のＧＤＰの30％、インドは15％を占めていたが、中国とインドの台頭は、このような富の分布を復活させ、バック・トゥ・ザ・フューチャーの様相を示そうと述べている。ただ、台頭する新興国が国際システムのルールに挑戦することは考えられないとも述べている。さらに、アジアにおいては、地域統合が最も弱く、競争とヘッジングが顕著であり、日中関係がその典型的なケースである。日中が、いかに歴史に基づく不信を払拭し、平和裏に競争できるかが鍵になるとしている。アメリカは、この点バランサーとしての役割を果たさなければならず、アジア諸国もこれを望むであろうと述べている。

直近の2012年版（2030年予測）においても、パワー・トランジッションとかパワー・サイクルという概念が中心に据えられ、国際政治学における理論も十分に取り入れられた分析が行われている。2030年の数年前には中国はアメリカを追い越し、世界で最大規模の経済になっていよう。中国やインドの台頭は、19世紀のドイツやアメリカの台頭と比べて、極めて急速である。[1] また、2008年版と同様に、アジアは、十分な安全保障の枠組みがないため、大きな不安定に見舞われる可能性があると述べている。そして、2030年までには、中国やインドは、紀元1500年の時代と同じように、世界のパワーハウスとなっていることであろう。ただ、アメリカであれ、中国であれ、覇権的な国ではないであろう。アメリカは、新興国に対して相対的に衰退（decline）［衰退という言葉が初めて使われた版である］していくのは、必然的ではあるが、その国際システムにおける役割はいまだ不明確である。ただ、2030年においても、アメリカは、経済だけではなく、ハード、ソフト両面において優れており、「同等者のなかの第一人者（first among equals）」（他所では、政治的には preeminent〈卓越した〉といっている）になっていようと述べている。しかし、単極の時代は終わり、パックス・アメリカーナは、急速に失われていこう、とされている。

このように見ると、米中間のパワー・トランジッションは今世紀に入ってから強く意識されるようになり、それも、時が経つにつれて、トランジッションへの時間が短くなっている。

以上からわかるように、ＮＩＣの報告書は、２００４年版以来、新興国（中国とインド）の台頭によって、国際システムのあり方が大きく変容し、それも不確実性の大きな、危険性のあるものになる可能性があるとの認識を示している。２００８年版では、多極化への動きが指摘され、２０１２年版では、アメリカの衰退と、パックス・アメリカーナ（単極構造）の終焉の可能性が指摘されている。そして、最も不確実性の高い地域はアジアであると認識され、アメリカの果たす役割は、アジアにおける対立の調停者、バランサーであるとされている。

以上は、まさに、パワー・トランジッションが起きており、パックス・アメリカーナが崩れつつあるという認識である。そして、その出発点は、アメリカの覇権構造の変化である。したがって、覇権構造がどのように捉えられ、またそれが崩れていくことによって、どのような国際政治過程が展開していくか明らかにすることが重要となる。

## 2　国際システムの極構造とその変化

ここで、まず、国際政治の構造を、抽象的に単極と複数極（力が分散しているという状態を示し、必要に応じて多極と2極を分けて考えてよい）の二つに分けて考えてみる。そうすると、図1に示したように、国際システムの構造とその変容を見るにあたって、いくつかの側面が存在することがわかる。一つは、単極なり複数極という構造を前提として、その構造のもとで、国際システムがいかに再生産され、安定が保たれるかという側面である。すぐ後で述べる覇権安定論は、単極を前提とした場合、それがいかなるメカニズムで安定し、再生産されるかを検討対象としている（図1のA）。あるいは、多極あるいは二極を前提として、その再生産と安定化を考察の対象とするものもある（B）。たとえば、多極の場合、柔軟に同盟を形成して安定を保ち、多極構造そのものを維持するというのが、古典的な国際政治論であった（Gulick［1967］）。また、米ソ対立という二極構造は、内生的なバランスの維持（すなわち、二極をなす国それぞれが自国の資源を動員することによって互いの均衡を保つ）、また相互核抑止というメカニズムによって安定するものとされた（Waltz［1979］）。

いま一つの側面は、複数の大国のなかから、ある一つの国が抜きん出た存在となり単極構造が形成される過程である（図1のａ）。これにもいくつかのケースが考えられよう。たとえば、冷戦後アメリカの単極構造となったが、これは、二極での相手のソ連が自己崩壊した結果である。ただ、多くの場合、多極の、分散型のシステムからある国が覇権的な構造をつくろうとするとき、国際政治は不安定になり、大きな戦争が起きる。たとえば、ヨーロッパにおいて、ウェストファリア体制の成立以後、ルイ14世によるフランス、ナポレオンによる第一帝政、帝政ドイツ、ナチスドイツなど、多極のなかから、覇権を目指した国が出現したが、それらは大連合の形成にあい、ことごとく失敗している（これは、Ｂの安定装置［多極維持のメカニズム］がきいたものと考えられる）（Gulick［1967］）。

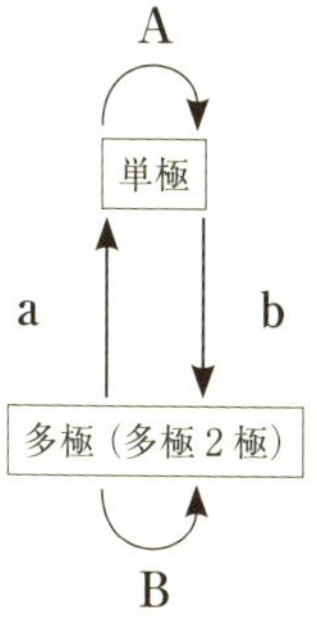

図1　国際システムの極構造とその変化

最後に、単極システムから力が分散し複数極になっていく場合が考えられる（ｂ）。これが現在の状況であると考えられる。ここでは、基本的には、相対的に力を低下させる覇権国（アメリカ）と、台頭する追走国（中国）との間の相互作用が中心となる。その過程がいかなるものか、平和的な過程であるか、あるいは紛争的なものであるかが考察の対象となる。

図1からいうと、パワー・トランジッションは、覇権構造から複数極へ（ｂ）、そして、複数極から、再び単極へ、という構図を描くものである。ここで、ｂの過程を経て、二極なり、多極となった場合、そこで安定するのか（Ｂ）、あるいは、そこから、さらに単極に移行するのかが（ａ）、新たな問題

となる。ただ、2010年代ということになると、bが主となる。

## 3 覇権安定論――一つの秩序論

単極構造の下での国際政治を考える場合、覇権安定論と呼ばれるものが存在する。パワー・トランジッション論のほとんどのものは、この覇権（単極）安定を前提とする（Organski [1958], Tammen *et al* [2000], Thompson [2008]）。覇権安定論は、覇権構造の国際システムにおいては、単に覇権国の力が圧倒的に強く、他の国が挑戦してもとてもかなわないから安定する、ということだけではなく、そこでは覇権国が他の国家の行動を規制し、それを通して価値（富、植民地など）が配分される秩序（order）、すなわちルールの体系が、つくられると仮定する。そして、その秩序は、覇権国の利益と価値／規範を反映したものであり、またその力を背景につくり上げたものとされる。

覇権安定論のなかにも、この秩序をめぐって、いくつかの異なる考え方がある。一つの次元は、この国際秩序のなかで配分される価値がどのような性格をもっているかである。この点、財とかサービスの性質という観点からいえば、国際公共財と私的財がどのように組み合わさっているかということになる。

**公共財の供給**　国際公共財にウェイトを置く議論としては、経済の分野でいえば、自由貿易体制であるとか基軸通貨の供給ということが強調され、また安全保障面でいえば、海洋の安定、安全保障の供給が強調される。覇権国は、このような公共財を供給するコストを負担する。もちろん、供給された公共財から覇権国も便益を得る。公共財は、一旦供給されれば、他の国はコストを払わなくても便益を得ることができる。したがって、覇権国は、他の国々から政治的な支持を調達することができ、このことから覇権的な秩序は安定する。ただし、このような構造は覇権国が大きなコストを負担することから、その力の衰えを促す一つの要因となり、覇権国の力が衰えると、コスト負担力が低下する。そうすると、公共財の供給が少なくなり、覇権的な秩序は不安定化する。また、公共財は、他の国はコストを払わずにそれを使うことができることから、ただ乗りが横行する。そうすると、覇権国の相対的な力が低下していくと、覇権国は、他の国にコスト分担を強く求めるようになったり、また自身のコストの削減を容易に行うこととなる。

**私的な財**　このような議論に対して、覇権国がつくる秩序においては、覇権国は他の国に比べてより多くの私的財ともいうべきものを獲得しているという議論もある。オルガンスキーは、国際政治においては、力の階層（ピラミッド）があり、頂点に立つ支配的な国は国際秩序をつくるのであるが、この秩序からのベネフィットの配分は、逆ピラミッドになっており、頂点に立つ支配的な国家が最も大きなベネフィットを獲得し、ついで諸大国が、そして力が小さくなればなるほどベネフィットが小さくなるという構図を示している（Organski［1958］）。そこでのベネフィットは、理論的には公共財的なものもありえるが（大きな国ほど公共財から得る便益が大きい）、私的な財である可能性が大きい。ここで私的な財とは何か、いくつかのものが考えられる。たとえば、基軸通貨は、誰でもがそれを使うことから排除されず、誰かが使ってもその効用は減るものではないという意味で公共財である。第二次世界大戦後のドルを考えると、固定相場制の場合、アメリカにとって自由度を失う（アメリカは為替レートを自由に設定できない）というコストもあるが、一般的にいえば自由にドルを発行することができるという基軸通貨国特権（seigniorage）をもつ。その面では私的財ともいえる。また、安全保障の網をかぶせることによって、そうでないときよりも相手国から通商上有利な条件を得ることができる。あるいは、国際的な秩序のなかで植民地獲得が一つの許容されるルールであったときには、力の大きいほうが多くの植民地を獲得する。これらの便益は、特定の国に排他的に属するものであり、私的な財といえる。[2]

覇権的な秩序のなかでの私的財の配分は、持てるものと持たざるものの差を生み出す。そして、秩序に由来するベネフィットの格差は、力の格差（相対的力）によって、維持される。もし、大国のなかで、国際秩序からの便益に不満をもっている国が出てくれば、それは、秩序のなかの利益配分の変更を自己に有利となるように求めようし、極端には国際秩序そのものを変更しようとする。このように考えれば、覇権国と追走国（この場合は、挑戦国）との間の（軍事）力の格差が大きいときには挑戦国は覇権国に挑戦しても勝ち目はないので、国際政治は安定する。しかし、軍事的格差が縮小していくと、挑戦国は軍事力を使って秩序をひっくり返そうとする。あるいは逆に、ゆくゆくは挑戦国が優位になるため、覇権国はまだ自分が優位なときに、相手を叩いておこうとして、予防戦争的な行動を示すことになる。[3]図1のBにおける多極（二極）の安定はないという考え方である。ただ実際にどのような結果になるかは、追走国が、現行の秩序から公共財、私的財でどのくらいのものを得ているか、また戦争などのコストとの比較でそれに挑戦することをどのように認識するかによろう。

**コスト／ベネフィット計算**　以上のような考え方のなかには、国家はコストとベネフィットを計算し自己の利益を最大化しようと行動することが前提とされる。国家（覇権国）は、ベネフィットがコストを上回る限り拡大していく。そして、それらが均衡したところで一つのシステムができる（コストがベネフィットを上回ると過剰拡大となる）。そして、覇権国はそのシステムのなかで、力でもって、また威信やイデオロギー等で与えられる正当性をもって、システムを制御する。いわば、覇権国によるガバナンスである（Gilpin［1981］）。

このように、覇権国がつくる国際秩序においては、国際公共財と私的財が入り混じっているが、理論によっては国際公共財のほうを強調するものと、そうではなく私的財を強調するものが存在する。公共財を強調するものは、覇権国の善意、他の国へのプラスの面を強調する。そして、覇権国が衰退すれば、それだけ国際公共財の供給が低下すること（コミットメントの低下）を当然とする。また、公共財の便益を得ている国にコスト負担の増大を求めるとされる。しかしながら、私的財を強調し、覇権国が大きな私的財を得ていると考えると、覇権国はそれを守るために、できるだけコミットメントを維持し、国際秩序を守ろうとすると考える（Brooks, Ikenberry and Wohlforth［2012/2013, 2013］, Beckley［2012］）。

## 4　国際システム、国内政治、国家間相互作用——パワー・トランジッションへの視座

以上、覇権構造と覇権秩序を前提として、主として覇権国がいかに振る舞うかを考えてきた。しかし、パワー・トランジッション論は、覇権構造は永遠に続くものではなく、揺らぎ、時に崩壊すると考える。その大きな理由は、国家間の（経済）力の成長の違い（differential growth）である。すなわち、国家の成長率は異なり、それが国家間の相対的力関係、また国際システムにおける力の分布を変える基本的な要因であると考える。そして、そのような相対的な力関係の変化が、国際政治にどのような影響（国際政治の安定、不安定）を与えるかを考える。このような考えは、

経済成長率の差→相対的な力の変化（覇権国の交代）→国際政治の安定・不安定

という因果の連鎖を考えている。いわば、経済成長率の差とそれに由来する相対的な力の変化は、国際政治への与件（外から与えられたもの：外生）と考えている。しかしながら、経済成長（率の差）は、国内的な制度や政策によ

って異なるものであり（経済成長は内生的なもの）、さらに、相対的な力が変化している場合、それに対する国家の対外政策や戦略は異なり、そのような対外政策の相互作用が国際政治の安定・不安定を決める、という考えも可能である。たとえば、若干複雑になるが、

国内的な制度・政策→経済成長（率の差）→相対的な力の変化→国内の政治→国家の対外政策→国家の対外政策の相互作用→国際政治の安定、不安定

ということである。そうすると、前者は、国際システム的な要因に焦点を合わせ、後者は、国際システム的要因と国内的な要因の双方を考えるというものである。本章では、後者の視点をとり、次項で、それを詳しく論ずるが、ここではまず、経済成長（率の違い）と国内の制度や政治の関係について（上記二つの因果連鎖の最初の部分）、二つの考え方を検討しておきたい（これを仮に、不正確かもしれないが、外生的見方と内生的な見方、と呼んでおく）。

**外生的見方**（国際システム重視）　経済成長率の差は、外生的なものとして捉えられる場合がある（国家の政治、政策にとっては、与件という意味で）。これは、パワー・トランジッション論においてはよくとられる立場である。典型的にはオルガンスキーに見られる（Organski［1958］）。オルガンスキーは、産業革命前と後では国際政治のあり方には、質的な変化があったと論ずる。産業革命前は、産業は、基本的には農業であり、諸（大）国間の相対的な力は短中期にそれほど急激に変わることはなかった。もちろん、相対的な力の分布は変化したが、それは、柔軟に同盟を形成することによって調整できた。しかし、産業革命以後は、離陸から工業化段階に入った国は、急速に成長し、まだ農業国から離陸していない国を引き離し、また、すでに成熟経済にある国に追いつき、さらに追い抜く[4]。

このようなことから、最初に工業化段階へ離陸した国（イギリス）は、いまだ工業化していない国々との差を大いに広げ、19世紀を通して覇権国の地位を獲得し、一つの国際秩序をつくった。しかし、後に離陸したアメリカ、ドイ

ツは19世紀末から20世紀初めにかけて、イギリスに追いつき、追い越していく。このように、工業化への離陸の時期の違いによって、覇権的な国が誕生し、その地位は一定期間（通常はかなり長期にわたって）維持される。しかし、時間が経過すると、遅れて工業化してくる国に追い抜かれることになる。歴史的に見れば、20世紀においては、覇権国はイギリスからアメリカに移り、ソ連や日本が急速に成長する現象が見られたが、20世紀全体としては、アメリカの覇権は揺るがなかった。20世紀末、中国は離陸し、工業化の過程をたどり、成長著しく、また人口が巨大であることもあり、21世紀に入りアメリカを猛追し、抜き去る勢いを示している。

近代工業への離陸から成熟経済への成長経路を考え、離陸の時点の違いが国家間の力の格差の原因とするとそれは、かなり機械的で、運命論的なものである（あるいは偶然的なものでさえある）。もしそうであるとすると、覇権構造の形成、崩壊、覇権国と追走国の関係は、基本的には、国家（覇権国、追走国）の制度や政策にかかわり無く生起し、政策的な対応でそれをコントロールすることは不可能な、機械的なものと捉えられる。さらに、追走国は既存の秩序に不満を持つものと仮定すれば（これは、極めて強い仮定である）、たとえば覇権国と挑戦国の間の戦争（国際政治の不安定化）は、必然的なものとなる。しかし、たとえば、次項で論ずるように、そこでもたとえば挑戦国の成長が、覇権国がつくり、維持してきた国際秩序のなかでなされたものであるとの共通認識が存在したり、また覇権国と挑戦国との間の政治体制、経済体制の整合性がある場合には、衝突を避けたり緩和することは不可能ではないであろう。

**内生的見方**（国内的要因と国際システム）　覇権国に焦点を当てて、主として内生的な理由で成長率に差が出てくると考えるのは、ギルピン（Gilpin［1981］）である。ギルピンは、すでに触れたように、覇権国は、国際ルールの体系をつくったり、他国を制御する政策を展開し、国内における政府と似たような、国際統治を行うと論ずる。しかし、追走国が台頭してくると、覇権国の国際統治は、不安定になって崩れていく。

ギルピンは、覇権国が追走国の挑戦にさらされる現象はよく見られるものであるという。それは、国家は、経済的に生産したものを、消費し、貯蓄し、また投資する。国家の成長は、投資の大きさに依存する。しかし、国家が豊かになってくると、贅沢になり消費が増大し、貯蓄、投資が減じてくる。発展が遅れた国は多くの貯蓄、投資を行うことから、発展の遅れた国の成長率のほうが高くなる、という理由による。このことに対処するためには、覇権国は奢侈、消費を抑制し、投資を増やさなければならない。

また、覇権国は、対外的に多くのコミットメントをもっているが、このコミットメントにはコストがかかり、そのコストは時間が経つにつれて増大する傾向がある。たとえば、安全保障上のコミットメント（防衛費や同盟）を考えてみても、経済的に発展の遅れた他の国（とくに自国の同盟国の競争者）の経済的な成長は高く、また技術も拡散していくから、軍事力の強化、軍事費の増大が必要となってくる。そして、これに対処するための費用は増大し、これは消費（支出）であるので、国内の投資に向けられる資源はさらに制約される。このような立場からは、覇権国がその相対的な力を低下させたときの処方箋は、国内経済の再生（投資の拡大）と対外的なコミットメントの調整、縮小である。相対的な力の変化は、少なくとも部分的にはコントロール可能なのである。


以上、オルガンスキーの国際システムを重視したもの、ギルピンの国内的要因と国際的要因の二つを組み合わせたものの二つのパワー・トランジッション論を紹介した（このような対比について最近の議論としては、Steinberg and O'Hanlon［2014：chapter 1］）。しかし、いずれにおいても、パワー・トランジッションの過程で、覇権国と追走国がどのような政策、戦略を展開し、またそれらの政策の相互作用がどのような結果をもたらすのか、という側面は、詳しくは検討されていない。このことを、明示的に、また国際システム的な要因、国内的な要因を取り込みながら分析しようとするのが次項である。

## 5 パワー・トランジッションにおける戦略と行動パターン

さて、2010年代の国際環境を単極から力が分散する過程の時代と見るとすると、そこでの基本的な国家間関係は、覇権国（アメリカ）とそれを追走する国（中国）との関係である。また、日本などを考えると、覇権国と追走国以外の国がどのような行動をとるかということも国際秩序形成に大きな影響を与えるかもしれない。このことを若干理論的に考え、また現実との対応を考察してみたい。

### (1) 追走国の戦略――テスマンのモデルを出発点として

一般に、力の構造が変化し、他の構造に移行する場合、そのなかで大国は、どのような行動や戦略をとるであろうか。B・テスマン（Tessman [2012]）は、①力の構造が複数極であるか、単極であるか、分散の方向にあるか、②力が集中の方向にあるか、という二つの次元から四つのカテゴリーを考え、そのなかで、第2番目の大国（secondary power 一番力が大きい国に次ぐ大国とでもいおうか）の基本的な行動（戦略）を検討している。これを示したのが図2である。ただ、テスマンは、一番大きな国の戦略は取り扱っていない。したがって、図2には、本筆者が考える一番大きな国がとると考えられる戦略をあわせ示している。[5] 一番大きな国の戦略については、次項で述べる。

テスマンは、2番目の大国の（一番大きな国に対する）行動を、いくつかのタイプに分けている。一つは、第1番

| 構造＼変容 | | 力の変化の方向：集中化 | 力の変化の方向：分散化 |
|---|---|---|---|
| 力の分布 | 多極（2極を含む） | $\alpha 1$ バランシング<br>$\alpha 2$ 卓越追求（バランシング） | $\beta 1$ バック・パッシング<br>$\beta 2$ バランシング |
| | 単極 | $\gamma 1$ バンドワゴン<br>$\gamma 2$ 卓越の深化・拡大 | $\delta 1$ ヘッジング<br>$\delta 2$ ヘッジング、（縮小戦略、バック・パッシング） |

図2　第2番目の国家（secondary power）と最大の国家（第1番目の国家）の戦略
（出典）Tessman［2012: 203］および筆者作成。
＊左上は、２番目に大きな大国の行動／戦略、右下は第1番目の国の行動／戦略を示している。

目の国に対してバランスをとる行動である。いま一つは、勝ち馬に乗ること（バンドワゴニング）であり、優勢な国に対してその懐に飛び込み、相手の影響力下に入るということである。三つ目は、（一番大きな国からの）脅威を正面から受け止めず、他の国にその対処をゆだねるという責任回避（バック・パッシング）である。四つ目はヘッジングであり、現在の利益になること（第1番目の国家との協調）を継続しつつ、将来もしものことがあった場合に備え、軍事力を増強するという戦略である。テスマンは、2番目の大国の一般的な行動（モダリティ）を次のように考えている。

構造が複数極的であり、ある国が力を伸ばしている場合（図1でいえば、a）には、他の国（2番目に大きな大国）は、その国に対してバランスをとることを基本的な戦略としよう（図2の$\alpha 1$）。それとは逆に、たとえば、多極の状態からさらに力が分散していく場合（これは、図1には入っていないが、強いていえば、多極の範囲内のメカニズム、B）には、一番大きな国に対してバランシング行動をとるというよりも、それを無視するか、何か（脅威が）起きれば、それへの対処を他の国に押し付け、自分は責任を回避するというバック・パッシングが見られるであろう（$\beta_1$）。

構造が単極である場合、単極構造がますます進み、単極に力が集中するとき（これは、図1には入っていないが単極内のメカニズム、A）には、2番目の大国の基本的な戦略は、バンドワゴンであろう（$\gamma_1$）。

さて、本章での主たる対象である、単極が崩れ、単極から力が分散していくとき（図1のb）には、2番目の大国（これは、台頭する国である）の戦略は、単極と対立しないで、自己の力を伸ばし、将来に備えるという戦略的ヘッジングがとられるという（$\delta_1$）。これは、中国に即していえば、韜光養晦とか、平和台頭論である。すなわち、アメリカとの対立は避け、アメリカの支える国際秩序のなかで、力を涵養していこうとするものである。

ただ、このようなヘッジング以外にも、①追走国が、既存の秩序からどのくらい利益を得ているか、また②覇権国との力関係がどのようなものか、によっていくつかの戦略が可能であろう（これらは図2に示されていない）。

追走国が、現行の国際秩序から、大きな利益を得てきており、将来もそれを期待できるとしたら、追走国は、その国際秩序に深く入り込み、その秩序のルールに従い、かつその秩序のサポーターとなろう（サポーター戦略）。そしてそのことは、覇権国との力関係とはあまり関係がないであろう。

覇権国との利害の齟齬はあるが、その程度はそれほどでもなく、現在は、既存の国際秩序から利益を得ており、力関係は、覇権国とはかなり差があるときには、追走国は覇権国とは衝突はせず、そのなかで、自己の力を涵養し、覇権国の圧力に抗し、将来自己に有利なバランスをつくり上げていく、というすでに述べたヘッジング戦略をとろう。

現存の国際秩序にはいくつかの大きな不満があるが、基本的にはそれから利益をも得ている。そして、力関係は、いまだ対抗するには十分ではない。この場合、秩序に対する全体的な挑戦をすることはないが、国益に沿って時にルール（の精神）に反することを行い、そのことによって結果的に現行秩序を弱体化させるというスポイラー戦略をとることもあろう。ただ、この戦略も、長期的に自己の力を涵養しようとするのであれば、ヘッジング戦略の一つと考えられよう。ただ、この場合、力の格差が縮まってくると、力を背景とした紛争の解決、あるいは、ヘッジングというよりも対抗的要素の強いバランシング行動をとることが多くなろう。

さらに、現行の秩序とは、原理的に大きな違いがあり、力の差があるときには、現行の秩序のなかで異議申し立てを旨とする戦略をとるであろう。また、力の差がなくなってくると、秩序の基本原理を変えようとしよう（分野や地域によって異なろうが）[6]。いわば、挑戦戦略である。さらに進めば、力でもって現行秩序をひっくり返そうとする革命戦略ともいうべきものをとる可能性も出てくる（以上、Schweller and Pu［2011］参照）。

以上から、中国の戦略は、アメリカとの力関係、利害齟齬の程度によって異なるものとなる。この二つの要素の認識は、中国内で、人によって、またグループによって異なろう。もしある人たちが、中国は、現存の国際秩序、またアメリカとの関係に大きな利益を見出し、それを続けるべきであると考えるとすると、彼らはサポーター戦略を擁護するであろう。このような戦略が実際の中国の政策となるためには、現存の国際秩序を守ることによって利益を得る国内集団（compliance constituency）が大きく、政治力が強いことが前提とされよう。

中国は既存の秩序から利益を得ていると同時に、利害の対立も存在する、しかし、アメリカとの力関係がいまだアメリカに有利であると認識する人々は、中国はヘッジング戦略をとるべきであると主張しよう。ヘッジングは、中国を単一の合理的な行為者と見る場合にもいえるであろうし、国内政治的に、既存の秩序や対米関係から利益を得ている集団（たとえば、産業集団）と、アメリカとは利害関係が一致しないと考える集団（たとえば、人民解放軍）があるとすると、それらの集団のバランスの上に成り立つものであろう。したがって、中国のヘッジング戦略は、協調的な方向と、対抗的な方向に揺れるが、それは、中国の国内政治に大きく左右されるものでもある。

### (2) 覇権国の行動と戦略

ここで、図2を参照しながら、一番大きな国の行動なり戦略を考えてみよう。一番大きな国を対象としているため、バンドワゴニングという戦略はない（ただし、たとえばアメリカが中国に妥協して、東アジアに中国の覇権を認めた場合、それはアメリカの中国に対するバンドワゴンといえるかもしれない（Ross［1999：181-184］））。その代わり、一番大きな国には卓越戦略ともいうべきものが存在しよう。卓越戦略とは、他の国を圧倒し、また卓越性に基づいて、自己の利益や規範に合った国際秩序をつくり、維持し、さらには強化しようとする戦略である。

さて、現在多極で、そのなかのある一つの国に力が集中しつつあるとすると、その国は、現状を維持するか、卓越を求める戦略を展開しようとするであろう（図2の$\alpha 2$）。また、多極構造のなかで、一番大きな国が相対的に低下するとき、その国は、低下を防ぐために他の国と同盟を結び、現状維持のためのバランシング行動をするかもしれない（$\beta 2$）。

現在単極構造であり、さらに力が集中する場合には、単極をなす国は、その卓越性を維持しようとすることもあり、ときには、卓越性をさらに強化し、覇権的な国際秩序を深化・拡大しようとするかもしれない（$\gamma 2$）。

現在単極で、単極が徐々に崩れてきた場合、単極をなす国は、力を増大してきている国に対して、紛争を避けながらも、他の国と同盟を強化したり、国内経済を再生して、現状を維持し、さらに将来に備えようとしよう。覇権国の側から見たヘッジング戦略である（$\delta 2$）[7]。このヘッジング戦略は、覇権国に余裕があるときとられよう。すなわち、覇権国が、自己の力を、相対的に低下しているとはいえ、いまだ相手との差が大きく、その差が縮まるのにはかなり時間がかかると認識しているときである。追走国はまだ差し迫った脅威ではない。このような場合、相手との協調を維持しつつ、自国の力の低下を抑えるためにさまざまな手段をとるが、そのなかには、覇権国が、追走国を現行の国際秩序になるべく繰り込み、利益を均霑《きんてん》し、社会化し、将来にわたり、追走国が脅威にならないようにする、という縛り付け（binding）戦略をとることもあろう。[8] また、覇権国が、自己の力の低下を自己の経済の不調が相対的な力の低下の主因であると考えるときには、自己の経済の再生をまず図るという再生戦略（restoration）をとろう（経済の再生によって将来に向けて力を涵養するという意味ではヘッジングの一種であろう）。この場合も、追走国はいまだ脅威とは認識されない（Haas［2012］）。あるいは、単極が、追走国に対して強硬な政策をとることは、それほど脅威ではない相手国を挑発し、安全保障のジレンマを引き起こし、望ましくない結果をもたらすものであると論じられる（Ross［2012］, Economy［2013］）。

覇権国が、自己の経済や資源創出に問題があると認識した場合、単に自己の経済の再生を図るだけではなく（軍事費の削減を含む）、対外的なコミットメントを過剰拡大とみなし、同盟などのコミットメントを低下させるという撤退（withdrawal, retrenchment）戦略をとることもあろう。これを縮小戦略といおう。この場合、追走国はそれほど脅威でないと認識しているか、もし脅威と認識しているとしても、自己の対外的なコミットメントを再編成しつつ、オフショア・バランシング（兵〈基地等〉を遠隔の地に引き、そこから間接的に相手とのバランスをとる）という戦略をとろう。[9] あるいは、さらに追走国との対抗を同盟国や他の国に任せるというバック・パッシング戦略をとるようになることもありえる（Posen［2013］）。

もちろん、覇権国が追走国を大きな安全保障上の脅威と認識した場合、覇権国は、追走国と直接のバランスをとることを旨とする戦略を展開し、自国の軍事力を強化し、同盟国を動員して、追走国とバランスをとろうとするであろう。もちろん、覇権国が追走国を脅威と認識するといっても、自国に対する全体的な脅威であるのか、ある地域に限定された脅威と認識するのか、異なるところがあろう。たとえば、アメリカがいう（中国の）接近対抗・領域拒否（Anti-Access/Area Denial, A2/AD）は、いまのところ地域に限定された軍事的脅威であり、また、内容はそれほど明らかではないが、エアシーバトル（Air/Sea Battle）は、それに対抗するバランス、抑止戦略であると考えられる（Swaine *et al*［2013：chapter 6］, Schreer［2013］、またエアシーバトルへの批判については、たとえば Steinberg and O'Hanlon〔2014：chapter 5〕）。

以上のように、覇権国のとる戦略は、追走国との力の差、利害齟齬の大きさによって決まってくる。これら二つの要素は、アメリカ国内において、人によってまたグループによって認識が異なる（これは、すでに述べた追走国と同じである）。たとえば、いまでも、アメリカの力は圧倒的であり、ますます中国を引き離していると認識する研究者もおり、彼らは、卓越戦略をとるべきであると主張する（Beckley〔2012a, b〕）。したがって、現在、中国に対して、卓越戦略、縛り付け戦略、再生戦略、ヘッジング、バランシング、縮小／オフショア・バランシング戦略などいくつかの戦略アイディアが共存し、競争している。たとえば、現在、戦略アイディアの分布を見ると、縮小／オフショア・バランシングが強くなっている（ただ、アメリカのアジアへのピボット（軸足の移動）を考えると、オフショア・バランシングは必ずしもオフィッシャルな政策とは考えられないが）。これに対して、M・ベックレーの議論や、アメリカの覇権構造がアメリカの利益に大きく資することを強調し、アメリカは引くべきではないと主張する論者も存在する（Brooks, Ikenberry, and Wohlforth〔2012/2013〕,〔2013〕）。実際の政策としてどのような戦略アイディアが採用されるかは、単に国際環境だけではなく国内の政治過程、アイディア間の競争の結果でもある。

### (3) 戦略の組み合わせ——単極と追走国の相互作用

以上、単極構造から力が分散化していくときの、追走国と単極（覇権国）の戦略／行動を別々に考察してきた。これらの組み合わせを、図2をもとに考えてみよう。図2からは、単極構造で、力の分散化が起きている場合には、モダリティ（一般的行動）としては覇権国も追走国もヘッジング戦略をとる（$\delta^1$、$\delta^2$）。ヘッジングは、基本的には相手と安定した関係を保ち、そのなかで自己の地位を守り、また力を蓄えようとするものであり、この戦略の組み合わせは整合的であり、不測の事態や誤算からの揺れはあるにしてもシステムは全体として安定している[10]。ただ、すでに明らかにしたように、ヘッジング戦略は、覇権国にとっても追走国にとっても、利害対立は決定的なものではなく、また力の差が十分に大きいときにとられる。したがって、このようなモダリティ以外にも、双方の力関係、また利害関係によって他の戦略の組み合わせが見られる可能性がある。

利害の齟齬がほとんどないときには、力が分散していっても、覇権国は協調路線をとり、追走国はサポーター戦略をとり、国際システムは安定する。この場合さらに力が拮抗していっても、安定性は変わらない。覇権国と追走国の間に利害対立が少なく、覇権国の力のほうがまだ圧倒的に強いときには、単極は縛り付け戦略をとり、追走国はバンドワゴン戦略をとる。それらの戦略の間にもこれまたとくに齟齬はなく、覇権的な秩序は維持、強化されよう。

利害対立が中ぐらいで、力の差が大きな場合や中程度の場合には、すでに述べたように、覇権国も追走国も、基本的にはヘッジング戦略をとり、双方とも対立を避けるため、安定は保たれる。ただ、部分的に利害対立が大きな場合には、追走国は、スポイラー戦略をとるかもしれない。

覇権国の力が弱くなり、再生戦略や縮小戦略をとったり、オフショア・バランシングに転ずると、利害対立が一定としても、追走国は、挑戦的な行動をとることが多くなろう。徐々に力の差が縮まり、双方ともに、バランシング戦略をとるようになると、緊張なり対立が高まっていくことになる。まさに、古典的なパワー・トランジッション論が示すところである。

これを避けるためには、覇権国と追走国との利害対立を縮小していくことが肝要である。たとえば、二国間の対立管理体制や共通のルールに基づく国際レジームの形成である。もしそうでなかったら、理論的には、2極システムにおける力をベースとした安定のメカニズムを考えなければならない。たとえば、スタインバーグとオハンロンは、中国の軍事的な台頭により、米中のバランスが接近するなか、戦略的な核バランスはないとしても、軍事費の比率を将来2対1までとすることを共通理解とすることを提案している。現在は5対1ぐらいである（Steinberg and O'Hanlon

〔2014 : chapter 5〕)。

## 6　第三国の戦略——東アジア、アジア太平洋を念頭において

以上、覇権国と追走国との関係を考えてきた。これは、国際政治の構造を大国に焦点を当て、それらの間の力関係を単極、多極、二極という区分で考え、かつそれらの力の構造の間の推移のなかで、彼らがいかに振る舞うかを考えたものである。そこで、大まかではあるものの、大国（米中）間のパワー・トランジッションを考えると、将来は、米中の2極体系になる可能性が高い、ということになる（もちろん、さらに将来を考えると、インドの台頭もあり、多極になる可能性もある）。とはいえ、二極に向かう政治過程において、米中以外の国がどのような政策をとるかは、実際の政治過程に、またその結果としてどのような国際政治システムが出現するかに大きな影響を与えると考えられる。したがって、ここでは、アジア太平洋を念頭において、他の国々がどのように振る舞い、それが国際システム全体にどのようなインパクトを与えるかを考察してみたい。

単極構造を前提とすれば、他の国には、単極（アメリカ）に対して協力する戦略と、対抗する戦略がある。ウォルトによれば（Walt〔2006, 2009〕）、協力戦略のなかには、バンドワゴン、地域のバランスに有利になるようにアメリカと連合する（地域的な同盟／連携戦略）などがある。また、対抗／抵抗する戦略には、（アメリカのいうことを）無視、あるいは最低限にしか聞かない（balking）という無視戦略、アメリカを規範や制度で縛り付けようとする縛り付け戦略（binding）、アメリカに対するバランシング（これには、ハード—軍事力の均衡—とソフト—外交政策による牽制—がある）、などがあるという。

このような協力戦略と対抗／抵抗戦略は、単極が崩れていく場合を想定すると、覇権国だけではなく、追走国に対してもとられるようになるであろう。どのような組み合わせがとられるかは、第三国の置かれている位置によって大きく左右されよう。それは、当該の第三国がどのような経済関係、安全保障関係をアメリカと中国にもっているか、また政治体制や経済体制はどのようなものであるかなどによろう（このような視点からの分析の最初のものの一つとしてJohnston and Ross［1999］）。

ここで東アジア、アジア太平洋の状況を見ると、まず、経済的には相互依存が進んでおり、全体として、経済的な国際システムの安定を求めることは、すべての国の共通の利益となっている。したがって、第三国は、どの国を見ても、対米、対中ともに協力関係をもとうとする強いインセンティブをもつ。

中国との安全保障関係に問題はなく、経済依存が大きな国は、中国に対する協調戦略をとろう。この際、アメリカとも安全保障関係で問題はなく（同盟関係をもっていてもよい）、経済的関係も密な国は、アメリカとも協調戦略をとろう。このような、戦略は、両取り戦略と呼べよう（たとえば、韓国がその典型的な例か）。また、シンガポールやマレーシアなども、このような両取り戦略をとることが可能であろう（Kuik［2008］、この論文は、分析枠組みも体系的であり大いに参考になる）。

中国との安全保障関係に問題のある国（典型的には、中国と領土紛争をもつ国）は、アメリカとの協調を軸とする戦略を展開しよう。その際でも、中国との経済関係は維持することが必要となる。また、このような戦略をとるとき、当該の第三国は、アメリカが自国の安全保障へのコミットメントをするように、またコミットメントを低下させないよう、さまざまな手段をとろう。[11] 典型的には日本である（また台湾もそうであるかもしれない）。また、フィリピンやベトナムもこのカテゴリーに入ろう。

政治体制が民主主義的ではなく、アメリカと人権問題などで利益の齟齬がある国は、それもとくに中国に経済的に大きく依存している国は、中国に対して、バンドワゴン的な行動をとろう（北朝鮮、かつてのミャンマー、あるいはカンボジアなどがその例であろうか）。

さらに、対米、対中ともに協力と抵抗を組み合わせた等距離戦略ともいえる戦略をとる国がある。[12]すなわち、自律を旨とし、アメリカにも中国にもあまり依存しないようにする。またアメリカの影響力も、中国の影響力も片方に寄りすぎないようにする戦略である。アメリカに偏りすぎると中国を刺激し、また中国に偏りすぎるとアメリカを刺激する、という理由もあろう。アメリカ（中国）の影響力が増えたら、中国（アメリカ）の影響力を受け入れそれを相殺する。このような両者の間でバランスをとりながら、アメリカ、中国双方との経済的な関係を増大させていく戦略である。これは、一種のヘッジングであるが、たとえば、ＡＳＥＡＮの戦略は、全体としては、これに近いものであろう。ただし、ＡＳＥＡＮの個別の国は異なる戦略をとることがあり、それがＡＳＥＡＮの凝集性に影響を与える（黒柳［２０１４］）。もちろん、ある国が中国に対してヘッジング戦略をとれば、中国はそれに対してカウンター・ヘッジングとも考えられる政策（たとえば分断政策）を展開しよう。

両取り戦略や等距離外交戦略をとる国々は、米中のパワー・トランジッションのなかで、システム全体が結果として経済的な相互依存を高め、新しい制度をつくっていくのに重要な役割を果たそう。それらの国は、アメリカが中国包囲網を作成しようとするとそれに対するカウンター・ウェイトとなったり、あるいは、逆に中国が攻撃的な行動をとったときとか、中国の影響力があまりに拡大しすぎるときにもそれに対するカウンター・ウェイトとなろう。[13]ただ、米中が緊張したときには、自分はそれから身を避けるバック・パッシング的な行動をとるかもしれないし、アメリカと中国があまりに接近し、彼ら自身の自由度を失うことを嫌うであろう。

アメリカと協力戦略をとる国々は、中国が機会主義的な、強硬な行動をとる場合には、中国に対するバランスをとるための主要な役割を果たそう。また、政治的にも、経済的にも自由主義的な国が多いであろう。そうすると、これらの国々は、単に安全保障上だけではなく、自由主義的な経済秩序の維持に関しても協力することになると考えられる（Deudney and Ikenberry［2013］）。

このように複雑で、ときに大小の亀裂を含み、協調と競争、支配と抵抗があざなえる縄のように入り組む協争的なシステムを展開するアジア太平洋において、2国間、多国間にさまざまな制度が形成され、利害が調整され、新しい秩序が模索される。[14] 米中でも戦略対話が行われており、また、ASEANとアメリカ、ASEANと中国なども定期的な首脳会議をもっている。さらに、ARFやAPECという安全保障、経済分野でアジア太平洋すべての国を含む包摂的制度が形成されている。2005年発足した東アジア・サミット（EAS）は、2011年からアメリカ、ロシアをメンバーとするようになり、アジア太平洋全域を覆うようになっている。

米中のパワー・トランジッションはこのような多角的な制度のなかで行われており、それは、パワー・トランジッションの過程に多くの国が参加する装置となり、またパワー・トランジッションに由来する多くの問題を緩和し、安定的なシステムを維持・創設する機能を果たしえよう。アジア太平洋は、ヨーロッパと違い、十分な制度がなく、大国間の対立を制御できない不安定な地域であるといわれることが多い。しかし、本項で示したように、アジア太平洋は、多くの異質の国々からなっており、また、パワー・トランジッションが急速に進んでいる地域である。このようななかで、いまある制度をいかに使い、また新しい制度をつくり、パートナーシップ・ゲームを展開しつつ、協調の輪を広げることが課題なのである（Goh［2013］）。

## 7　日本――二重のパワー・シフトのなかで

本章で展開した枠組み（米中のパワー・トランジッションとそのなかでの第三国）の文脈でいえば、日本は第三国の一つであり、米中日の三角形の中に位置づけられる。そして、日本は米中のパワー・トランジッションのなかで、また日本自身の対中国とのパワー・シフトのなかで、中国に対して、またアメリカに対してどのような戦略をとるか、また米中関係の展開にいかに対処するかが大きな課題となる。

日本を取り巻く安全保障環境は急速にかつ大幅に変化しつつある。日本は、中国の軍事的な拡大、とくに海洋への進出に直接に大きな影響を受けている。２０１２年の９月以来、中国の公船は、日本の領海およびその近傍に頻繁に侵入している（尖閣）。そして、２０１３年の11月には、中国は防空識別圏（ＡＤＩＺ）を一方的に、尖閣を含む形で設定し、その内容も他の国のＡＤＩＺより規制の強いものであった。これらのことは、戦後日本が直面した最も深刻な安全保障問題である。さらに、日本は、核兵器やミサイルをもち、政治的に不安定な北朝鮮からの脅威に直面している。

日本の戦略は、自己の能力を強化するとともに、アメリカとの協力によってこれらの脅威に対抗することである。まず、直近の安倍政権の安全保障政策を考えてみよう。２０１２年の末に発足した安倍政権は、これらの脅威に対抗するためにいくつかの手段をとっている。安倍首相は、ほぼ10年来削減されてきた防衛費を少ないとはいえ、増加させる政策をとった。安倍政権は２０１４年、いくつかの重要な安全保障政策文書を発出した。一つは、国家安全保障政策であり、それは昭和32年（１９５７年）につくられた国防の基本方針に代わるものであり、そこでは積極的平和主義という新しい原則が提出されている。いま一つは、２０１４年の防衛大綱であり、次の10年を見通した基本的な防衛政策を示しているが、それは、統合機動防衛力、グレーゾーンの防衛、離島防衛などが含まれ、当然日米安全保障同盟の強化がうたわれている。防衛計画の大綱の基でつくられた中期防は、自衛隊の効率化、島嶼防衛の強化などがうたわれ、防衛費の増額が組み込まれた。とはいえ、防衛費の増額は、この前の中期防（平成22年）に比べて、５

年間の総額で見ると、1％にも満たない。

安倍政権は、いままで憲法上禁止されてきた集団的自衛権の行使を憲法解釈の変更により（部分的にでも）行使できるようにしようとしている。そして、それをベースとして、日米の安全保障協力のガイドラインを再編成しようとしている。さらに、安倍政権は、従来の武器輸出3原則を大きく変え、2014年、防衛装備移転3原則をつくった。兵器の国際的な共同開発、防衛装備の移転は、かなり自由になった。加えるに、安倍政権は、2013年から国家安全保障会議を設定し、首相、官房長官、防衛、外務両大臣からなるコア（4大臣会議）をつくり、翌2014年初め、国家安全保障局を発足させた。

### (1)日中関係——ヘッジングからバランシングへ？

日本は、過去中国に対してさまざまな政策を展開してきた。冷戦の後期においては、日本の対中外交は友好外交パラダイムともいうべきものであった。しかし、1990年代以来、日本は関与とヘッジングの混合形態とでもいえるものにその政策を変えた（Mochizuki［2007］）。そしてこの混合形態は、中国の力が強くなり、自己主張が強くなるにつれて、ヘッジングやバランシングのウェイトを高めていった。このような傾向は、2009年に発足した鳩山由紀夫政権に見られるように、逸脱もあったが、おしなべて継続し、強まっていった。しかし、この間、日中の経済関係は強まっていき、いまや日本の輸出の第1の座は、アメリカと中国が争っているという状態に達している。日本の研究者のなかには、ヘッジングやバランシング戦略は、中国からのネガティブな反応を引き起こす可能性があると論ずる者も存在する（Matsuda［2012］）。したがって、日本にとっても、対中関係で、関与とヘッジングとの間でどのようなバランスをとっていくか、最適のバランスはどのようなものかつねに考えなければならない要素となっている。

## (2)日米同盟

すでに述べたように、日本にとっては、自己の防衛努力に加えて、日米同盟は死活的な要素である。アメリカとの密なる同盟協力は有効な抑止となり、単に日本の領土防衛だけではなく、地域の安定に大きな役割を果たすものと考えられる。したがって、同盟の強化は日本の安全保障にとって、最も重要なアジェンダの一つである。この点で、アメリカのアジア太平洋へのピボットあるいはリバランシングは日本の国益に合うものであり、それに見合った、防衛費の増大などの負担シェアは積極的に行うことになろう。２０１４年中の成立を目指すという、日米安全保障協力のガイドラインの改定は、日米の新しい分業体制をつくるものとなろう。さらに、日本は、アメリカが中国の海洋進出、あるいはＡ２／ＡＤに対抗して考えているさまざまな方策（たとえば、Air/Sea Battle）に真剣な注意と関心を払い、それといかに協力するかを模索しよう（Swaine *et al* [2013：chapter 5], Takahashi [2012]）。

もちろん、同盟関係について、いくつかの問題はある。一つは、日米の間で、脅威認識の違いがあろうということである。日本は、中国の近辺にあり、領土紛争をもっている。これに対して、米中は太平洋をはさんで地理的に離れており、直接の領土紛争は存在しない。これと関連して第2に、米中関係の展開は日米関係に大きな影響を与えよう。もしアメリカと中国が政治的に近くなり（たとえば、「新型の大国間関係」[15]）、米中で日本にとって死活的な問題で妥協が行われるとすれば、それは日本にとって由々しき問題となり、日米関係にもマイナスの影響を与えるかもしれない。しかし、もし米中関係があまりに悪くなれば、それはそれで日本にとって好ましくないであろう。もちろん、日中関係が悪化すれば、それはアメリカの国益から見ての米中関係を脅かすかもしれない。たとえば、日中関係の悪化によって、アメリカは地域的な紛争に巻き込まれるかもしれない。

第3に、アメリカは、この地域において二重の役割をもっている。アメリカは、日本などの同盟国をもち、また直接の戦略的利益をもつ当事者である。他方、アメリカは、この地におけるバランサーとか、公正な仲介者としての役割を果たそうとする。もしアメリカが、同盟国としてよりもむしろ公正な仲介者としての役割を果たそうとすると、日本とアメリカの間に何らかの齟齬が生ずるかもしれない。

第4に、もし中国の軍事力がさらに強くなり、アメリカの拡大抑止が低下すれば（たとえば、将来米中の間で相互核抑止が成立した場合、日本の安全保障がアメリカの安全保障と切り離されてしまうかもしれない。それをディカップリングという）、日本とアメリカはこのような事態に対処するために、何らかのメカニズムをつくり上げなければならない。

以上のような問題にかんがみて、日本とアメリカはオペレーショナルなレベル、戦略的なレベル双方において緊密な調整機構をつくっていくことになろう。

### (3) 歴史問題

最後に、現在の状況に関して、歴史問題に触れざるをえないであろう。歴史問題はいうまでもなく、第二次大戦、またそれ以前の日本の行動に関するものであり、それは東京裁判、靖国、慰安婦、強制労働、南京虐殺、教科書など実にさまざまな問題を包摂するものである。日本政府は、サンフランシスコ講和条約において東京裁判を受け入れ、慰安婦問題については河野談話（1993年）、戦争責任については村山談話（1995年）、南京虐殺については小泉首相の国会への答弁書（2006年）[16]など、正式の態度を表明してきた。これらは、もちろん、国内的にも、国際的にも、論争が尽きないものであり最終的な解決ではないが、歴史問題に関するモーダス・オペランディ（運用法）である。安倍首相と彼と近しい政府内外の人々は、このモーダス・オペランディ（の少なくとも一部）を、国内の政治的理由から、あるいは国際的な圧力に対する反発から、変えようとした。ある者は、南京虐殺をつくり上げられたものであるといい、ある者は、慰安婦はどの国にも存在したものだといい、あるいは東京裁判の正当性に疑義を投げかけた。これらの発言は、たとえ個人的なものとされても、日中関係、日韓関係を大いに悪化させた。安倍首相の靖国参拝（2013年12月）は、日中、日韓関係だけではなく、アメリカとも微妙な関係をつくり出した。アメリカは、安倍首相の靖国参拝に、それがこの地域の国際関係を不安定化させるということから、「失望した」とのステートメントを発出した[17]。

本章を執筆している時点で、今回の歴史問題は終わっていない。2014年、中国は、韓国政府の要請によってハルビンに安重根の記念碑をつくり、また9月3日を対日戦勝記念日とし、12月13日を1937年の南京虐殺の記念日とした。このように、対日の「憎悪のマシーンhate machine」（Auslin, 2014）がつくられ、制度化しつつある。また、韓国も慰安婦問題を日本との交渉の優先課題とし、また5月に西安で光復軍の記念碑の除幕式が行われたという。これに対して、安倍政権は、河野談話の検証を進めた。とはいえ、現在は、歴史問題でのエスカレーションが止まり、モーダス・オペランディに戻りつつあるようにも見える。すなわち、安倍首相は、河野談話、村山談話をそのまま維持するという。とはいえ、歴史問題は、安全保障問題、経済問題に大きな影響を与え、一つの重要な分野を形成していることは明らかであろう（Goh［2013：chapter 5］Yamamoto［2014］）。すなわち、対中関係についていえば、日本はヘッジングを強めているとはいえ、協調の契機も強い。また、韓国も安全保障上、日本の重要なパートナーである。2014年3月末、オランダのハーグにおいて、オバマ大統領の仲介により、日米韓の首脳会談がもたれたが、それは、なによりも日韓の歴史問題に由来する政治的な対立が、安全保障上必要な協力にとってマイナスになっているというアメリカの認識を表そう。

### (4)二重のパワー・シフトと経済再生

日本は、2010年にGDPで中国に追い抜かれ、1968年以来維持してきたGDP世界第2位という地位を失った。中国に対する相対的な経済力は、ますます低下していくことであろう。2030年あたりには、中国のGDPは、日本の何倍かになっていよう。そして、中国の軍事費は、中国自身のGDPの伸びを上回る速度で増大していこう。

日本は、二重のパワー・シフトに直面している。米中のパワー・トランジッションであり、自身の中国に対する（さらには韓国に対する）パワー・シフトである。この二重のパワー・シフトは、すでに述べたような中国の対日強硬策や韓国の歴史問題に対する対日政策に大きな影響を与えているし、また米中関係の展開は、日本に死活的な意味をもつ。日本の安全保障は、以前にも増して複雑な要素から成り立つことになる。

このような日本の直面するパワー・シフトは、日本経済が20有余年にわたって停滞していたことに起因することが大きい。このような停滞を是とするような議論もあるが、それを脱しようとする試みはいくつか行われてきた。アメリカのCSIS（戦略国際問題研究所）における2013年2月の安倍首相の演説、「日本は戻ってきました」は、停滞を脱しようとする意志の表明であったといえよう。[18] 現在、安倍政権は、いわゆるアベノミクスを推進し、金融緩和、デフレ克服、財政出動、規制緩和などの政策を展開し、日本経済の再生を図っている。また、日本は、アメリカ、オーストラリア、韓国などと安全保障上の協力を進めるだけではなく、TPPに見られるように、経済的な絆を強め、またASEANとの経済関係（たとえば東アジア包括的経済連携〈RCEP〉）をも強めようとしている。

経済再生は日本の必須の戦略であり、それは単に国内の問題に対するものだけではなく、国際的な安全保障政策の展開に必要な資源を獲得することにつながる。この戦略が成功するかどうかは、2010年代またそれを越えた日本の将来に大きな影響を与えるものとなる。

## 結論

### (1) 2010年代の国際環境

21世紀に入り、中国やインドのメガ新興国の台頭が著しく、世界の経済力、軍事力の分布を大いに変化させている。冷戦後のアメリカの単極構造は徐々に崩れ、単極（アメリカ）とそれを急追する中国の間の協力と競争が、2010年代の国際政治の大きな特徴であり、それは、2020年代にGDPにおいて、中国がアメリカに追いつき追い抜くという「将来の影」のなかで行われている。また、軍事費でいえば、アメリカの軍事費は、2012年会計年度以降削減され、加えて、強制削減の憂き目を見ている。アメリカは、したがって、研究開発等は強化すると思われるが、兵力削減、兵器削減などの縮小が進行するか、あるいはその可能性が高い（Department of Defense [2014]）。中国が、いまのままで軍事費の増強を続ければ、軍事費の分野でも、中国はアメリカを急追することになる。

アメリカと中国は、それぞれ現行の国際秩序や二国間関係から得られる利益、そして双方の力関係を考えながら、基本的な行動／戦略を選択し、その戦略の組み合わせが、政治過程を形づくる。単極が揺らぎ、中国の力が台頭するにしたがって、アメリカは、中国との関係を維持・発展させつつ、中国の機会主義的な行動に備えるというヘッジング戦略をとってきた。中国も、アメリカとの経済関係を維持・発展させつつ、経済成長を図り、そして軍事力も増強し、将来自己の優位な地位を築いていくというヘッジング戦略をとってきた。双方がヘッジング戦略（韜光養晦）をとるとすれば、その限りでシステムは安定する。しかし、その間、中国の軍事力は強くなり、アメリカに対するA2

／AD能力を高め、海洋への進出が顕著になってくる。中国はヘッジング戦略の部分的な修正を行い、挑戦的な要素を強める。これに対して、アメリカもイラク、アフガニスタンから引きつつ、アジア太平洋への軍の再編成を行う。ヘッジングは協力と競争の組み合わせであり、かつては前者が勝るものであったとすれば、徐々に後者が強くなっているといえよう。ただし、米中ともに、関与（協力）とヘッジ（抑止）の組み合わせの戦略をとっており、その二つの要素の組み合わせとウェイトを変え、波動を生じさせ、将来ともに、複雑な過程を展開するものと考えられる。

## (2)日本

日本は、二重のパワー・シフトに直面している。一つは米中のパワー・トランジッションであり、いま一つは、日中のパワー・シフトである。米中のパワー・トランジッションのなかで、中国は、経済力も軍事力も急速に増大させ、アメリカを追走し、凌駕しようとしている。とくに東アジアにおいては、中国の海洋進出が著しく、日本は、その矢面に立たされている。構造的に見れば、東アジアは米中の2極体系に近似するものになってきている。日本は、米中のパワー・トランジッションという文脈においては、第3国の一つであり、米中関係のあり方に大きな影響を受け、またアメリカ、中国といかなる関係を築いていくかが、大きな課題となる。日本は、第三国の中でも、中国と安全保障関係で対立を伴う要素をもっており、アメリカとの同盟関係をもっている、というタイプに属する。したがって、日本は、自国の防衛力を整備しつつ、アメリカとの同盟関係を強化し、そのような構造変化に対処しようとしている。他方では、日本と中国との経済関係は密になっており、日中共に協調の契機は強い。したがって、日本の対中政策は、安全保障上の競争関係と経済の分野での協調関係の追求という協争的な関係を展開することになる。アメリカもまた、中国に対して、協調と競争をない交ぜにした政策を展開し、ときに競争・対立が、ときに協調が強調されることになる。このようななかで、日本とアメリカの政策や政策目標に齟齬が生ずる可能性なきにしもあらずである。したがって、日本はアメリカと戦略その他の面で、つねに調整していく必要がある。

日本は民主主義国家であり、人権や自由主義経済を旨とする。したがって、アメリカ、アメリカの同盟国、パートナー諸国など民主主義的な価値を共有する国々と連合を組んで、変容する国際政治に対応する必要がある。そのために、そのような基本的な規範に沿うような形で歴史問題にも対処する必要があろう。

日本の直面するパワー・シフトは、日本自身の四半世紀にわたる経済の停滞によるところが大きい。いま、安倍政権は、いわゆるアベノミクスを展開し、日本経済の再生を図っている。将来の人口動態の変化などを見据えて、経済再生をいかに図っていくか、ある意味で日本の最重要の安全保障政策であると考えられる。

### (3)パワー・トランジッションを超えて

パワー・トランジッションは、2010年代の国際政治の大きな特徴であるが、そのような国際政治認識にはいくつかの留意事項が必要である。一つには、パワー・トランジッションの将来の動向である。とくに、現在見られる中国の経済成長が将来どうなるか。中国経済が急に変調をきたしたり、長期の成長率が大きく低下した場合には、パワー・トランジッションのあり方は、それが起きるかどうかを含めて、大きく変わるであろう。二つには、パワー・トランジッション論は、それから外れた、しかし重要な安全保障の問題を視野の埒外に置く危険性がある。第三世界の内戦や国際テロであり、また朝鮮半島の問題や中東の問題は、覇権国と追走国の関係という枠組みでは必ずしも捉えられない。三つには、もしパワー・トランジッションが起き、米中の力が逆転したとして、その政治的な結末がどうなるかは必ずしも明らかではない。伝統的なパワー・トランジッション論では、パワー・トランジッションが起きた場合、大きな戦争（あるいは、それと機能的に匹敵する国際政治上の不安定）が起きるとされる。しかし、米中の二極（さらには、インドを含んでの多極）が出現したとして、そのような力の構造は不安定であるのか、あるいは、それを安定させるメカニズムをつくることができるのか、さらにそのときまでに米中を含む安定した国際秩序なりルール・ベースの国際レジームができているかどうか、パワー・トランジッションの結末は多くの要因にかかっている。

四つには、パワー・トランジッションという観点をとると、えてして、力という要素に焦点が合い、極めて現実主義的な視点に立脚した分析や政策が展開される。もちろん、これは、大国間の政治の復活という歴史の現段階を考えれば必然的なことである。しかしながら、グローバルな社会が形成されてきていることもまた確かであり、広く国家間の協力、また国家以外のアクターを含めた国際協力の視点を忘れないことが肝要である。これは、日本についてもいえるであろう。主権について断固それを守る気概と備えは必須であるが、国際社会での協力に対する貢献を考え、そのための政策を展開することは、日本の国柄を示すことになり、広く日本に対する理解を得ることにつながる。安全保障の根幹である。

## 注

1　近年の新興国の台頭が過去に見られないほど、急激なスピードで起きていることを、スーパーサイクルという（Standard Chartered Bank［2010］）。

2　このような議論に関しては、Norrlof［2010］。ただ、覇権国が不釣り合いに私的な財を獲得しているとか、私的な財を他国に裁量的に分配しているとの仮説に関しては、批判的な実証研究も存在する（たとえば、Bussmann and Oneal［2007］）。

3　この辺、たとえば、野口［２０１０］、Copeland［2012］。

4　本章で、経済成長に関して内生的と外生的の区別をしたが、これは経済学でいえば、新古典派的な成長論は外生的であり、それは、貧しい国のほうが投資の限界収益率が高く、したがって、高い成長が期待され、先進国のレベルに収斂していく、というようなものである。内生的な成長は、国家の政策、制度などによって成長が左右されると論ずるものである。パワー・トランジッションの文脈での議論として、たとえば、Bussmann and Oneal［2007：99-100］。

5 米中関係（さらに日米同盟）をアメリカと中国の双方の戦略を考えての分析として、Swaine *et al*［2013］。また、Mederios［2005］参照。

6 ここで参考となるのは、たとえば、Stephen［2012：289-309］。

7 前記のSwaineたちは、アメリカの中国に対する最もありえる戦略は、関与（engage）とヘッジの組み合わせと考えている。広い意味でのヘッジングである。ただ、それは、時に関与を主とし、時にヘッジを主とする、というように幅広く捉えている。Swaine *et al*［2013：chapter 4, particularly 216-218］。

8 これを体系的に分析したものとして、MacDonald and Parent［2011］。また、Layne［2010］を参照。

9 典型的なオフショア・バランシング論は、Layne［2012］。

10 前記のSwaineたちの議論において、最も可能性のあるシナリオは、アメリカも中国もヘッジング戦略をとることである。したがって、彼らの結論が、米中の間で（あるいは、日米同盟と中国の間で）本格的な武力衝突が起きることはないとしているのは、当然の論理的な帰結であるといえよう。ただ、両方がヘッジング戦略をとるとしても、関与とヘッジのどちらに重点を置くかが違い、そのことによって、ヘッジング戦略の組み合わせでも、安定性が異なってくる（Swaine *et al*［2013：chapter 5］）。

11 同盟相手国が将来そのコミットメントを低下させないように、あらかじめ負担の増大や安全保障協力の強化などの手段をとることは、いま一つのヘッジングである（Tessman［2012］）。

12 この戦略に関しては、たとえば次が参考になる（Ciorciari［2010］）。

13 冷戦期の二極構造において、中立国がシステムの安定に貢献する可能性があったことと通ずるものである。この点、たとえば、Rosecrance［1966］。

14 協争的関係は、英語のcoopetitiveの邦訳である。coopetitiveとは、cooperationとcompetitiveをあわせた造語であり、経営学で、企業間の関係を表す用語として使われるという（Yamamoto［2011］. Shambaugh［2013：4-5］）。

15 米中で展開している「新型の大国間関係」で、日本がどのように位置づけられるか、日本にとって大きな問題である。中国の文献から見て、「新型の大国間関係」で日本がどのように位置づけられているかを分析したものとして、King［2014］. キングは、最近の中国の政策文書、『人民日報』等を渉猟し、「新しい大国関係」のなかで、中国が日本をどのように位置づけているかを検討した。「新しい大国関係」のなかで、日本が取り上げられることは多くはないが、日本に言及した場合、①尖閣などで、日本が「新しい大国関係」を脅かす可能性があること、②日本の衰退を中国の大国としての地位を確認する証拠として使うこと、③戦前の日本の軍事力を伴った台頭と中国の平和的な台頭とを対照すること、④「新しい大国関係」は戦後の秩序に沿ったものであり、戦後秩序は、中国に特殊な地位を与え、日本を非武装化したが、日本は、この戦後秩序を変えようとしていること、などが指摘されるという。

16 内閣総理大臣小泉純一郎「衆議院議員河村たかし君提出のいわゆる南京大虐殺の再検証に関する質問に対する答弁書」内閣衆質一六

四第三三五号、２００６年6月22日。そこでは、「非戦闘員の殺害又は略奪行為等があったことは否定できない」と述べられている。

17 たとえば、議会調査局の報告書は、安倍首相の資質（qualities）さえ問題とする（Emma Chanlett-Avery, *et al*, 2014)。小泉首相は、政権にある間毎年靖国参拝を行った。これは、日中、日韓関係を大いに冷え込ました。この問題に対して、アメリカは最初の頃はあまり関心を払っていなかったが、２００５年、日中関係が大いに悪化した頃から小泉首相の行動はアメリカの利益にならないと指摘しだし、２００６年には靖国問題は、日米直接の問題となったという（千々和泰明他［２００８］)。

18 内閣総理大臣安倍晋三「日本は戻ってきました」２０１３年2月22日（ＣＳＩＳでの政策スピーチ)。

## 参考文献


黒柳米司編著［２０１４］『「米中対峙」時代のＡＳＥＡＮ』。

野口和彦［２０１０］『パワー・シフトと戦争』東海大学出版会。

千々和泰明他［２００８］「小泉純一郎首相の靖国神社参拝問題：対米関係の文脈から」『公共政策研究』12：２・１４５―１５９ページ。

Auslin, Michael [2014] "China's Diplomatic Hate Machine," *Wall Street Journal*, 28 March.

Beckley, Michael [2012a] *The Unipolar Era : Why American Power Persists and China's Rise Is Limited*, Ph. D. Thesis, Columbia University.

— [2012b] "China's Century ? Why America's Edge Will Endure," *International Security*, Vol. 36, No. 3.

Brooks, Stephen and Ikenberry, G. John and Wohlforth, William [2012/2013] "Don't Come Home, America : The Case against Retrenchment," *International Security*, Vol. 37, No. 3.

— [2013] "Lean Forward : In Defense of American Engagement," *Foreign Affairs*, January/February, 2013.

Bussmann, Margit and Oneal, John R. [2007] "Do Hegemons Distribute Private Goods ? A Test of Power-Transition Theory," *Journal of Conflict Resolution*, Vol. 51, No. 1.

Chanlett-Avery, Emman, *et al* [2014], Japan-U.S. Relations : Issues for Congress, Congressional Research Service, February 20.

Ciorciari, John D. [2010] *The Limits of Alignment : Southeast Asia and the Great Powers since 1975*, Washington, D.C. : Georgetown University Press.

Copeland, Dale [2012] "Realism and Neorealism in the Study of Regional Conflict," in T.V. Paul, ed., *International Relations Theory and Regional Transformation*, Cambridge : Cambridge University Press, 2012, chapter 3.

Department of Defense [2014], Quadrennial Defense Review 2014.

Deudney, Daniel and Ikenberry, John [2013] *Democratic Internationalism : An American Grand Strategy for a Post-exceptionalist Era*, An IIGG Working Paper, Council on Foreign Relations.

Economy, Elizabeth [2013] "Secretary of State John Kerry on China," *Asia Unbound* (Council on Foreign Relations).

Gilpin, Robert [1981] *War and Change in International Politics*, Cambridge : Cambridge University Press.

Goh, Evelyn [2013] *The Struggle for Order: Hegemony, Hierarchy, & Transition in Post-Cold War East Asia*, Oxford: Oxford University Press.

Gulick, Edward Vose [1967] *Europe's Classical Balance of Power*, New York : Norton.

Haas, Richard [2012] "The Restoration Doctrine," *American Interest*, January/February, 2012.

Johnston, Alastair and Robert Ross, eds., [1999] *Engaging China*, New York : Routledge.

King, Amy [2014] "Where Does Japan Fit in China's "New Type of Great Power Relations?"" Special Forum, March 20, The Asan Forum.

Kuik, Cheng-Chwee [2008] "The Essence of Hedging : Malaysia and Singapore's Response to a Rising China," *Contemporary Southeast Asia*, Vol. 30, No. 2.

Layne, Christopher [2010] "Graceful Decline," *American Conservative*, May 1, 2010.

— [2012] "The (Almost) Triumph of Offshore Balancing," *National Interest*, January 27.

MacDonald, Paul K. and Parent, Joseph M. [2011] "Graceful Decline ? - the Surprising Success of Great Power Retrenchment," *International Security*, Vol. 35, No. 4.

Mandelbaum, Michael [2010] *The Frugal Superpower : America's Global Leadership in a Cash-Strapped Era*, New York : Public Affairs.

Matsuda, Yasuhiro [2012] "Engagement and Hedging : Japan's Strategy toward China," *SAIS Review*, 32 : 2, Summer-Fall , 109-119.

Mederios, Evans [2005] "Strategic Hedging and the Future of Asia-Pacific Stability," *Washington Quarterly*, Vol. 29, No. 1.

Mochizuki, Mike [2007] "Japan's Shifting Strategy toward the Rise of China," *Journal of Strategic Studies*, 30 : 4-5.

National Intelligence Council [1997] *Global Trends 2010* (Revised edition).
— [2000] *Global Trends 2015 : A Dialogue about the Future with Nongovernment Experts.*
— [2004] *Mapping the Global Future : Report of the National Intelligence Council's 2020 Project.*
— [2008] *Global Trends 2025 : A Transformed World.*
— [2012] *Global Trends 2030 : Alternative Worlds.*
Norrlof, Carla [2010] *America's Global Advantage : US Hegemony and International Cooperation*, Cambridge : Cambridge University Press.
Organski, A.F.K. [1958] *World Politics*, New York : Knopf.
Posen, Barry [2013] "Pull Back," *Foreign Affairs*, Vol. 92, No. 1, January/February.
Rosecrance, Richard [1966] "Bipolarity, Multipolarity, and the Future," *Journal of Conflict Resolution*, Vol. 10.
Ross, Robert [1999],"Engagement in US China Policy," in Alastair Johnston and Robert Ross, eds., *Engaging China*, New York : Routledge, Chapter 8.
— [2013] "The Problem with the Pivot," *Foreign Affairs*, Vol. 91, No. 6, November/December.
Schreer, Benjamin [2013] "Planning the Unthinkable War : 'AirSea Battle' and its Implications for Australia," Australian Strategic Policy Institute.
Schweller, Randall L. and Pu, Xiaoyu [2011] "After Unipolarity : China's Visions of International Order in an Era of U.S. Decline," *International Security*, Vol. 36, No. 1.
Shambaugh, David ed. [2013] *Tangled Titans : The United States and China*, Lanham : Rowman & Littlefield.
Standard Chartered Bank [2010] *The Super-cycle Report.*
Steinberg, James and O'Hanlon, Michael [2014] *Strategic Reassurance and Resolve*, Princeton : Princeton University Press
Stephen, Matthew [2012] "Rising Regional Powers and International Institutions : The Foreign Policy Orientations of India, Brazil and South Africa," *Global Society*, Vol. 26, No. 3.
Swaine, Michael *et al* [2013] *China's Military and the U.S.-Japan Alliance in 2030 : A Strategic Net Assessment*, Washington, D.C. : Carnegie Endowment for International Peace.
Takahashi, Sugio [2012] "Counter A2/AD in Japan-U.S. Defense Cooperation : Toward 'Allied Air-Sea Battle'," The Project 2049 Institute, Futuregram 12-03.

Tammen, Ronald *et al*, eds. [2000] *Power Transitions*, Washington, D.C. : CQ Press.
Tessman, Brock [2012] "System Structure and State Strategy : Adding Hedging to the Menu," *Security Studies*, Vol. 21, No. 2.
Thompson, William ed. [2008] *Systemic Transitions*, New York : Palgrave.
Walt, Stephen M. [2006] *Taming American Power : The Global Response to U.S. Primacy*, Ithaca : Cornell University Press.
— [2009] "Alliances in a Unipolar World," *World Politics*, Vol. 61, No. 1.
Waltz, Kenneth [1979] *Theory of International Politics*, Reading : Addison-Wesley.
Yamamoto, Yoshinobu [2011] "Coopetitive Power Transition ? Security Architecture in the Asia-Pacific," Integrated Assessment Office, Ministry of National Defense, Republic of China, 2011 Defense Forum on Regional Security, Conference Proceedings.
— [2014] "History Issues : How history gets in the way and what Japan could do about it?" (mimeo), May 1.

# 第2章　2010年代　世界と日本の位置

## ――文明論の視角から

中西　寛

要約

本稿では、2010年代の国際政治を歴史的、文明論的視点から巨視的に捉えようと試みる。冷戦の終焉がホブズボームのいった「短い20世紀」（Hobsbawn［1994］）の終わりを告げた事態だったとするなら、リーマン・ショックに伴う世界的経済危機はアメリカ主導のグローバリゼーションの時代であった「長い20世紀」の終わりと世界規模での産業化の定着と新興国の台頭といった国際政治構造の変化を示す画期であったと解釈できる。

この新たな構造は世界規模の多極的国際政治構造となる可能性をもっている。それは近代ヨーロッパの多極的な主権国家体制と相似する点もあるが、その程度は限定的である。現代では主要大国は地理的に分散しており、国際秩序に対する価値観の共有の程度も低い。新興国の産業化と先進国の脱工業化が交錯すると同時に、軍事技術の進展は核兵器の役割の相対的縮小と新型の通常兵力の発達を促しており、国際紛争の蓋然性は高まる可能性がある。

日本が位置するアジア太平洋ではとりわけ国際秩序の変容がダイナミックに進行しており、米中という世界二大国が日本をはさんで関係をもつ地域であり、世界政治の中心としての位置づけが強まっている。そうしたなかで日本は力の構造においても、経済社会構造においても、文明的性格においても現代世界の逆説を集約した「逆説の中心（center of paradox）」とでも呼ぶべき存在であり、その認識を踏まえた現実的かつ繊細な安全保障政策が必要となる。

## はじめに

２００９年の政権交代を前奏として２０１０年代に入って日本をめぐる国際環境は大きく変動している。この状況をどのように理解するか、さまざまなアプローチがあるだろう。国際秩序の変動を把握する一つのアプローチとして、本書で多くの論文が提起する「パワー・シフト」や「パワー・トランジッション」といったアプローチがある。国際政治学においてこのアプローチは、国家間のパワーの相対関係の変化に着目して国際政治の構造を把握し、とりわけ安全保障上の課題を検討する上で有用なアプローチである。しかし他方で、こうしたアプローチは、現代の国際政治におけるパワー概念の複雑さ（たとえばソフト・パワーの問題）を単純化し、また、テロリズムやサイバースペースが引き起こすカオス的な複雑性を捨象してしまう側面をもつ。たとえば現代の国際政治を、イアン・ブレマーが説くような「Gゼロ」といった言葉で特徴づけることも可能である[1]。そこで本稿ではパワーを所与のものとしてその構造に着目するのではなく、パワーの根底にある文明的側面に焦点を当てる包括的（ホーリスティック）なアプローチをとって、国際政治と日本の位置づけを論じることとする[2]。

まず歴史的に、過ぎ去った20世紀について対照的な把握を紹介しよう。一つは、イギリスの歴史家ホブズボームが冷戦終結後早い段階で提示した、20世紀を１９１４年の第一次世界大戦で始まり、１９９１年のソ連崩壊・共産主義イデオロギーの破綻で終わったとする「短い20世紀」という見方である。この見方は、第一次世界大戦によるヨーロッパ主権国家体制の崩壊と2度の世界大戦、その後のドイツ・中東欧の東西分割と米ソを頂点とする東西両陣営の世界規模の軍事的対立および体制・イデオロギーの競争、そしてソ連共産主義体制の崩壊までを俯瞰した見方である。

もう一つは、19世紀の後半から21世紀初頭を一つの時代と捉える「長い20世紀」という見方である。この見方はホブズボームの「短い20世紀」ほど明瞭に定義されてはおらず、その性質の定義づけや始まりと終わりについて定説的な見解があるわけではない。イタリアの歴史社会学者アリギは、ウォーラーステインに通じるマルクス主義的な世界システム論の観点から「長い20世紀」を定義しているが、その始点と終点は明示されていない（Arrighi［1994］）。

総じて「長い20世紀」は、今日いうところのグローバリゼーションを基底として、ヨーロッパが世界の中心から世界への一地方へと立場を変えて、世界規模の国際政治秩序が浮上する過程と理解することができる。つまり、産業革命によってもたらされた産品や知識の体系的な利用によってヨーロッパが非西洋世界に対して一旦は政治的、軍事的に明確な優位に立ちながら、やがてグローバリゼーションの進行とともに植民地支配体制は揺らぎ、アメリカおよびソ連がそれぞれの政治理念と利害に基づいて後押しした民族自決運動の影響でヨーロッパの支配は縮小し、非西洋世界が政治的に自立性を獲得していったプロセスである。それは、恐らく1890年代に本格的に始まり（たとえば1898年の米西戦争は、ヨーロッパ帝国主義からアメリカの世紀への移行とアメリカの太平洋への政治的軍事的進出を示す画期と見なすことができる）、2008年のリーマン・ショックによってアメリカ主導の金融グローバリゼーションが動揺し、G20首脳会合が開始されて新興国の経済成長が世界経済を牽引するようになったときをもって終わったと見ることとしよう。この見方では、産業化や近代化、資本主義の浸透や革命運動といった社会経済的変動や文化的変動が歴史的変化の主要な独立変数となる。

「短い20世紀」と「長い20世紀」とを対比させる理由は、とくに日本の地政学的、経済文化的条件を踏まえて世界政治を観察する際、立体的、複合的に観察する必要性があるという考えからである。「短い20世紀」の政治史において、日本を含めた東アジアは、重要ではあるが第一の優先順位ではない地域であった。明らかにヨーロッパを中心とする大西洋からコーカサスに至る地域が政治的重心であったのである。アジア太平洋はこの重心での力学の影響を受ける副次的、二義的な地域であった。

しかし同時に、20世紀においては、東アジアにおける国際政治が、主要な政治アクターの意図を超えて世界規模の波及をすることも繰り返された。たとえば日本が開始した満州事変は国際連盟の制裁体制の脆弱性を示してイタリアのエチオピア戦争やドイツによるヴェルサイユ体制の解体につながっていった。また、朝鮮戦争は東アジアにおける地域紛争にはとどまらず、ヨーロッパにおける冷戦政策にも大きな影響を与えたことは周知のことである。

冷戦終焉以降の約20年間は、ヨーロッパを重心とする国際政治の流れが、フランシス・フクヤマの「歴史の終わり」に代表されるような歴史観に基づく「世界新秩序」というユーフォリアから、次第に地域紛争やグローバリゼーションの負の側面といった現実へと引き戻される過程であったと同時に、非西洋世界、とりわけアジアの台頭（ないし復活）という過程でもあったのである。別言すれば、「短い20世紀」が終わったという歴史意識から、「長い20世紀」が終わりつつあるという歴史意識へと移行してきたのである。今日の「パワー」の変化は、単に大国間の相対的国力比の変化というだけでなく、パワーを構成する文明の変化を含めて検討されるべきなのである。

## 1　21世紀型の多極的世界秩序

すでに触れたように、２００８年9月のリーマン・ブラザーズ社破綻をきっかけとしたアメリカ発の世界的金融危機、いわゆるリーマン・ショックと、その後のG20首脳会合の開始や、アメリカ国民による初の黒人大統領バラク・オバマの選出といった一連の事象は、時代を画する出来事であった。日米欧先進国が経済的に停滞し、不況、失業、財政赤字に襲われる一方で、中国、インド、ブラジルなどの新興国が世界経済の成長を主導した。とくに中国は四兆元の経済対策によって世界経済の急降下を阻止し、他の新興国や先進国の経済を支える役割を果たした。G7諸国のGDPが世界経済に占める比重が4割程度に低下したのに対して、BRICS諸国は2割を超え、将来更なる増大が予想された。こうした経緯によって中国を含めた新興国は自信を深め、対外政策において自己主張を強めることになった。

したがって、現代世界の特徴として第1に指摘できるのは、たとえばG20に見られるように、先進国─新興国Nexus（山本吉宣）が国際秩序を主導する構造が浮上したことである。2000年前後に盛んに論じられたアメリカを中心とする単極構造の議論はほぼ見られなくなり、今日では世界規模の多極化が広く共有された認識となっている。[3]これは冷戦終焉期以降、国際機関や民間部門など非国家主体のグローバル・ガバナンスにおける重要性の高まりを指摘する見方からすればやや逆行する動きともいえる。もちろん非国家主体の重要性が失われたわけではないが、主要国家間の利害ないし価値観の相違が大きい場合、国際秩序の基本的な骨格は大国によって担われねばならないという定式が確認されたといえよう。

ただしここで注意を要するのは、現在の国際秩序が多極的であるとはいっても、近代ヨーロッパ主権国家体制のように、ほぼ国力が等しく、大帝国でも小国でもない国が比較的稠密に接して存在していた体制とは大きく性質が異なることである。米国、EU、中国、インド、ロシア、ブラジル等が人口、領土面積、経済規模、資源、軍事力、技術力といった基本的な指標では現代の大国（EUは国家ではないが、ここでは国として扱う）としてあげられるだろう。しかしこうした指標においても各国の相違は大きい。中国、インドは人口においては圧倒的であり、いかなる強国も今日、これらの国を征服できるとは考えられない。他方で、経済面で見れば中国はようやく中進国、インドはまだ貧困国の水準であり、先進国との差が大きい。また、現在の大国は諸大陸に散在し、中国とロシアの長い国境を除いては相互の直接の国境線での接触はごくわずかである。

加えて、これら諸国は、典型的な国民国家ではなく、「文明的大国」と呼ぶべき存在である。EUはそもそも単一の国民国家を超越する存在を目指しており、複雑な条約に支えられ、たとえば23の公用語をもつ独特の政体（body politic *sui generis*）である。インドはさらに複雑で、言語だけを見ても連邦公用語は二つ（ヒンディ語と英語、ただし英語は準公用語）ある一方で、州は言語によって境界が引かれ、多数の州公用語が存在する。政治体制についていえば、厳格な三権分立と連邦制によって権力が分散されているアメリカや憲法上は法治の尊重を規定しつつ、実際には共産党体制による人的支配の性質が強い中国も体制の性格は独特の複雑さをもっている。

こうした性質をもつ文明的大国にあっては、近代ヨーロッパに存したような濃密な相互了解の関係を結ぶことは困難であると考えられる。もちろん現代の相互依存や技術的発展に伴いコミュニケーション密度は上昇しているが、それぞれの大国は国内統治に費やすエネルギーが大きく、外部からはその意志決定のメカニズムは容易に予測できるものとはならないであろう。したがって、大国間関係は、グローバリゼーションの下で一定の利益を共有するものの、価値観の共有に支えられた強固な協調体制となる可能性は低い。

現代の国際政治を規定する第2の要因は、個々の国や国家間関係にではなく、世界システムないしそれを支える包括的な文明のあり方にかかわるものである。「長い20世紀」の後半の中心的なテーマは、先進世界が次第に脱工業化し、金融や情報その他サービス産業が主軸となるポスト工業文明に移行する一方で、かつては日本、今日では新興国をはじめとする非西洋世界に工業技術が移転され、工業文明が世界規模で普及拡大するという現象であった。こうした傾向は長期的なものであり、単線的に進行するものではない。たとえばリーマン・ショック以降、新興国での生産条件の一定の悪化に伴い、先進国製造業が国内に復帰する傾向が一部に見られる。しかし先進国においてすでに進行している少子高齢化や、世界規模での資源の需給関係のタイト化、環境問題への敏感性の高まりなどを考えると、長期的傾向としては文明の脱工業化、ポスト工業文明への移行は避けられない方向であろう。

このような趨勢は、安全保障面でもさまざまな帰結をもたらしうる。まず、ポスト工業文明に向かう成熟した先進国と、工業化を進める途上国の間で資源や環境負荷をめぐる利害および価値観の相違は容易に解消することはできないであろう。もちろんこの問題は、資源や環境保全に関する技術的発達にも依存するところであり、新エネルギーの開発、省エネルギー技術や環境保全技術が発達し、共有されればこうした利害対立は緩和することが可能である。しかし根本的には、脱工業化を進める先進国と、工業化を進めつつある途上国の間で現状をめぐる摩擦が起きる要因は存在し続けるであろう。

第2に、工業文明の頂点であると同時に、脱工業的性格も有する原子力技術は論争的な存在であり続けるだろう。原子力の軍事的応用である核兵器は、工業技術によって破壊力を飛躍的に増大させた近代軍の到達点であった。しかしその破壊力が巨大であるがゆえに核兵器は通常の軍備と区別された、政治的意味をもつようになり、軍事力の脱工業化を促すという皮肉な役割を担った。原子力の民生への応用の典型である原子力発電技術も同様であって、発電エネルギーを生み出す上では原子力は火力よりも効率的と見なされたが、その安全対策や廃棄物処理をめぐって、化石燃料や自然エネルギーとは異なるレベルの負荷をもたらすことがわかってきた。また、核不拡散体制において設けられた原子力の軍事利用と民生利用の区分は多分に人工的なものであって、途上国の工業化の進展に伴って、今日の不拡散体制を維持するためのコストは大きくなるであろう。

他方で、情報技術を中軸に据えた精密誘導兵器などスマート・ウェポンの普及が、軍事技術の趨勢を変えつつある。湾岸戦争以降のアメリカが主導する武力行使が示しているように、今日の軍事力においては破壊を最小限にとどめつつ政治目的を実現する手段の開発が求められている。仮にこうした傾向が今後の軍事力の主要な傾向となるなら、核兵器はこれまで以上に使いにくい兵器と見なされ、その拡散へのインセンティブは低下し、不拡散体制はより守られやすくなる。オバマ米大統領の「核なき世界」の方針は、理想主義的な個人の思いではなく、軍事技術の進展傾向に一定の基礎をもつ指針である。

しかし冷戦期の米ソ関係で典型的に見られたように、核兵器が一定の戦争防止効果をもっていた可能性は否定できない。軍備のなかで核兵器の比重が低下することは、核抑止の効果が低下することにつながり、軍事的紛争が発生する閾値が低下する、すなわち武力紛争が起きやすくなる可能性がある。もちろんそのことは、2度の世界大戦のような、工業国家によって戦われる総力戦の時代に戻ることを必ずしも意味しない。軍事的闘争は陸海空に少なくとも宇宙、サイバー空間を加えた多次元的なものとなると予想されるし、また、実際の戦闘においても無人機やロボットによる「無血」の戦闘行為が一定の比重をもつ可能性がある。しかしポスト工業国家による本格的な軍事闘争はいまだ起きておらず、いかなる形式で武力が行使され、終結へと至るのか、予測することは困難である。

## 2 アジア太平洋地域の中心化

以上のような国際政治の傾向を踏まえると、少なくとも今後数十年、アジア太平洋地域は国際政治において中心的な重要性を占める可能性が高いことがわかる。その理由は以下の如くである。

第1は、アメリカ、中国という現在の世界的二大国が太平洋を共有していることである。すでに中国は経済的にも軍事費の面でも恐らくアメリカに次ぐ世界第2位の国となっている。2030年までの間には中国が経済規模でアメリカを抜いて世界1位となる可能性も高い。そしてアメリカは第二次世界大戦以降の自由主義的な国際秩序の現状に最大の利益を見出している国であるのに対して、中国はこの秩序の利益を享受してきた段階から、自国にとって好ましい秩序を模索する段階へと移行する徴候が見られる。習近平総書記が掲げる「中華民族の偉大な復興」は、伝統的な文明圏としての中国を現代の国際政治の枠組みのなかで再生する意図を示しているように見える。こうした表現はレトリックとしての側面もあるだろうが、鄧小平の掲げた「韜光養晦」の下での改革開放路線からの基本的な国家戦略の変換を意味している可能性が高い[4]。

20世紀においてアメリカが主導した自由主義的秩序は一定の範囲でナショナリズムを容認し、むしろ積極的に支援する傾向をもってきたから、「中華民族の偉大な復興」がアメリカの利害と必然的に対立するとはいい切れない。しかし、自由主義的秩序にとっては、グローバルな共有空間（global commons）への自由なアクセスが確保されていることが基本的な前提と見なされている。これに対して中国が聖域化された勢力圏を構築することで権益確保を追求し、かつ中華文明圏の自立を図るなら、米中の利害はかなり深いところで対立することになる。

第2に、アジア太平洋地域は、上述のようにポスト工業化する先進地域と工業化を進める開発途上地域が世界で最も深く相互交流しつつある地域である。米中日という世界3大経済大国が存在し、中国、インド、アメリカ、インドネシアという現時点での世界人口第4位までの国家、ロシア、カナダ、アメリカ、中国という国土面積第4位までの国家も域内にある。第二次世界大戦後、アジア太平洋地域ではアメリカが市場と資本を提供し、アジア諸国が労働力を提供し、資源はアメリカ・アジア・大洋州・中東が提供するという三角貿易の循環が成立し、成長センターがシフトしながら成長してきた。こうした相互依存が今後とも域内諸国にとって互恵的であり続ければ、ポスト工業文明と工業文明も共存できるであろう。たとえば、米中両国は世界の温室効果ガス排出量の4割を超える比重を占めており、両国が効果的な排出規制で合意することができれば、他のアジア太平洋諸国を含め、世界規模での温室効果ガス抑制について先進国、途上国が合意に到達する可能性が高まる。逆にアジア太平洋地域において包括的なレジームやガバナンス／メカニズムが機能せず、閉鎖的な経済的、文化的ブロックが形成されることになれば、世界全体においてもブロック化、地域化が趨勢となろう。

第3に、アジア太平洋地域は世界の主要な文明が交流する文明間関係の場となりうる。アメリカは西洋近代文明の世界観を一つの形で体現しているし、中国やインドは、近代文明によって大きな影響を受けているものの、文化的アイデンティティにおいて古代以来の文明の継承者を自覚していることも否定できない。さらにこの地域には、宗教だけに限っても、ロシア正教やインドネシアなどのイスラム教、インドのヒンズー教、チベットや日本などの仏教といった多様な文化が存在する。こうした多様な文化が共存できる多元的な文明を形成できるか否かが地域の安定と繁栄の基礎であるし、その帰趨は世界的影響をもつ。

こうした多元的な文明の共通項は近代西洋に生まれた自由主義であろう。個人を単位として合理的に制度を構成し、全体の豊かさを増やすという仕組みは現代の科学技術や生活環境に適合している。しかし自由主義は帰属意識としてのアイデンティティや死生観にまつわるような根本的な価値意識を提供しないという弱点をもつ。それだけでなく、自立した個人を単位とする法や市場取引によって社会関係を構成するという理念は現実には貫徹することはできない。これは近年、社会資本（social capital）論によっても強調されているところである。それぞれの社会が伝統的な文化を近代文明にどのように埋め込むかが鍵となるのであり、そこに社会の個性が成立し、文明間の摩擦の生ずる余地がある。

また、アジア太平洋の情報社会化がどのような帰結をもたらすかも重要な挑戦である。中国が世界最大のインターネット人口をもち、インドネシアはフェースブックの加入者が最も多い国とされる。出版や放送の自由が完全でないアジア諸国にあって、現代の通信情報技術は新しい公共空間形成につながる可能性を秘めている。しかし情報化の進展は、民主主義国では必ずしも政治の安定につながっていない。先進諸国の政治はおしなべて不安定化しているが、その原因として社会的情報メディアの普及がどのような影響を及ぼしているかは未確定である。しかし新しい公共空間が有権者の発言権を強めてこれまでの代議制の基礎を弱めるとともに、極端で少数派の見解や他者に対する極度の中傷が政治において不釣り合いな比重をもち、政治を不安定化させる傾向もある。他方で、中国に代表される非民主的権威主義体制国家では、支配者はインターネットやＳＮＳが体制の基盤を揺るがす恐れを抱いている。こうした新しい情報空間が各国の政治的相違を収れんさせるのか、逆に各国のナショナリズムを過激化させ、対立を増幅させるのか、それとも国境を越えた新たな文明圏の構築へと向かうのかも大きな不確実性である。

## 3　日本の位置と課題

### (1) 対外政策および安全保障上の課題

以上述べてきたような構図のなかで日本はどのような政策をとるべきであろうか。

まず、冷戦終焉後、日本が外交安全保障政策を立案してきた前提はかなりの修正を要するであろう。冷戦終焉後、日本はアメリカを中心とした世界新秩序ないし自由主義的な世界秩序のなかで自らの役割を見出し、安全を図ろうとしてきた。カンボジア暫定統治機構（ＵＮＴＡＣ）以降、自衛隊部隊の国連平和維持活動や国際緊急援助活動への派遣を行い、また、１９９６年には日米間で安保共同宣言を発出し、日米同盟を冷戦後のアジア太平洋秩序の安定の基盤に据え、新たな日米防衛協力のガイドラインや周辺事態法を整備した。その後、北朝鮮の弾道ミサイルや工作船侵入、９・11事件などを受けて、大量破壊兵器の拡散や低強度の脅威、テロの脅威に対する対策を安保政策の柱としてきた。弾道ミサイル防衛の研究と配備、ＮＢＣ兵器対応部隊を含む中央即応集団の組織化、北朝鮮工作船および中国潜水艦の領海侵犯やソマリア沖海賊対処に際しての海上警備行動を行った。また、９・11事件後には、インド洋での海上自衛隊活動やイラクおよび湾岸地域での復興支援および輸送活動を行った。防衛政策の基本的な方針を表明する文書となっている「防衛計画の大綱」でも、2004年大綱では「多機能弾力的かつ実効性のある」防衛力を整備することとされ、さまざまな脅威に対して効率的に対処する能力の整備が謳われた。

しかし防衛関係費は2002年度から2012年度まで漸減し続けてきた。もちろんその背景として、景気の停滞と財政収支の逼迫といった背景があったが、防衛体制強化の優先順位は必ずしも高くなかった。北朝鮮の弾道ミサイルおよび核計画は確かに日本にとって軍事的脅威であったが、その本格的な顕在化は北朝鮮が米韓同盟に挑戦する事態でなければ起こらないと考えられ、日本自らが備えるべき状況は限られると考えられた。中国の軍事費の増大は懸念材料であったが、中国軍の規模そのものよりも、情報の非公開、不透明性が問題と見なされた。また、イスラム過激派によるテロの脅威は日本においては切迫した脅威とは見なされなかった。

日本は過去10年余り、グローバルなテロとの戦いのなかでの日米関係を基軸としてグローバルな関与を続けてきたが、限られた資源を効果的にグローバルな安全保障問題に振り向ける、いわば英国型のあり方は、現在の日本にとっては国内の支持が弱く、限界がある。また、中国、韓国、北朝鮮と歴史問題を克服して密接な関係をもとうと努力をしてきたが、こうした「隣交」においても、歴史問題だけでなく領土や拉致問題が浮上し、大きな成果は得られなかった。

世界規模の多極化傾向が国際政治の基調として浮上するとともに、アジア太平洋地域が国際政治の中心性をもつようになっている今日、日本はまず日本とその周辺地域の外交安全保障を一義的課題とするべき段階に至っている。2010年に閣議決定された大綱において、基盤的防衛力構想が廃止され、動的防衛力という概念が採用された背景には、こうした認識も反映されたことが窺われる。

軍事的には、米中の軍事バランスが日本周辺海域を含めた西太平洋地域でどのような構造となるかが基本的な前提となる。ミサイルなどの精密誘導兵器が発達するなかで、アメリカがエアシーバトル構想などで提起する柔軟な統合戦力の活用を重視する一方で、中国は「情報化の条件下での局地戦」を戦う能力を整備してきたと考えられ、その一環として接近阻止・領域拒否（A2／AD）能力を強化しようとしていると西側は分析している。日本は海洋国家として海洋および貿易交通路の自由な利用に経済生活を依存しており、また、既存のアジア太平洋の開放的な秩序に利益を有する国家として、中国がA2／AD能力を獲得し、東シナ海、南シナ海から西太平洋を勢力圏に収める意図に対しては対抗せざるをえない。[5] 他方でアメリカがその前方展開部隊を平時において広域分散化させ、また戦闘局面で前方展開の比重を少なくする戦術をとるとしても、日本はアジア大陸に近接した位置にあり、縦深性を欠いているので基地の抗堪性を高め、また、市民社会の防護力を強化するなど領域保全能力を高めることが基本となる。もちろん、軍事力の多次元化に伴い、宇宙およびサイバー空間の利用および防護についても改めて課題を洗い出し、単独でなすべきこと、同盟においてなすべきこと、友好国との協力を強化すべきこと、国際的なルール形成を促進すべきことについて整理すべきである。この点を含めてアジア太平洋の中心に位置する日本がいかなる防衛力を備えるべきかの細目は今後さらに検討を要する課題である。[6]

こうした日本の防衛力および防衛ドクトリンに関する検討は、より高次の安全保障目的に対して位置づけられねばならない。米中の軍事的対立や冷戦状態も、アジア太平洋の協調的な秩序の解体も、高度な少子高齢化社会を迎えつつある日本にとっては大きな負担となる。もちろん日本の意向のみでは国際環境は決まらないが、日本がどのような秩序を望み、何を守るために力を使う意思をもつかは他国に影響を及ぼす。この点で、日本は中国、韓国との領土問題を二国間の紛争にすることは望ましくなく、アジア太平洋地域における海洋秩序構築努力のなかで位置づけることが望ましい。防衛力は、一方的な力による現状変更を阻止ないし牽制する上で重要だが、仮に紛争が生じた場合にどのように紛争の終結につなげるかがつねに念頭に置かれる必要がある。その意味では、防衛力に関するシビリアン・コントロールや警察力との連携が緊要な課題となる。同時に外交面では、領土問題を含めた国際紛争については司法的解決を含む平和的解決を追求する方針をつねに明らかにし、国際社会における支持獲得を心がけるべきである。

日本の領域保全を図り、将来起きうる米中対立の抑制要因として外交力および防衛力を用いる一方で、日本はアジア太平洋の多国間秩序の強化を進める必要がある。そのなかには、地域的な安全保障アーキテクチャの構築強化も含まれる。[7] とくに、東南アジア諸国、太平洋島嶼国、およびインドなどとは、防衛装備および技術協力や共同訓練などを通じて関係を強化することが考えられる。

日本に近接する韓国、台湾、ロシアとの関係はそれぞれ繊細さをもって扱わねばならない。韓国はアメリカと同盟関係にある友邦だが、領土問題および歴史問題を抱えていると同時に、中国との地政学的、経済文化的関係から米中の間で優先順位をつけることを回避しようとし、また、日本との安全保障協力も、とりわけ二国間においては、国内政治上の限界があると考えられる。朝鮮半島が安定し、日本に敵対的とならないことは日本の安全保障上の基本条件であることは歴史的にも明らかであるが、他方で日本と朝鮮半島が他国に比して特段に緊密な関係にある必要性は必ずしもない。朝鮮半島に対しては日本の政治的関与は受動的姿勢を基本とし、アメリカ、中国と連携した協力や経済文化面での協力に重心を置くことが適当であるように思われる。

台湾については、日本統治の記憶をもつ世代は去りつつあるが、文化的には比較的近しい関係にある。日本はそうした関係を基礎に、アジアにおける自由民主体制と市場文化を共有するパートナーシップを形成すべきである。また、とくに南西方面との関係では、台湾の地政学的地位は日本にとって重要である。台湾の中国との関係は台湾の意志決定の問題であるが、台湾周辺地域の安全保障秩序については地域的課題として取り扱う枠組みを検討すべきであろう。

ロシアは極東地域の国際秩序の重要な構成要因であり、資源や北極海域の利用などで相互協力の可能性はある。日ロ関係の障害はいうまでもなく北方領土問題であり、これについて双方の国内で受け入れ可能な実務的な解決を見出せるか否かが日ロ関係を規定する要因となる。

アジア太平洋が国際政治において中心的な重要性をもつ以上、日本としても対外政策の中核は同地域、とりわけ周辺地域との関係におくことになるであろう。しかし域外の安全保障問題から完全に手を引いてしまうべきではない。日本の経済生活が、アジア太平洋地域のなかだけで完結しないことに加えて、国際政治において発言力を維持する上で、グローバルな関与を続けることが条件となる。その点では、現在の国際政治のなかで「後背地」になりつつある中東およびアフリカ地域への関与が重要である。つとに報じられるように、この地域において中国が積極的に進出を図っており、米欧と競合関係にある。しかし現時点では主要な大国いずれもがこの地域に強く政治的に関与しようとはしておらず、秩序の融解状況が進行する徴候もある。日本はこれまで掲げてきた「人間の安全保障」重視政策を続けるべきである。具体的には治安を確保し、合理的な程度に国民の支持を受け、開放的な政治体制が定着するよう、他国と協調して関与すべきであり、それを担保するのに足るだけの平和構築活動への支援、情報能力の強化、NGOや文化交流などの民間活動の活発化を図るべきである。

**(2)日本の文明的位置づけ**

対外政策および安全保障政策の課題と並んで、日本にとっては国内課題にどう取り組むかが重要となる。国内社会の健全性は広義の国力につながり、対外政策の基盤となるからである。もちろん具体的課題、たとえば、労働人口の縮小と社会保障負担の増加の趨勢において、財政の健全性をいかに保つかというような誰の目にも明らかな課題に対しては実務的解決が求められる。しかしそうした実務的解決の根底には、これからの日本がどのような国であるべきなのか、また何を守るのかという価値観といったものがかかわってくる。とりわけ、すでに述べたように、現代の国際政治においては「文明的大国」とでも呼ぶべき大国が国際秩序を主導する構造が強まっているし、また、工業文明の拡散とポスト工業文明への移行との端境期にもある。こうしたなかで日本の文化的、文明的アイデンティティを再確認することは、対外的には日本の存在感をアピールするパブリック・ディプロマシーにつながるし、それ以上に対外政策と国内価値を連携させ、対外政策を力強いものとするために意味をもつ。

「日本文明」に関する膨大な議論についてここで振り返ることはできないが、多くの文明論の研究者が、日本は巨大な文明とは異なる独特の性質をもつ文明と認めてきたことは指摘できよう。代表的な議論としてA・J・トインビーは日本を独立文明に対する衛星文明と位置づけたし、K・ヤスパースや彼の文明論を受け継いだS・N・アイゼンシュタットは日本を「軸文明」に対する「非軸文明」として捉えた[8]。これらの議論はいずれも、古代日本が中国や朝鮮半島から先進文明を受け入れて多大な影響を受けたこと（逆方向の作用は基本的に存在しなかった）、それにもかかわらず宗教や言語など社会の根幹となる点で独自性を保ったことを指摘する。たとえば漢字からかな文字を発明して定着させるなど、活力ある大文明から一部を吸収し、独自性を保ち続けることを得意とする吸収能力に秀でた文明として特徴づけられる。一般の文明を外に向かって広まり、同化していこうとする凸型文明とするなら、日本は受容能力に優れた凹型文明の代表的な存在であるところに特徴がある。

いうまでもなく、こうした特徴は近代文明を受容する上でも活かされ、漢字を用いた熟語形成によって西洋文化を翻訳して受け入れただけでなく、中国や朝鮮半島にも共通する語彙を提供した。近代においては、受容型の文明であることは単に外部の高度文明の一方的な影響を受けるだけでなく、その翻訳置換を通じて外部に影響を与える要素にもなっているのである[9]。

今後の日本の文化的影響力を考える上でも、日本の強みとしての受容性の高さを活かすことが考えられるだろう。現代のようにさまざまな文化が混淆する時代にあっては、異なる諸文明を排除せずに受容し、共存させつつ破綻をきたさないという日本文化のあり方は、世界の文明のあるべき姿を示す貴重な存在でありえる。日本人自身がそうした点に価値を見出し、積極的に評価する姿勢をとれば、日本「文化」はよりはっきりとした「文明」性をもち、国際的な影響力の源泉となりえるのではないだろうか。世界のどの社会にも比較的容易に入り込めるのは日本人の強みであり、多角的な協力ネットワークを築く上で貴重な資源である。

ただし、その場合に注意すべき点もあろう。第1に、日本は固有の伝統を守るために、強く、かつ危険と見なす文明に対しては排除する傾向が強い。いうまでもなく、こうした傾向は第二次世界大戦において顕著に見られ、連合国との間で決定的な差をもたらした。日本は米英に対する知的分析を怠ったばかりか抑圧したのに対して、米英諸国は日本に関する分析を強化し、緒戦での不利からの逆転につなげた。この時に限らず、自らの弱さを感じたときに排除の姿勢をとることは日本の弱点であろう。

第2に、日本文化は高度の受容性をもつが、しかしその翻訳置換能力は完全なわけではない、という点である。たとえば日本語の曖昧さや論理性の欠如といったことが指摘される。こうした批判に対する反論でいわれるように、客観的に他の言語と比べて日本語が曖昧であり、論理性を欠くといったことは論証しがたいであろう。しかし外来語を容易に取り込める日本語は、やはりその意味するところについて深く理解せずとも話が進んでしまうことがある。そうした弱点を自覚し、厳密さを追求する姿勢を忘れてはならない。

第3に、現在の日本が置かれている状況の厳しさである。工業文明とポスト工業文明の端境期という意味でも、日本は世界にとって興味深い文明的実験を行っているといってよいであろう。とりわけ戦後日本は、工業文明の最も積極的な受容者でありながら、ポスト工業文明の価値を先取りする面があった。たとえば多品種少量生産といった考え方には、量よりも質を重んじる点で大量生産を追求する工業文明とは異なる側面があった。また、日本の政治システムも、工業文明に適合的な、市場指向の政党と労働者指向の政党が対峙しながらも、前者が後者のアジェンダや支持層を取り込む形で政治を安定させてきた。安全保障においても、冷戦構造下での西側同盟という対外政策と、憲法9条に象徴される平和主義を同居させてきた。

しかし冷戦終焉以降、戦後日本の工業文明とポスト工業文明の奇妙かつ巧妙な組み合わせはマイナスに作用し始めた。工業社会をポスト工業社会へと転換するべきところではむしろ従来の構造に固執して転換が進まず、他方で社会的には近代的な市民と国家意識が定着することなしに急速にポストモダンな価値観が広まった。前者の典型例として1980年代にウォークマンを生み出しながら、新たなビジネスモデルを確立できていないソニーに代表される日本企業を、後者の典型例としてマンガやアニメ文化や家族関係の解体といった面を指摘することができるだろう。国家としても、世界最大の債権国でありながら、世界最高の政府債務率を積み重ねている点に現代日本の逆説（paradox）が存在する。また、工業文明に対する最も強力な破壊者である大規模な自然災害を地理的に運命づけられている日本において、経済的繁栄のために原発を必要としてきたということも一個の逆説であろう。

## おわりに

2010年代の世界を展望するとき、アメリカの超大国としての指導力の低下や新興国、なかんずく中国の影響力の上昇、それに伴う国際政治の再編成といったいわゆる「パワー・シフト」に伴う諸現象がもたらす安全保障上の課題に注意を払うべきことは当然であろう。しかし同時に、グローバリゼーションがもたらす越境的な諸現象が大国を振り回し、国際政治の様相を左右する側面も今日において無視することはできない。現代の国際政治の複雑な様相の底流には、文明的な変化があるのであり、日本も対外政策面での戦略を考えるだけでは不十分であり、こうした文明的な変化のなかでの日本の方向づけをもたなければならない。

受容型の文明をもち、また発達した工業国家でありながら世界最高水準の少子高齢化社会となっている日本は、文明的大国が集積し、また工業文明とポスト工業文明のせめぎ合う地域の中心に位置しているという世界的に見ても独特の存在である。日本は現代世界の「逆説の中心（center of paradox）」として特異点のような存在であるとも見なせよう。日本にとって一見困難な状況をいかに有利な条件へと転化させるかが、日本の針路に求められる課題であろう。

※本稿の元となった防衛研究所主催、防衛戦略研究会議での報告は２０１２年7月に行われ、原稿は２０１３年２月に脱稿した。そのため、本稿の記述は現在の状況とはかなりずれが生じているが、全体を書き改める余裕がなく、基本的にオリジナル原稿を踏襲している。読者の寛恕を乞う（２０１４年6月）。

## 注

1　イアン・ブレマー［２０１２］。

2　「文明」といった概念は冷戦終焉頃まで国際政治学（ここでは国際関係論と同義に用いる）においては、忌避されてきた概念であった。この言葉を一挙に学界の論議に上らせたのはいうまでもなく、サミュエル・ハンチントンの文明の衝突論である（Huntington［1996］）。しかしこの著作でハンチントンは文明を文化の一種と捉え、とくに最大の文化的共同体として宗教を文明と重ね合わせている。こうした内容そのものは文明の定義の仕方としてありえるものであっても、歴史学や人類学のなかで扱われてきた文明概念に対してあまりにも粗雑な扱いであろう。ハンチントン流の文明論とは距離を置きながら、国際政治学における文明概念の有用性を検討する論文集として、Hall and Jackson［2007］、Katzenstein［2010］がある。

3　最近の未来予測としては、National Intelligence Council［2012：ii-iv］がある。この報告書では、２０３０年には覇権国は存在せず、アジアがＧＤＰ、人口規模、軍事支出、技術投資において米欧全体を上回り、中国がアメリカを抜いて世界最大の経済大国となっているであろうと予測している。

4　アメリカの指導的な中国外交専門家の一人であるデービット・シャンボーは、１９８０年代からの中国との接触の経験を踏まえ、米中関係が質的な変化、それも悪化の方向に向かっているのではないかという印象を述べている（Shambaugh［2013：xv-xvi］）。

5　Krepinevich［2012：58-69］は、財政緊縮時代のアメリカがその軍事戦略の目標をグローバル共有空間へのアクセス確保に限定し、日本をはじめとする同盟国の協力を得ながら、軍事技術上の優位を保ち、アクセス拒否を意図する国により大きな負担をかける戦略を提唱している。

6　１９６０年代に国際政治学者の高坂正堯は日本を「海洋国家」と規定して日本の外交および安全保障に対する考察を行ったが、その時期の戦略環境はある意味では今日と類似している。1960年代には米ソ関係は、とくにアジア太平洋においては重要な要素ではなく、むしろ毛沢東体制の中国とアメリカの緊張関係のほうが際立っていた。もちろん当時、中国は対外的軍事展開能力はほとんどもたず、1964年に核兵器を開発した段階ではあったが、そのイデオロギー的な魅力は冷戦時代においては相当のものであった。こうしたなかで高坂は、日本について安全保障は日米安保を基盤としつつ、日本の独自能力として通商だけでなく、海洋の開発および探査を指摘した。今日にあっても、海洋の開発利用および研究を日本が重視し、その成果を占有せず、他国と共有することが日本の対外政策資源の一つになりえるという意味では、「海洋国家」としての自己規定は意味をもつものと考えられる。

7 安全保障アーキテクチャの概念については、神保謙・東京財団「アジアの安全保障」プロジェクト編著［2011］参照。

8 トインビーの衛星文明論については山本［1969］。また、ヤスパースの軸文明（axial civilization）と非軸文明（non-axial civilization）の区分を踏襲し、日本について比較文明の観点から考察を行った著作としてアイゼンシュタット［2004‐2010］。

9 文化と文明の定義や区別については、大論争のあるところだが、ここでは、文化人類学者の梅棹忠夫による区別を下敷きにしている。梅棹によれば、文化は、過去から受けつがれた価値の体系であるのに対して、文明は、建築や道具などの装置系と法律や経済などの制度系で構成されるシステム、と定義される。この定義によれば、たとえば宗教は、過去からの価値体系としての文化と見なされることもあれば、民族を越えたつながりをもたらすシステムとして文明と見なされることもあろう。日本社会の価値体系についても、文化（伝統的価値）としての捉え方に対して、文明（システム）としての捉え方を強調することは可能であり、それは「開かれたナショナリズム」といった観点ともつながるものであろう。

## 参考文献


神保謙・東京財団「アジアの安全保障」プロジェクト編著［2011］『アジア太平洋の安全保障アーキテクチャ：地域安全保障の三層構造』日本評論社。

山本新［1969］『トインビーと文明論の争点』勁草書房。

アイゼンシュタット、S.N.［2004‐2010］（梅津順一他訳）『日本　比較文明論的考察　1‐3』岩波書店。

イアン・ブレマー［2012］（北沢格訳）『「Gゼロ」後の世界』日本経済新聞出版社。

Arrighi, Giovanni［1994］*The Long Twentieth Century : Money, Power, and the Origins of Our Time*, Verso.（土佐弘之監訳『長い20世紀——資本、権力、そして現代の系譜』作品社、2009年）。

Hall, Martin and Jackson, Patrick Thaddeus eds.［2007］*Civilizational Identity : The Production and Reproduction of*

"*Civilizations*" *in International Relations*, Palgrave Macmillan.
Hobsbawm, Eric J. [1994] *Age of Extremes : the Short Twentieth Century 1914-1991*, Michael Joseph.（河合秀和訳『20世紀の歴史―極端な時代』（三省堂、１９９６年）。
Huntington, Samuel P. [1996] *The Clash of Civilizations and the Remaking of World Order*, Simon & Schuster.（鈴木主税訳『文明の衝突』集英社、１９９８年）。
Katzenstein, Peter J. [2010] *Civilizations in World Politics : Plural and Pluralist Perspectives*, Routledge.
Krepinevich, Andrew Jr. [2012] "Strategy in a Time of Austerity : Why the Pentagon Should Focus on Assuring Access," *Foreign Affairs*, November/December, pp.58-69.
National Intelligence Council [2012] *Global Trends 2030 : Alternative Worlds*, US National Intelligence Council.
Shambaugh, David ed. [2013] *Tangled Titans : The United States and China*, Rowman & Littlefield Publishers.

# 第3章　米国新戦略と日米同盟

坂元一哉

要約

オバマ政権は、「ピボット」という言葉でアジア重視政策を説明している。「ピボット」（回転軸）という言葉は、イギリスの地理学者、ハルフォード・マッキンダー卿の１９０４年の論文"The Geographical Pivot of History"（地理学から見た歴史の回転軸）において使われている。

イェール大学で国際政治学を教えた地政学者、ニコラス・スパイクマン教授の１９４２年の著書『世界政治におけるアメリカの戦略』と、その本の表と裏の扉に添付してある1枚の世界地図は、アメリカの新戦略を理解するのに役立つ。

スパイクマンの地図を見れば「南シナ海」の戦略上の重要性が明確になる。マッキンダーがユーラシア大陸のなかの「ピボット・エリア」を重視したのに対して、スパイクマンは、ユーラシア大陸の周辺部、「リムランド」と名付ける部分をパワーの中心として重視したことはよく知られる。しかし、彼が世界における「三つの地中海」の戦略的重要性を強調していることはあまり知られていない。「三つの地中海」とは、ユーラシアとアフリカ大陸を分ける地中海のほか、南北両アメリカ大陸を分けるカリブ海とメキシコ湾、そしてユーラシアとオーストラリア大陸を分ける「アジアの地中海」であるが、南シナ海がその大部分を占める。セントルイスを中心にしたスパイクマンの地図を見ればユーラシア大陸を取り囲む海の動線の一部として「アジアの地中海」すなわち「南シナ海」が、そしてそこにおける「航行の自由」、つまり米国の商船と艦船の通行の自由が、単にアジア戦略だけでなくアメリカの世界戦略にとっていかに大切なのかが、よくわかる。

スパイクマンは、将来、「アジアの地中海」をコントロールするのはイギリス、日本、アメリカいずれの海軍力でもなく、この海に面して陸上に基地を多数確保できる、中国の空軍力に違いないと述べている。中国の航空戦力はまだアメリカと日米同盟の敵ではないが、台湾海峡沖などに展開する数多くのミサイルは大きな脅威になっている。アメリカは、このミサイルと海空軍力による中国の接近対抗・領域拒否戦略を打ち破るために、いわゆる「エアシーバトル」構想の強化にとりかかっている。

スパイクマンは、将来アジアで本当に力をもつのは日本ではなく中国だと見ていた。いま巨大な隣国の力がさらに拡大するなか、日本は「遠くの力（高坂正堯）」、つまりアメリカと強く結びつく必要がある。そして遠くの力（アメリカ）のほうも、日本に近いところにある力（中国）の急速な増大を警戒し、日本とのより強い結びつきを必要としている。日米どちらにとっても同盟の強化が求められている。同盟強化のために何が必要か。さまざまな具体的議論が必要となろうが、日本の努力で大事なこととして、米国の新戦略をよく理解し、それにシンクロする日本自身の外交・安全保障戦略をもつこと、そして日米同盟をその二つの戦略に基づいて運営していくノウハウを強化していくことがある。

# はじめに

アメリカ大統領選挙の討論会、第3回目を見ていると、オバマ大統領が例の「ピボット」という言葉を使って、政権のアジア重視政策を説明していた。「ピボット」という言葉は、国務省がバスケットボール好きの大統領に気に入ってもらえるように考え出した言葉だ、とまことしやかにいう人もいる。真相はともかく、確かにこの言葉はバスケットボールの「ピボット・ターン」をイメージさせる。

昨年、クリントン国務長官がこの言葉を使ったところ、すぐにヨーロッパは懸念を示した。恐らく、いままで中東、ヨーロッパの方（西の方）を向いていたアメリカがアジアの方に、くるっと向きを変え、中東、ヨーロッパには背中を見せる、そういう「ピボット・ターン」のイメージがあったからであろう。国務省はすぐに、いや「ピボット」ではなく「リバランス」、すなわち重心の移動だ、といってヨーロッパの不安をいくらかでもなだめようとしていた。

スポーツでいえば「ピボット・ターン」をイメージさせる「ピボット」という言葉だが、国際政治学的にはどうであろう。私は、他に連想するものがある。

イギリスの地理学者、ハルフォード・マッキンダー卿が１９０４年に書いた有名な論文"The Geographical Pivot of History"のなかで使っている「ピボット」（回転軸）という言葉である。マッキンダー卿は、ユーラシア大陸のステップ地帯とその北の森林地帯（つまり中央アジアとシベリア）を、世界史を動かす中軸の地域だとして、「ピボット・エリア」と呼んだ。このマッキンダーの言葉が、19世紀末に誕生した地政学の発展に、大きな影響を与えたのはご存知の通りである。

そしてそのマッキンダーの地政学でいう「ピボット」からの連想で、私が今度のアメリカの新戦略を理解するのに役立つと考えるのが、戦前、戦中、イェール大学で国際政治学を教えた地政学者、ニコラス・スパイクマン教授の１９４２年の著書『世界政治におけるアメリカの戦略』（Nicholas J. Spykman, *America's strategy in World Politics*, Transaction Publishers, 2008）と、その本の表と裏の扉に添付してある同じ1枚の世界地図である。

本稿では、この地図（87頁参照）を見ながら米国新戦略の性格を考えつつ、今後の日米同盟の発展強化のために何が必要か、思うところをかいつまんで説明していこう。

## 1　時代をどう見るか

地図をご覧いただく前に、時代をどう見るか、という話を少しさせてほしい。私は、歴史を考える際に、20世紀の始まりと終わりについてはいろいろ解釈があるだろうが、アジア太平洋の興隆という観点から見れば、日露戦争（１９０４～１９０５年）に始まり、香港返還（１９９７年）で終わる世紀と考えている。そしていま香港返還から15年が経ち、興隆したアジア太平洋のリーダシップをめぐるせめぎ合いが厳しさを増している。このせめぎ合いの主役は、なんといっても台頭する中国だろうが、日本も日米同盟の力を背景に、決して脇役に甘んじているわけではない。この時代感覚が、本章の議論の前提になる。

尖閣問題で厳しさが増している日中関係の現状もこの「せめぎ合い」のコンテクストのなかで考えたほうがよいと思われる。

では20世紀を「アメリカの世紀」（Henry Luce）と捉える観点からいえばどうか。その場合の20世紀は、ヨーロッパの没落を決定づけた第一次世界大戦が始まる１９１４年からソ連が崩壊して冷戦が終了し、米国だけが超大国になる1991年までと見てよいであろう。

それから20年の月日が流れている。その間を超大国アメリカ一極の時代だという人もいれば、いやEUが誕生、拡大し、中国はじめ新興国が力を増し、ロシアが復活するなど多極化が進んでいる、パワー・シフトの時代だ、という人もいる。

私自身は、基本的に前者、多極ではなく一極だろうと考えている。ただその際の一極というのは、アメリカとその同盟国中心の世界、という意味での一極である。

冷戦に勝ったのはアメリカではなくて、アメリカとその同盟国である。この点は、世界秩序の問題を考えるときに、もう少し強調されてしかるべきではないだろうか。イラク戦争、アフガン戦争に見られるように、確かにアメリカは無敵（invincible）であるが全能（omnipotent）ではない。NATOや日米同盟なしに、一極をつくれるわけではない。私は、イギリスの外交官ロバート・クーパーの文章（＊）の中にあるように、「一つの軍事大国と多くの政治大国で構成される世界」つまり「圧倒的に優位な軍事力を保持するアメリカが、他の大国の見解や理解には一定の配慮をする世界秩序」という意味での「一極」がある、と考えている。

そしてまた、クーパーがいうように、この冷戦後の世界秩序のなかに中国を入れる努力は、世界にとってとても大切で、アメリカによるその努力の最新のものが、ここ1、2年の間に明確になった新戦略ではないだろうか。

冷戦終了直前、1989年の天安門事件から今回の共産党大会と指導者交代まで、米国の対中政策は、ごく大まかにいえば、一方に中国の経済発展の魅力とそれへの期待、他方に中国共産党一党独裁体制への政治的不満と軍事的台頭への警戒があり、その間で関与（協力）とヘッジ（警戒）のバランスをなんとかとろうと、よくいえば慎重、悪くいえば曖昧な態度をとってきたといってよいかもしれない。

それがここにきてヘッジの面が強く出るようになってきた。オバマ大統領とオバマ政権は当初、米中協力の推進に期待をし、対中宥和の姿勢を見せたが、それがうまくいかず、いまは警戒心が強くなってきた。

　オバマ政権のなかには、トーマス・ドニロン大統領補佐官のように、２０１1年5月のオサマ・ビン・ラディン殺害の前から、米国は中東ではなく、急速に経済発展し、また中国の軍事的台頭が目覚ましいアジア太平洋地域に力をシフトすべきだ、と考える人がいたようである。だがやはり、アルカイーダ最高指導者の殺害によって対テロ戦争に一段落をつけ、国民に人気がないイラク、アフガン、両戦争からの撤退を加速できるようになったことが、このシフトを最終的に可能にしたのは間違いないであろう。

＊「日本だけでなく、全世界にとって重要なのは、中国がどういう国になることを望んでいるのかという点である。アメリカのように安全保障を軍事力で確保し、さらには軍事的超大国を目指すのか。それとも、日本やヨーロッパのように、一つの軍事大国と多くの政治大国で構成される世界を受け入れる方向を目指すのか。つまり、それは圧倒的に優位な軍事力を保持するアメリカが、他の大国の見解や理解には一定の配慮をする世界秩序ということだ。我々は、中国が後者の道を選ぶように努力しなければならない」（クーパー［２００８：21］）

## 2　地政学的視点

台頭する中国に対する米国の警戒、その警戒に対する中国の反発、結果としての米中対立。いま我々の目前にあるこの状況は、かなり構造的なものだと思う。

　一国の力の興隆に対する他国の警戒、という万古不易の国際政治の一般論はもちろんのことであるが、三つ要因があるのではないだろうか。一つは、すでに触れたが、対テロ戦争が収束に向かいつつあること。つまり米中が共通の敵を失いつつあることである。

もう一つは、アメリカがリーマンショック後、国内製造業重視、輸出重視の経済政策をとろうとしていること。これは輸出主導の経済発展を行っている中国との経済摩擦を引き起こしやすくする。

ただ、オバマ政権が中国と対峙する姿勢を明確に打ち出すようになった、その最も大きな要因は何かといえば、アメリカの世界戦略に対する中国の挑戦だろうと考える。すなわち世界のパワーバランスに重大な影響を与える地域の支配を敵対勢力には許さない、というアメリカの基本戦略への挑戦である。

その挑戦は、２０１０年3月、訪中したスタインバーグ国務副長官に対して、戴東国国務委員が伝えた、「南シナ海も中国の核心的利益」という言葉で明らかになった。

そのちょうど1年前、南シナ海の公海上で中国艦艇５隻が米海軍の音響測定艦「インペカブル」を取り囲み、その航行を妨害している。また、南シナ海で中国が周辺諸国と深刻な領有権問題を抱えているのは周知の事実である。だからアメリカにとって中国外交の実力者の口から出た、この「核心的利益」という言葉は決して穏やかな言葉ではなかっただろう。

この言葉に対抗して米国新戦略の最初の「鬨の声」を上げたのがクリントン国務長官だった。長官は２０１０年7月、ＡＳＥＡＮ地域フォーラム（ＡＲＦ）において、「南シナ海の航行の自由は米国の国家利益」と明言した。「南シナ海」、そして「航行の自由」という二つの言葉は、とても重要な言葉である。この二つは直接的、また間接的に、20世紀アメリカの二つの大戦争の原因になった。

まず「航行の自由」あるいは「航海の自由」は、第一次世界大戦にアメリカが参戦する大きな原因であった。アメリカは１９１７年、ドイツの無差別潜水艦作戦再開に反発して参戦する。アメリカの戦争目的を示したウィルソン大統領のいわゆる「14か条」の2番目に、この原則があげられていたのは周知の通りである。

次に「南シナ海」のほうは間接的だが、アメリカの第二次世界大戦参戦の原因になった。というのも、日本を真珠湾攻撃に踏み切らせたのはアメリカの対日石油禁輸であるが、この禁輸は日本軍の南部仏印（ベトナム南部）進駐に対抗したものであった。なぜ南部仏印進駐をアメリカは許せなかったか。それはアメリカが、日本の進駐を、東南アジア全域を制覇するための第一歩と解釈し、シンガポール、フィリピン、香港といった「南シナ海」にある英米のアジア前進基地、あるいは領土（植民地）に対する重大な脅威と受けとめたからである。

「南シナ海」と「航行の自由」という二つの重要な言葉が出たところで、スパイクマン教授の地図をご覧いただこう。米国の新戦略に関連して、この地図を紹介する理由はいくつかあるが、まず第1は、この地図を見れば「南シナ海」の戦略上の重要性が明確になることである。

スパイクマン教授も、マッキンダー卿の考えにならって、ユーラシア大陸という、世界最大の大陸が敵対勢力に支配されないことを米国および南北アメリカ、つまり新世界の安全保障の要諦と考えた。

マッキンダー卿がユーラシア大陸のなかの「ピボット・エリア」を重視したのに対して、スパイクマン教授は、ユーラシア大陸の周辺部、「リムランド」と名付ける部分をパワーの中心として重視している。とくに東は中国沿岸部、西はヨーロッパ、そしてこれは潜在的にではあるが、インドの重要性を認識して、米国の戦略を考えたことはよく知られている。しかし、それほど知られていないのは、教授が世界における「三つの地中海」の戦略的重要性を強調していることである。五つの大陸の結節点であり、世界をコントロールするための要所となる三つの海である。この「三つの地中海」の一つはいうまでもなくヨーロッパにある地中海で、ユーラシアとアフリカ大陸を分ける。もう一つは教授が「アメリカの地中海」と呼ぶカリブ海とメキシコ湾のことである。これは南北両アメリカ大陸を分ける。

そして三つ目が台湾、シンガポール、そしてオーストラリアのヨーク岬を結ぶ線に囲まれた「アジアの地中海」

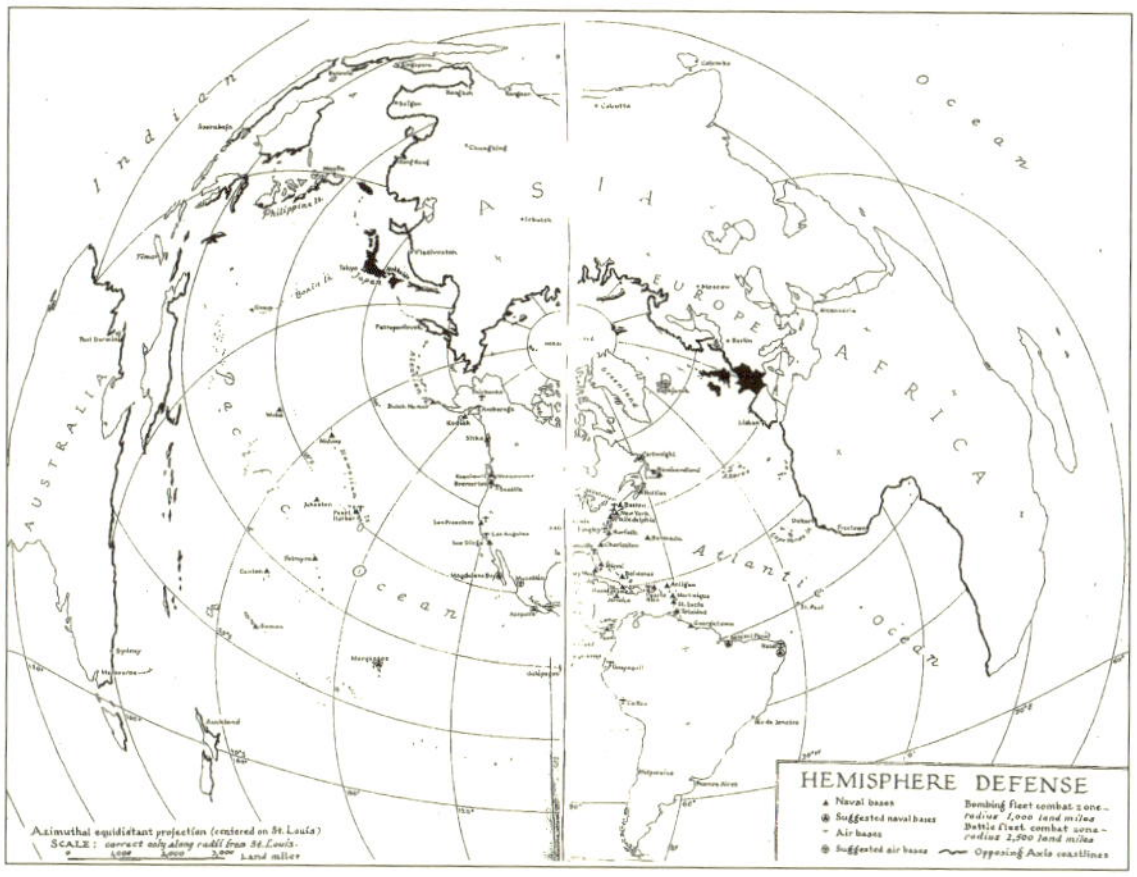

出所：Nicholas J. Spykman, *America's strategy in World Politics*, Transaction Publishers, 2008, originally Harcourt, Brace and Company, 1942

（"the Asiatic Mediterranean"）で、ユーラシアとオーストラリア大陸を分ける海である。この「アジアの地中海」の大部分を占めるのが「南シナ海」なのである。

セントルイスを中心にしたこのスパイクマンの地図を見れば、ユーラシア大陸を取り囲む海の動線の一部として「アジアの地中海」すなわち「南シナ海」が、そしてそこにおける「航行の自由」、つまり米国の商船と艦船の通行の自由が、たんにアジア戦略だけでなくアメリカの世界戦略にとっていかに大切かが、よくわかる。

世界のあらゆる地域へのアクセス、自由行動は、海洋国家アメリカの世界戦略を支える基盤である。米国西海岸カリフォルニア州のサンディエゴを出て、ハワイ、グアム、そして日本、台湾、フィリピンの近くを通り（時には立ち寄って）南シナ海に入り、シンガポールを抜け、インド洋へ抜ける海の道。この地図にはないが、いまなら軍艦はディエゴ・ガルシアで補給を受けて、ペルシャ湾、ソマリア沿岸、紅海とスエズを通り地中海に入ることができる。米国海軍第5艦隊の本拠地はペルシャ湾のバーレーンにある。紅海の入り口のジブチにも基地がある。地中海に入ればイタリアのナポリに寄り、ジブラルタルを通って、大西洋を横切り、東海岸バージニア州のノーフォークに帰る。

そういう、ユーラシア大陸の周辺をアメリカから見て時計回り（あるいは逆回り）に回る重要な動線――実際に米海軍の艦船がそういう動きをするかどうかは別にして――が、この地図でよく見て取れる。もし中国が、「核心的利益」という言葉でもって「南シナ海」をあたかも中国の内海にするかのような態度をとれば、それは米国の世界戦略に対する重大な挑戦になってしまう。そのことをこの地図は如実に示すのである。

アジア重視の米国新戦略、そのなかでの「南シナ海」の重要性を端的に表現しているのは、２０１２年1月の国防総省文書「米国世界指導の維持"Sustaining US Global Leadership : Priorities for 21st Century Defense"」のなかの一文ではないだろうか。すなわち、アメリカの安全保障と経済利益は「西太平洋と東アジアから、インド洋地域と南アジアに続く弧」の発展と分かちがたく結びついている、という一文である。この弧の中心になるのが「南シナ海」である。新戦略についてよく、アメリカはアジア太平洋に「軸足」を移した、といわれるが、より具体的に、アジア太平洋のどこに「軸足」を移したかと問われれば、それは「南シナ海」だ、と答えるのがいいだろう。

スパイクマン教授の地図を紹介する別の理由は、教授が「南シナ海」周辺の地域、つまり東南アジア地域はアメリカにとって原料資源の最大の輸入先であり、アメリカと世界の繁栄に欠かせない場所だとして、経済的にも重視していることである。

いまはヨーロッパによる植民地支配の時代ではないし、他の地域での資源開発や技術の発展で、同地の経済的重要性は相対化されたが、市場、投資先としての価値は急速に高まっており、オバマ大統領が少年時代を過ごしたインドネシアをはじめ東南アジア諸国の経済発展は世界経済にとって大きな希望になっている。アメリカはこの地域との貿易や投資で中国に後れをとっていることもあって、今後は経済関係を確実に深めていきたい地域のようである。

もう一つ、この地図を紹介する理由は、スパイクマン教授の予言にある。教授はアメリカにとって重要な意味をも

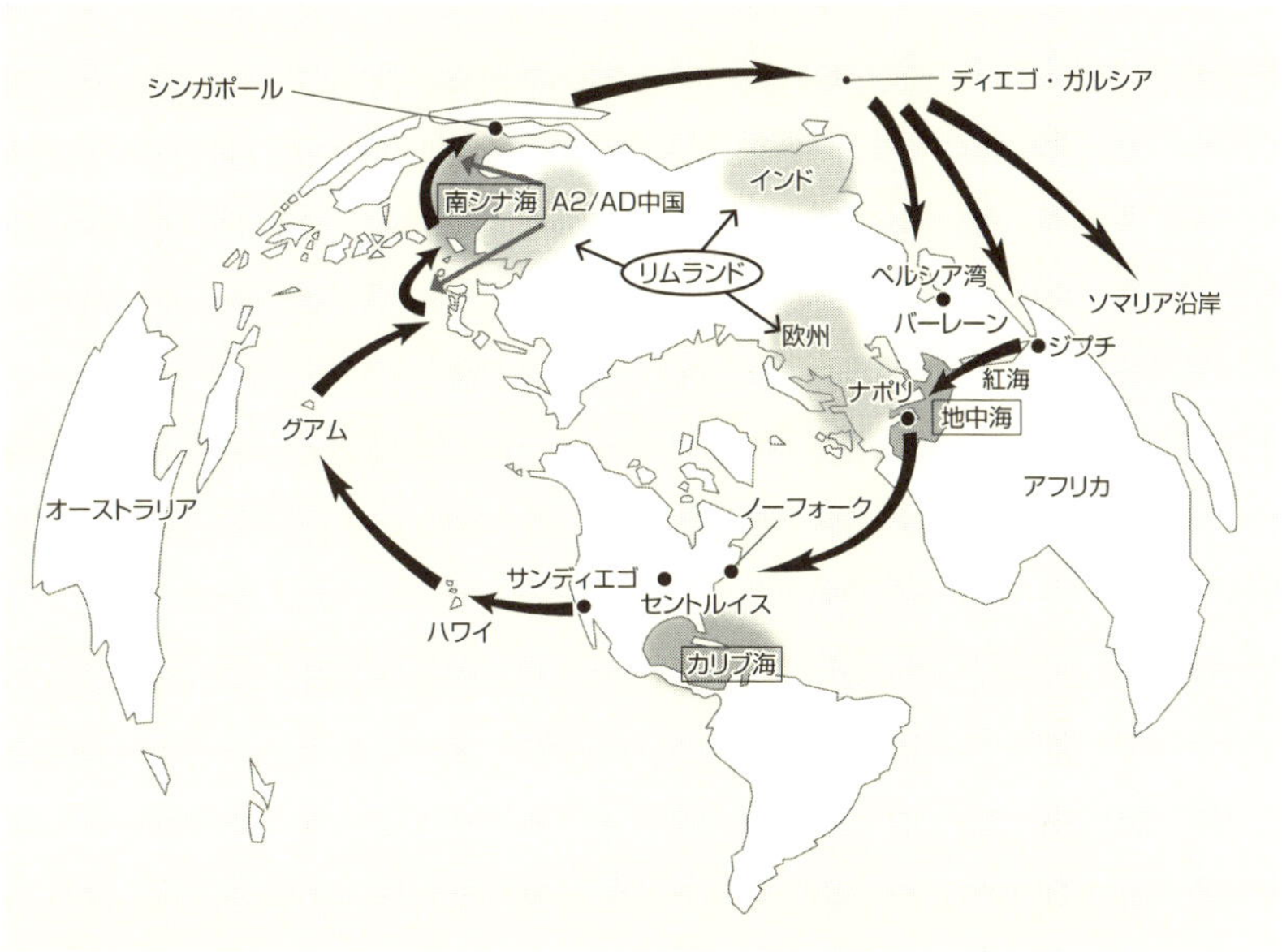


出所：著者作成

つ「アジアの地中海」をコントロールするのはイギリスの海軍力でもなければ日本の海軍力でもない。はたまたアメリカの海軍力でもない。もしこの海をコントロールするものがあるとすれば、それはこの海に面して陸上に基地を多数確保できる、中国の空軍力に違いないと述べているのである。

空軍力を三次元の戦争遂行能力と考えて、ミサイルを付け加えると、最近中国の空軍力は伸長著しく、自信も増大しているようである。航空戦力は、まだアメリカと日米同盟の敵ではない。しかし台湾海峡沖などに展開する数多くのミサイルは大きな脅威になっている。

アメリカが東アジアに展開する米軍の分散を行っているのも、このミサイル対応という側面があるし、このミサイルと海空軍力による中国の接近拒否・領域拒否戦略（Ａ２／ＡＤ戦略）を打ち破ることを一つの大きな理由として、いわゆる「エアシーバトル」の強化にもとりかかっている。「南シナ海」を中国がコントロールするような事態、スパイクマンが予言するような事態はなんとしても避けたいからだろう。

スパイクマン教授も、米欧諸国の努力次第で、中国が「南シナ海」をコントロールし、東アジア全体を支配することを防ぐことはできる、と考えていたようである。『平和の地政学』という本は、教授が49歳で亡くなった翌年（1944年）に、残したノートや地図などを集めて出版された本であるが、この本には次のようにある。

「もし西洋の主要国が地球上の全地域に影響力を残しておこうと考えるのであれば、自分たちの基地を海にある島国の上に設置する必要がある。中国という国家が必然的にもつことになるパワーの限界という点から考えてみると、このような島国にある基地は、将来中国が極東を完全支配しようとする動きに対抗するための備えとしてはおそらく十分であろう」（スパイクマン［2008：120］）

「基地を海にある島国の上に設置する必要」というのは、この本が書かれた後の歴史を知っている我々にとって、とくに興味深いところである。

ともかく「南シナ海」から見た米国のアジア重視新戦略は、中国への軍事的対抗という色彩が濃いものである。これはさすがにスパイクマンが予言するところではないが、「南シナ海」は中国が将来、SLBM搭載の原子力潜水艦を潜航させるのに適しているので、そのことへの軍事的警戒も要る。

米国の新戦略は、軍事だけでなく、政治的、経済的にも、中国との競争の姿勢を明確にしている。オバマ大統領は2011年11月、オーストラリア・キャンベラでの演説で、アメリカは、中国との協力的な関係を続けるが、国際規範の重視や人権の大切さについてはいわせてもらう。すべての国は自分で自分の進む道を決めるが、言論、出版、集会、宗教、それに「市民が自分たちの指導者を選ぶ」自由は人間の普遍的な権利である、などと述べて、中国に変化を促し、ありていにいえば喧嘩を売っているわけである。

またTPPは、もちろん米国の貿易推進策であるが、同時に中国がその経済力でアジア太平洋諸国に独占的な影響力をもつことがないよう、アメリカ主導で経済グループをつくろうという構想である。

そういう新戦略を中国封じ込め戦略と呼ぶべきであろうか。私はまだそこまではいっていないと思う。中国の現在の力と最近明らかになりつつある経済発展の限界、あるいは格差、腐敗など国内のさまざまな矛盾、そして何より世界を指導する理念やイデオロギーの欠如。それらを考えると、中国がソ連のような世界覇権を求める力、ユーラシア大陸を制圧するかもしれないような力をもつ可能性は低い。アメリカは中国を、そう見ているのではないだろうか。つまりまだ「封じ込め」という言葉を使うほどの脅威ではないということである。

この新戦略の性格について参照したいのは、コロンビア大学のウォルター・ラッセル・ミード教授の見方である。要約し、少し言葉を捕捉するが、つまるところアメリカは、「アジア・太平洋における、米国を中心とした自由と繁栄の国際システムに参加するようアジア諸国を誘うとともに、中国に対しては、地域覇権追求を抑止しつつ、そうしたシステムのフルメンバーになる選択肢を与えている」（Mead［2011］）ということではないだろうか。対中「封じ込め」というより、条件付きの「取り込み」が目的なのだと思われる。条件というのは、中国政府が軍事行動を自重し、国内における自由と人権を重視し、国際法と国際規範を尊重する、といったことである。

## 3　日米同盟強化のために

スパイクマンは、日本の真珠湾攻撃直後から、戦後は、つまり日本の敗戦後は、アメリカはユーラシア大陸を敵対勢力が支配することを防ぐために、ヨーロッパでイギリスと連携するように、アジアでは日本と連携する必要がある、という趣旨のことを述べていた。当時は相当批判されたようだが、その後どうなったかを考えると、我々はスパイクマンを、日米同盟の地政学的始祖と呼んでいいかもしれない。スパイクマンは、将来アジアで本当に力をもつのは日本ではなく中国だと見ていた。日本は戦後、力をつけた巨大な隣国、中国に対抗するためにアメリカと連携せざるをえない。そう考えていたように思われる。

京都大学で国際政治学を教えた高坂正堯も、1965年に出した処女作『海洋国家日本の構想』のなかで、日本にとってのアメリカとの連携、安保条約、日米同盟の地政学的意義を似たような視点から、次のように述べている。「巨大な隣国から自己の同一性を守ることは実にむつかしいことなのである。……日本が東洋でも西洋でもない立場をとろうと思うならば、遠くの力とより強く結びついて、近くの力と均衡をとる必要があるのである」（高坂［1998：242］）

いま巨大な隣国の力がさらに拡大するなか、日本はますます遠くの力、つまりアメリカと強く結びつく必要がある。そして遠くの力（アメリカ）のほうも、日本に近いところにある力（中国）の急速な増大を警戒し、日本とのより強い結びつきを必要としている。つまり日米どちらにとっても同盟の強化が求められている。

それで同盟強化のために何が必要か。これは日米双方の努力でもあり、さまざまな具体的議論が必要だが、とりあえず、大づかみかつ抽象的に、日本の努力で大事なことを三つあげておく。

一つは、米国の新戦略をよく理解し、それにシンクロする日本自身の外交・安全保障戦略をもつこと。そして日米同盟をその二つの戦略に基づいて運営していくノウハウを強化していくことである。戦略のシンクロナイゼーション、擦り合わせ、といってよいであろう。これは日米両国が、日米同盟を日本の平和と安全だけでなく、広く東アジア、さらには世界の平和と安全の維持、あるいは自由と繁栄の秩序形成に資するように使っていくことにつながる。

この点、「西太平洋からインド洋への弧」を重視する米国の新戦略が参考になる。その弧が、インド洋から先、中東、アフリカへも伸びるとして、日本は数年前に打ち出し、最近はほとんど口にしなくなったが、「自由と繁栄の弧」という概念をブラッシュアップするのも一つのアイデアであろう。海賊対策やPKO、あるいは災害対策など、戦争以外の軍事行動も含めつつ、官民あわせての海外経済協力を行って、その弧のなかにある国々の、発展と安定を助けることで米国と協力していく、といったことである。

すでに日本は、シンガポール、インド、あるいはオーストラリアとの防衛交流を開始し、東南アジア諸国の海賊対策に協力し、ソマリア沖でも国際的な海賊対策に参加し、ジブチに基地をつくり、中国が石油の輸入先として関係を深めているスーダンから分離した南スーダンにPKOを派遣している。最近は、ODAを利用して南シナ海・スカボロー礁の領有権をめぐって中国と対立するフィリピンに大型巡視船を供与しようともしている。

私がいわなくても、すでに日米の「擦り合わせ」は始まっているのかもしれない。

次にコスト負担増の覚悟も大事である。日米同盟の強化は、かけ声や精神論だけではだめで、それなりにコストがかかる。アメリカは、軍事予算がさらに削減されることもありそうなので、日本の防衛予算を増やすことが、いっそう大切になる。

過去10年間防衛予算を減額してきたわけだが、減額はたとえいろいろ工夫して、実力の低下を免れることができるとしても、抑止力を低下させるので本来、望ましくない。しかも実際に、実力低下の危惧はあるし、航空戦力など実力向上を急がねばならないところもある。であるから、私はともかくいまの額から三、四千億円は上げるべきだ、と考えている。

このことで、あくまで議論のための議論としてであるが、もし国際環境がいまよりかなり悪くなったら、防衛予算をGDPの2%、NATOが目標にしている数字ぐらいまでは上げざるをえなくなるかもしれない。もし万一そうなれば苦しくても上げる、という覚悟をなんらかのかたちで示すことができれば、外に対するメッセージとして理想的ではないだろうか。そんな数字は、いまの日本の財政状況では寝言中の寝言といわれるかもしれない。そのことはよくわかっているつもりだが、国家の安全の問題であるし、日本が防衛力漸増・経済復興優先の再軍備路線をとり始めた1950年代半ばの防衛予算は、だいたいGDPの2％ぐらいである。それでは少ないから4％ぐらいにしろ、とアメリカから要求されていた過去もあるわけである。

もう一つは、同盟協力の強化。これは協力の相互性を深めて、日米が気持ちよく協力する。人と人との和を図ることがなにより大切だと思う。そのことについては自著（坂元［2012］）でいろいろ書いているので、そちらをご覧いただきたい。簡単にいうと、日米協議の拡充である。同盟協力は基地貸借の協力（「物と人との協力」）と自衛隊と米軍の協力（「人と人との協力」）の二つのうち、前者を合理化し、後者を強化する。前者の合理化にはもちろん普天間飛行場問題の解決が含まれる。そして同盟協力の基盤である集団的自衛権に関する憲法解釈の変更を行う、といった努力をすべきということである。

この同盟協力の強化に関連して、「新ガイドライン」の設定が日程に上っているが、私としては、1978年のガイドラインについては「自衛隊は盾、米軍は槍」という役割分担を固定化せず、自衛隊も状況によっては槍の役割を担うような分担を考える。97年のガイドラインについては、「後方地域支援」を「後方支援」に改めることなどを希望している。

以上、アメリカの新戦略とこれからの日米同盟について考えているところを述べた。いろいろ足りないところが多いかもしれないが、いちおう天の時、時代をどう見るか、地の利（理）、地政学的視点、人の和、つまり同盟協力という「天、地、人」の構成になっている。最低限のまとまりはつき、議論のたたき台にはなっているかと思う。

※本稿は、防衛戦略研究会議（2012年11月29日、市ヶ谷グランド・ヒル）における発表の口述原稿を基にしている。

参考文献
坂元一哉［２０１２］『日米同盟の難問――「還暦」をむかえた安保条約』ＰＨＰ研究所。
高坂正堯［１９９８］『海洋国家日本の構想』中央公論新社。
ロバート・クーパー／北沢格訳［２００８］『国家の崩壊――新リベラル帝国主義と世界秩序』日本経済新聞社。
ニコラス・スパイクマン／奥山真司訳［２００８］『平和の地政学――アメリカ世界戦略の原点』芙蓉書房出版。
Mead,Walter Russell［2011］,"America's Play for Pacific Prosperity,"*Wall Street Journal*, December 30.
Spykman, Nicholas J.［2008］America's strategy in World Politics, Transaction Publishers.

# 第Ⅱ部　パワー・シフト下における東アジア

# 第4章　「グレーゾーン」のなかの日中関係
## ――威嚇と抑止のなかの安定追求

浅野　亮

### 要旨

本論文は、日中関係が「冷たい平和」、つまりお互いに威嚇と抑止をし合うバランスによる安定のメカニズムにあるのではないかという分析を試みる。

この問題設定は少なくとも三つのことを含意している。第1に、完全な平和でも完全な武力対立でもない、友好とはいえないが衝突も望まない、いわば灰色の状況についての分析をするという位置づけである。第2に、日中関係を二国間関係ではなく、多国間のダイナミズムのなかで見ていく。「中国の台頭」の進行中に、中国は各国それぞれと外交を進めつつも、諸外国間の連動にも注目し計算している。第3に、このテーマには、安全保障が密接に絡むため、伝統的安全保障の中核とされる軍事力も扱う。非伝統的安全保障が大事なら、まず伝統的要因を分析してから後であろう。

これからの日中関係は、たとえ一時的に安定が保たれたとしても、再び緊張が高まる可能性は小さくない。つまり、灰色の状況がこれからも続くと考えられる。おおむね、日中間で大規模な紛争がすぐに起こる可能性は低いが、発生した場合、解決は非常に難しく、日中や東アジアにとどまらず、グローバルに衝撃を与えると懸念されている。2013年の末に公表された防衛大綱は、自衛隊出動に至らない主権侵害のケースを「グレーゾーン」と名付けた。本論文では、日中関係の基本的な性格を考える上で、この表現を使うこととする。

## はじめに

21世紀の初頭、「中国の台頭」は、東南アジアと東北アジアを含む東アジアのパワー・バランスの変化を引き起こし、東アジア地域で新たな秩序を形成しつつあるといわれている。それは、この地域で卓越した地位を保ってきたアメリカとの関係の変化を伴っていた。中国が「唯一の超大国」アメリカとの格差を縮め、他の大国を追い越してその差を広げつつあるという認識は、中国でも広く受け入れられるようになってきた（徐進［2014］）。日中関係の変化も、かなりの部分「中国の台頭」の結果であると考えられている。

確かに統計上、2010年に中国の製造業の売上高がアメリカを上回り、また中国のGDPが日本を追い抜いた。中国が「唯一の超大国」アメリカとの格差を縮め、他の大国を追い越してその差を広げつつあるという認識は間違いなく存在する（徐進［2014］）。ここで、日本は中国に追い越された国の一つという構図である。

2020年代には中国のGDPがアメリカを追い抜き、世界第1位になるとの予測は、中国ではかなり広まったようである。確かに、中国の経済成長が多少鈍化したとしても、アメリカのGDPを追い抜く日は、遠くないかもしれない。中国のメディアやネットの論調はこの予測を追い風にした中国の国際的リーダーシップの増大を論じてきた。しかし、製造業やGDPの数値は確かに国力の重要な目安の一つだが、国力の大小をそのまま意味するとはいえない。軍事力や技術力についても、これらは数値化できにくいし、ある程度できたとしても、国力を正確に表すとはいえない。

東アジアで新たな秩序の構築進展を可能とする「中国の台頭」が続くのか、という、問題設定の大前提についての疑問ももたれている（小原雅博［2012］、津上俊哉［2013］、加藤弘之［2013］など）。

ただ、「中国の台頭」の前提とされる経済成長の減速パターンに応じて、中国の対外政策がどのような変化を見せるのか、は挑戦的な課題として残っている。対外政策が穏健になるのか、逆に攻撃的になるのか、それぞれ理屈がある。中国の経済成長の減速が、「中国の台頭」の終わりや挫折をすぐには意味しないという点で多くの人々の意見がほぼ一致しているにすぎない。

「中国の台頭」の分析が難しい背景には、台頭がもたらす内外の変化が急速、大規模で、しかも一様ではないことがある。「改革開放」期以後、台頭の影響は測定の問題に加え、中国の政治、経済、社会にも当然大きな構造的な変動をもたらした。わずか1世代で都市中産層が出現して社会構造が変化し、メディアやネットの急速な普及で社会意識も大きく変化した。中国社会の変化に伴い、中国共産党の役割も変化してきたといえるであろう。

「中国の台頭」がもたらす対外的な影響は、日本では主に東アジアに関心が注がれがちだが、実際には東アジア地域を越え、アフリカやラテン・アメリカや欧州など、グローバルな影響が増大している。関係するイシューも、経済、安全保障のほかエネルギーや生態系などにまで及び、関係が深まる相手国の内政にも影響が大きくなってきた[1]。日中関係に限ってみても、現代中国政治の専門家である天児慧が指摘したように、規模の拡大、多様性の増大、複合性の増大は日中関係の展開の基本的な特徴そのものといえ、これらの特徴の分析は不可欠である（天児慧［2013］）。

このような点をすべて頭に入れて「中国の台頭」の全体像の認識や理解ができるとしても、かなり時間がかかり、タイムラグが生じる。しかも、特定の政策や願望が分析に影響する。さらに、「中国の台頭」への評価は、相手の国々によっても大きく異なる。日米間でも対中評価は異なる。つまり、中国との紛争や摩擦も、問題のフレーミングはアクターによって違う。ここから、相手の認識やイメージに影響を与える方法が対外政策上の手段としてますます重要となった。中国がパブリック・ディプロマシーを重視するようになったのも当然である。相手の認識や意見に影響を与える場は、メディア、ネットのほかトラック2（非政府レベル、民間の枠組みでの協議）や各種国際シンポジウム等に広がってきた。

心理学者がいうように、イメージ形成には記憶が大きくかかわるが、個人や集団にかかわらず、記憶は正確であるほうが少なく、たいていは不正確か、後でつくり上げられ注入されたものである。しかし、それが繰り返されて定着すると、行動の規範や公的に決められた歴史となる。必要な場合はそこから符号として取り出されて利用される。これは、日本を含めて世界各国にいえることであろう。

さらに、発言や論説の対象が我々の想定とは異なることがある。中国の政治指導者たちによる対外問題に関する発言や論説が、実際には相手国よりも国内向けであると考えられることも少なくない。前を向いての言葉が実は後ろの人々へのメッセージだということである。

このようにして見ると、「中国の台頭」下の国際関係の展開は、実体そのものというよりも、認識など、心理的な要因による影響が強いといえよう。実際には、朝鮮半島情勢や南シナ海など、主要な問題のどれ一つとして、米中によって解決できていない。それは米中間の協力ができないことに加えて、どちらも独力でこれらの課題を解決できる力がないからである。それでも、中国の自信が深まってきたとすれば、それは、中国の国力が伸びてきて、将来もさらに伸びていくというイメージがあるからである。

## 1　対外政策決定のメカニズム——中国理解の前提

### (1)国内要因にも目を向ける

中国の態度や行動を見るとき、多様な意見が中国に存在することをまず認めなければならない。どの意見が採用されるかは、プロセスやメカニズムに大きく影響される。表出される意見をそのまま受け取るのではなく、宣伝と冷静な解釈を選り分けなければならず、資料の吟味が非常に重要となる。国際関係の研究では当事者へのインタビューに頼ることが多いが、一般の公開資料からは窺い知ることが難しい意見や考えを直接知ることができる。その一方で、当事者の役割が彼ら自身のいう通りであるとは限らないため、まっとうな研究は扱いに非常に慎重である。

おおむね、政権の中枢に近いほど慎重で、遠くなるほど勇ましい。しかし、それらが入り交じる場合がある。直観的にいえば、1980年代から本格的に進んだ改革開放政策下に鄧小平、江沢民、胡錦濤、習近平という最高指導者の交替があり、政策決定が多元化するにつれて、この傾向は強くなってきたようである。錯綜する大量の情報から自分の仮説に当てはまるものを選び出すのはむずかしくないが、自分の仮説に当てはまらない情報を不要なものとして吟味しないならば、仮説の検証が行われず、自分の信念（思い込みの別名）の一方的な吐露にすぎなくなる。

多くのメディアは、国民に対して中国の偉大さ、それへの共産党政府の貢献や政策の正当性を強調しなければならない。このため、「分をわきまえない」外国に対して中国政府は毅然とした態度を見せ、圧伏しているとの「絵」を見せる。世論が当局の許容するレベルを超えて強硬になってくると、これらのメディアは、中国政府も十分にやったとしてそろそろ諸外国とも関係を改善しようか、とするのである。さらに、中国にも慎重さが必要と明確に主張することもある（注：松田康博・東京大学教授のご教示に基づく）。慎重さを求める言辞がほとんど一つもなくとも、前後のプロセスなどから、発言や会議の真の狙いは慎重な対外姿勢への回帰であると考えられる場合も少なくない。

中国のデモが民意をどこまで表しているのか、またどこまで中国当局の意志が貫かれているのか、非常にわかりにくい。しかし、言論の自由が増大したといわれる中国でも、2012年以後、国内で行われるデモは、当局が指示、あるいは組織したものが多いといわれている。2012年、尖閣諸島の国有化に対する「反日デモ」が行き過ぎたのは、胡錦濤に批判的な指導者の影響力が強い地方都市であったとの分析もあった。2013年12月の安倍首相の靖国参拝に対しては、日本の識者の予想に反して、大規模なデモは起こらなかった。

中国が対日政策を含む対外政策のコーディネートに苦労してきたと推測できる事例もある。尖閣諸島をめぐる問題では、2012年9月、日本政府による「国有化」発表直後に習近平をトップとする領導小組が組織されたという。確かに党の最高指導層にまで情報が上がっていたのはほぼ間違いなく、日中戦闘機同士の接近などもかなり早い段階で情報が上がったという。しかし、情報がすみやかに伝達されるとしても、実際にコーディネートがうまくいくとは限らない。ふつう、領導小組の組織は、さまざまな組織の暴走を抑えるためともいわれる。しかし、暴走の抑制だけでコーディネートがうまくいったとはいえないであろう。さらに、抽象的な指示を出しても、現場の具体的な行動まで細かく規定し、加えて関係国にその行動を納得させることは難しい。

2014年初頭に設立が報道された国家安全委員会も、習近平への権力集中を象徴する機構であるといわれている。しかし、この委員会は不明な点が多い。国内治安が主眼とも報道されたが、実際には対外政策や安全保障を扱うようである。陣容では主席が習近平、副主席が李克強（国務院総理）と張徳江（国家副主席）という以外、2014年5月の時点でよくわかっていない。中央政治局常務委員のシビリアンが副主任として指導する形であることが、隠れた

なく、意見がまとまらなかったことを示唆している。

ふつう、対外政策は、抽象的な政策方針の下にさまざまな政策の束が集まって成り立つ。この束のなかの諸政策は、抽象的な政策方針に沿っているとは限らず、またお互いに矛盾することも少なくない。抽象的な方針に従っているようには見えないか、または諸政策に矛盾があるとすれば、制度化や専門化が進むとそれぞれの分野ではそれぞれ一貫性があり、前任者の仕事を引き継いだにすぎなくとも、諸政策の間の調整は放置されたことになる。コーディネートが試みられるとしても、完全な調和というより仮の小康状態がもたらされるにすぎない。

ある部門の経済的利益追求が対外政策に影響することは十分考えられる。海軍や海監などの法執行機関の艦艇や監視船の急ピッチの建造は、海軍戦略や監視活動を含む海洋戦略の観点からだけではなく、供給過剰に苦しむ造船業界からの要請のためかもしれない（張嘉国［2012］）。

つまり、海洋はグローバルな経済活動の大動脈で資源の宝庫でもあり、経済と軍事の両面で競争が繰り広げられる舞台だが、中国の深海や遠海への発展はなかなか進まず、海洋国土の3分の1は外国に侵され、4分の1は分割される危険に満ちていて、ベトナムやフィリピン、マレーシアはいくつかの島嶼を軍事占領し、日本の「国有化」も進んでいるのに、中国の「海洋公務船」は不足している、中国はもっと船を造らなければならない、というわけである（鄭礼建［2012］[2]）。こうなると、中国当局が対外関係を安定させようとする一方、中国の造船業界の利益も考えて、監視船や海軍艦艇を建造すると、諸外国は懸念を強くすることになる。海洋権益の確保という建前の背後には、対外関係以外の国内要因があるという観点も必要となる。

ネット、新聞や雑誌など、中国のメディアに現れるいろいろな論評や論文を読み解く上では、このようなメカニズムを念頭に置かなければならない。

同様に、党大会報告の内容を解釈する上でも、報告の作成プロセスを知っておかなければならない。指導者が非カリスマ化している21世紀初頭、各分野の専門家の役割は飛躍的に増大したと考えられる。報告は最高指導者ひとりが作成するわけではなく、多くの専門家が関与する。対外政策や安全保障政策でも、多くの研究教育機関の専門家の意見が聴取される。党大会以後、報告の内容に関する専門家たちの解説は、宣伝や啓蒙という面も否定できないが、同時に彼らの主体的な考察の結果でもある。

京都のある中国近現代史研究者の言葉を借りれば、政府に近いシンクタンクに属する中国の国際問題研究者は、およそ5種類の理念型に分けることができるという。純粋に学術的な専門家、真剣な政策提言者、自覚的な宣伝家、自覚的な迎合者、無自覚な迎合者である。報告にかかわる専門家がつねにこの五つの分類のどれに当てはまるかは、専門家の資質とともに、専門家を取り巻く政治的、また生活を含む実際的な環境（たとえば、お金を稼ぐ必要が大きいなど）なども大きく影響するであろう。さらに、ひとりの専門家が単純にこの五つのカテゴリーのうち、どれか一つにだけ属するともいえない。ひとりの専門家が慎重な対外政策を主張すると同時に、（外国から見れば）対外拡張的な意見を述べることもあるからだ。なお、この分類は中国だけに限定されるものではないであろう。

報告が使う特徴的な表現についての解説も、同じく、内外に対する表明であるとともに、彼らの一部が実際に参加した場合もあり、その場合には突っ込んだものとなろう。また、報告そのものでは詳しく言及されなかったことについて、専門家による独自の見解や主張が説明のなかに盛り込まれ、明確な政策方針として定着していくことがありうる。

ここで非常に重要なことは、政策決定に深くかかわる専門家にとって、中国の政策がつねに明確な戦略をもっているとは限らないこと、または実施段階で不十分なことがないとは限らないということである。「中国はさらに明晰なグローバル戦略を制定すべきである」という中央党校教授・門洪華の意見がそれを示唆している（門洪華［201

2］）。

以上、中国の対外政策決定のメカニズムについてごく簡単に議論を試みた。それを踏まえて、次に「韜光養晦（才能を隠して実力を蓄える）」という対外政策の基本方針について見てみよう。「韜光養晦」は終わったのか、という日本でもしばしば見られた議論は、中国の対外戦略に直接かかわるものである。単純化していえば、中国国内では、中国の能力や影響力の増大に見合った主張をするのが当然という点ではたとえ総論で賛成であっても、各論、すなわち選ぶべき争点、スタイルや限度などについて十分にコンセンサスが得られていない。対外政策の実施のレベルでは、積極的な政策を進めることができる分野とできない分野があり、したがって変化は不均等なものになるのであり、一度にすべてが変わるのではないと考えることができる。「韜光養晦」とその見直しは、中国の対外政策の骨格そのものにかかわる重要なものであるので、次の節で詳しく述べよう。

なお、肩書きはその当時のもので、たとえば２０１２年のことを論じていて前外相としている場合は２０１２年の時点での肩書きであり、この論文を執筆した２０１４年のものではない。

## (2)対外政策の骨格

中国が最も警戒するのはアメリカとの正面衝突であるという点で、ほとんどの分析者の意見は一致している。回避すべき最悪のシナリオは、米中間の大規模な軍事衝突で、次に平和だが極度の緊張と対立が続く状態であろう。中国の公式文献でも使われる「大国が鍵」というレトリックは、そのような意味であると考えられる。

中国を取り巻く国際環境に関する分析は、中国にとって有利なのか不利なのか、中国の将来はどうなるのか、という根本的な疑問に直結している。有利か不利かについても、中国国内ではさまざまな意見があった。２００２年11月の党大会の報告では、「大国が鍵で、周辺が最も重要」とされた。大国と周辺に対するレトリックの区別は、中国が大国と周辺諸国に対する対応を使い分ける、ということを意味している。大国と周辺は相対的な概念で、中国の国力の増大に従い、中国がある国を大国かまたは単なる周辺国と見なすかは、変化する。そうなれば、ある国に対する対応や政策も変化する。

中国の対外政策が大きく変化したかどうかを吟味しようとするとき、「韜光養晦」と「有所作為」という対外政策の基本方針の扱いを見ていく方法がある。「韜光養晦」と「有所作為」をめぐり、2010年代の中頃から中国国内で盛んになった論争から、中国の識者が考える政策オプションがわかる。もちろん、識者の議論がそのまま中国の政策を表すわけではない。しかし、政策決定の中身を窺うことができる。

ここで、「韜光養晦」について若干述べておきたい。「韜光養晦」は、1992年4月、鄧小平の発言のなかで触れられた（『鄧小平年譜』（下）、2004、P.1346）。その後、1990年12月の発言で触れられた「決不当頭」（先頭に立たない、指導的役割を果たさない）や「有所作為」など（『鄧小平年譜』（下）、2004、P.1323）鄧小平の異なる時期の発言が一つにまとめられ、江沢民の対外政策の基本方針とされた。

1990年にはベルリンの壁が崩壊、1991年にはソ連が崩壊し、中国の指導者たちは中国の対外環境が非常に悪化したと考えていた。鄧小平の発言は、中国の置かれた対外環境への当面の対応を意味していたにすぎなかった。江沢民は鄧小平の発言の断片を体系化して、長期的な対外政策の基本方針とした。カリスマ性のない江沢民が、権威づけに鄧小平を使ったとすれば、この対外政策の基本方針は主に国内向けであったと考えることができる。

江沢民の中国は、社会主義の威信が大きく低下し、新たな凝集力としてナショナリズムに依存しなければならなかった。しかし、一方では、対外紛争を極力避けるためには、国内のナショナリズムに歯止めをかける必要があり、そのために鄧小平の威信を使った「韜光養晦」の正当化を進めた。「韜光養晦」は、国際環境とその中での中国の相対的能力の評価と、国内政治上の要請によって基本方針とされたといえよう。もしそうならば、国際環境や能力が変化すれば、また国内政治環境が変化すれば、中国の態度や行動も変化するということである。

２０１０年代に入っても、能力面で米中間の格差がすぐには大きく縮まらないという判断は、政策決定の中枢に近い人々にほぼ例外なく共有されていた（たとえば、王緝思、２０１２年5月）。しかし、能力面でアメリカと対等となるのは困難という判断の下では、主に何ができるかという手段が焦点であり、衝突の回避という点では大きな違いはなかった（浅野［２０１１］）。しかし、「韜光養晦」と「有所作為」をめぐる議論は、遅くとも２０１１年頃から新たな展開を見せた。見直しの主張が公然と表明されるようになり、それまでのような遠慮がちな態度がほとんどなくなってきた。

しかし、２０１２年12月、党大会終了後に、国務院新聞弁公室が「韜光養晦、有所作為」の基本方針の維持継続を求める呉建民の論文を発表した。とりわけ、中国が急速に台頭する時期に「大国主義の感情を大きくし、小国を軽蔑し、弱国や貧困国を馬鹿にしている。これは中国外交が最も嫌う間違いである」と厳しい意見であった。（http://www.scio.gov.cn/mtcb/cbll/Document/1254340/1254340.htm）

２０１３年8月に党理論誌『求是』に発表された楊潔篪の論文も、「韜光養晦」の基本方針を強調した。楊潔篪は、２０１３年3月の全人代で、戴秉国の後任として、外交部長から国務委員、中央外事弁公室主任となった。彼は、韜光養晦を放棄して有所作為に転換したと読むのは不適切であるとした。

ただ、対外政策部門がこの方針でまとまったとはいいがたい。２０１３年3月の全人代で楊潔篪に代わり外交部長となった王毅は、２０１４年3月、中国のヨーロッパ、中東とラテン・アメリカに対する外交につき、「主動進取、積極有為（主導権をとり、積極的にできることをする）」を強調した。また、紛争については、とくに尖閣諸島をめぐる対日関係では、中国は徹底的に本来の韜光養晦を変えて、一種の「鋒芒畢露（才能をことさらひけらかす、という意味の中国語）」の能動的な姿勢をとるとした。

　この頃、駐英大使の劉暁明が日本を「軍国主義のヴォルデモート」と、『ハリー・ポッター』に出てくるおどろおどろしい悪役の魔法使いになぞらえて痛烈に批判したのも、王毅の述べた対日政策方針に則ったものであった。王毅はさらに「2014は1914ではなく、2014は1894ではない」とし、日本の歴史問題への態度を厳しく批判した。中国の対日政策が「屈辱の百年」を主な枠組みとするナショナリズムと、日本に対する道徳的な優越という図式を示そうとしていることが明らかであろう。

　ただ、王毅が日中関係の改善を考慮しなかったということではなかったであろう。対日交渉のための地ならしという側面があったと見てよい。ハードルを上げることは、本気で交渉するためにとられる戦術としては珍しいことではない。しかし、同時に、この交渉を通じて有利な立場をとる狙いも含まれていたと考えてよい。日中関係でパワー・バランスが中国に有利になってきたという中長期的判断があるなら、当然のことである。

　おおむね、ベテランの識者たちは「韜光養晦」の方針の堅持を主張していた。しかし、専門家であっても若手は、見直しに積極的という異なる態度であった（『国際先駆導報』、2014年4月2日。2013年12月28日に中央党校で行われた、国際問題研究青年学者のフォーラム報道記事）。

　総体的に見てなお「戦略的チャンスの時期」が続く、つまり中国の台頭にとって有利な時期が基本的には続くという楽観は、党大会の報告にも書き込まれ、中国メディアの基調となった。しかし、中国が国によっては「摩擦期」に入っていて、中国に友人がいなければ安全保障上孤立する可能性があり、中国一国と他の国々との間で紛争が生じるかもしれず、国家主権や権益の維持と周辺の安定の間にはジレンマがあるという悲観的な見方も確実に存在していた（『戦略機遇期』盛世憂患録」、2012）。

　中国の国力増大という点でほぼ一致していたとしても、政策方針の見直しで意見が分かれていた事例を紹介しておこう。２０１２年7月、崔洪建（中国国際問題研究所研究員、欧州研究部主任）は、それまでの新安全保障観（協調的安全保障に近い概念で、江沢民と胡錦濤の時代の安全保障政策の指針とされた）や不干渉主義（平和五原則の概念の一つで、内政への外国の介入を批判する）の見直し、さらにはグローバルに広がりつつある中国の権益の保護を強化するよう提唱した。http://opinion.huanqiu.com/1152/2012-07/2961005.html

すると、イギリスの『ファイナンシャル・タイムズ』が16日、中国は、鄧小平以来の同盟を結ばない政策を止め、軍事同盟ネットワークを建設するかもしれないとの論評を掲載した。http://mil.huanqiu.com/observation/2012-08/3036273.html

これらを受けて、8月30日、ふだんは勇ましい主張をすることで知られている『環球時報』が、張沱生（中国国際戦略研究基金会対外政策研究センター主任）の論文を掲載し、中国海軍にグローバルな覇権を獲得させるような展開を進めようとするのは危険な考えであると、崔洪建論文への批判を展開した。http://mil.huanqiu.com/observation/2012-08/3035581.html

このような論争と党大会報告にも見られる「大国が鍵」を結びつけて考えれば、中国の対外政策の主要な焦点は、引き続きアメリカとの関係の維持であるといえる。そして、論争は政策決定に大きな影響を与える人々も関与したものので、彼らの意見が中国の対外政策方針の記述に反映したと考えるのが妥当である。

解放軍のなかにも、このような慎重な見方をする研究者がいた。南京国際関係学院の教授である宋徳星は、その論文のなかでイギリスの歴史家のエドワード・ギボンやドイツの神学者のパウル・ティリッヒを引用しつつ、「冒険的政策」を否定した（宋徳星、２０１２、PP.10－13）。

つまり、中国の対外政策の方針は「中国の国際的地位を的確に理解し、冒険的な政策をせず、そのなかでもとくにアメリカと対抗するようなことにならないようにし、同時にできることをする」と同時に「中国自身を発展させるとともに、積極的に国際関係の多極化と民主化を推進し、覇権国家の単独支配の策謀をチェックし、中国の責任ある大国というイメージと世界的強国としての地位の追求を失わないようにする」ということであった（宋徳星、２０１２、P.13）。

ここでいう「中国の国際的な地位の的確な理解」とは、中国の国力や役割を過大評価しないということで、とくにアメリカとの正面衝突はなんとしてでも避けるということが基本となるということである。

対米関係を安定させた上で、中国の国力を増大させ、対米格差を縮めてアメリカに対する交渉力を高める。それによって中国の国際的役割を増大させ、アメリカ中心の秩序に必ずしも従わない国々との連携を強めて、アメリカの対中圧力を軽減し、またアメリカの国際的リーダーシップの相対的低下が進むなかでも、中国は国際社会への貢献を進めて味方を増やし、軍事的な正面衝突は避け続ける、ということである。

ただ、彼は、中国の対外政策のもつ深刻なジレンマにも気づいていた。それは、現実的利益と価値の追求の上で、「不当頭（指導的な役割を果たすという重荷を背負わない）」と「責任を負う」の間、戦略的理性と大衆路線との間に適切なバランス点を探す、といういい方に表れている（宋徳星、２０１２、P.10）。

いい換えれば、中国の国力増大に伴い、国力に見合った国際的役割を果たさなければならなくなったが、これが過重な負担や不要な警戒を招かないように、役割の大きさや果たすスピード、独りよがりではなく他国との協調スタイルをとることが必要ということ、また「韜光養晦」が内包するジレンマ、つまり国際的な低姿勢や忍耐が国内の感情的な反発を招き、これが共産党体制を揺るがす危険性を内包しているので、ある程度国内の意見にも配慮しなくてはならないが、かといって、諸外国との関係を決定的に悪化させるわけにはいかず、関係改善を図っていくべきであるというロジックである。このような冷静で慎重なロジックに対して感情的な反発があるのはほぼ間違いない。ギボンやティリッヒの引用は、歴史家や思想家の高い権威を使って説得力を高めようとした宋徳星の工夫なのであろう。

では、アメリカとの正面衝突は避けるとしても、「中国の台頭」によって米中関係は何の変化もなかったかといえば、実はそうではない。次に、中国の対外政策や安全保障政策のなかで最も重要とされる米中関係、とくに中国側の新たな認識について見ていこう。その手がかりとなるのが「新型の大国関係」というレトリックである。

### (3)基軸としての米中関係——「新型の大国関係」

「新型の大国関係」というレトリックは、米中関係における中国にとり有利なパワー・バランスの変化を象徴したものと解釈されている。しかしこの表現が初めて使われた2012年初頭は、これが何を意味するのか、必ずしもはっきりしなかった。2012年2月15日、習近平国家副主席の訪米時に使われ、5月3日の第4回米中戦略・経済対話の開幕式で胡錦濤もこの用語を使った。後に戴秉国（国務委員）や崔立如（現代国際関係研究院院長）などが解説を行った。日本などでも、この概念の解釈をめぐり議論が始まった。5月25日に東京で行われた第18回「アジアの未来」で李肇星（前外交部長）は、「新型の大国関係」という概念は米中関係にとどまらず、日中関係にも適用されると述べた。このため、「新型の大国関係」が何を意味するか、この時点では必ずしもはっきりしなかった。

「新型の大国関係」は、2012年11月の党大会報告で触れられ、発足した習近平政権下の中国の対外政策を象徴する重要な表現として定着した。そして、「開発途上国や先進国と関係を改善し、協力する領域を広げ、意見の違いを適切に処理し、長期的に安定し健全に発展する新型の大国関係の建設を推進する」という文面は、米中関係における中国にとり有利なパワー・バランスの変化を象徴したものと解釈されるようになった。

それは、7月のARF（ASEAN地域フォーラム）でも、中越・中比関係が緊張していたにもかかわらず、米中が決定的な対立を回避したことを受け、中国外交部の高官は米中関係を「個別の問題が大局に影響しない新型の大国関係」であると述べたからである（『朝日新聞』2012年7月17日）。

いくつかバリエーションはあるものの、「新型の大国関係」が焦点を合わせていたのは米中関係であったことは間違いない。中国現代国際関係研究院院長補佐兼アメリカ研究所長の袁鵬（２０１２）は、「現在の米中関係は、40年前、20年前、甚だしくは10年前とは異なる」「当時は『一つの超大国と多くの強国』の関係のなかで、中国は強国の一つにすぎなかったが、いまや実力が接近し、対等に近づいた」、そして「第二次大戦時の日独とは異なり、アメリカと共存できる」と述べた。つまり、米中関係の力が接近するという新たな状況下、米中の衝突は回避でき共存できるという主張であった。中国現代国際関係研究院は、中国の対外政策や安全保障政策に関するシンクタンクのなかでも最も重要な一つである。袁鵬はバランスのとれた分析で広く知られ、影響力の大きい論者である。

実務者である、中国外交部助理の楽玉成（２０１２）の論文も、ウインウインによる共存、対立の回避が可能ということが趣旨で、袁鵬の論旨と共通している。中国国際連合協会会長で中国人民大学国際関係学院院長である陳健（２０１２）は、より具体的に、政治や安全保障面の対立が経済まで大きく波及しない枠組みや、高いレベルの交流と対話の維持を提案した。

アメリカ政府要人が「新型の大国関係」に言及すれば、中国側はアメリカ側が中国の要求を受け入れたと演出した。たとえば、２０１2年8月、習近平とも近いといわれる蔡英挺・副総参謀長は、訪米時に米メディアの取材に対して「新型の大国関係」は胡錦濤とオバマが構築したコンセンサスであると説明し、アメリカが中国の主張を受け入れたかのような説明をした。その後も、中国側はこのような演出を繰り返した（高木誠一郎、２０１4年4月）。

この「新型の大国関係」で、日中間の紛争は、本来、米中関係を揺るがす性格のものではないはずというのが中国側の見立てであった。しかし、袁鵬（２０１２）によれば、中国の漁船と日本の巡視船との衝突や「アメリカの南シナ海問題への介入」は、米中の戦略ゲームを局地的なものから米中関係全体を揺るがし、言論中心のやり取りが具体的な行動を伴うものに変わり、心理的な性格のものから外交的な対立になってしまったというのである。米中関係の安定に日本が障害になっているとの中国の立場を示し、アメリカを介して日中関係の安定を図る中国の対外政策を表している。

陳健（2012）も、「新型の大国関係」の障害は、主にアジア太平洋地域の摩擦と衝突であると判断していた。アジア地域では「経済では中国に依存し、安全保障上はアメリカに依存」という局面で、アメリカが米日、米豪にインドを引き込んでおり、さらに二国間を三国間軍事同盟にして日米韓の軍事同盟をつくろうとしている、と警戒した。しかし、一方では、米中によるアジア太平洋集団安全保障メカニズムの建設が可能となっているとも考えていた。

要するに、「新型の大国関係」とは、中国は国力を大きく増大させてきたにもかかわらず、既存のヘゲモニー国家であるアメリカと正面衝突をするつもりはないということを示す表現であった。そのための手段が経済的相互依存で、ウインウイン、つまり米中関係はゼロサムゲームではないということがその議論の骨格であった。

米中間の「新型の大国関係」は、日本にとっては日中関係が米中関係に規定される性格が強くなったことを意味した。2014年3月、核セキュリティ・サミットに参加した安倍首相は、高濃縮ウランとプルトニウムの米英への返還で合意した。これは、日中関係の悪化を懸念したアメリカ政府と、日本の核武装を懸念する中国政府との利益が一致し、日本の核武装の可能性を摘み取るための象徴的な措置であったと考えられる。戦略上、中国は核戦争の発生までも想定してきたので、これで対日関係に余裕が生まれ、一時的にせよ中国が対日関係を修復する条件が整ってきたことは間違いない。日中の外交と安全保障をめぐる駆け引きは、関係諸国の回避したい最悪のシナリオと実現したいシナリオが絡み合う高度の読み合いを伴いながら進んできたといえるであろう。

## 2　「周辺外交」のなかの日中関係

「周辺外交」は、先に述べたように大国との関係維持を最優先するための下位目的もしくは手段としての性格を強く帯びてきた。2010年代中頃までに、中国の見解では、日本はアメリカ、ロシア、EUと並ぶ大国ではなく、単に周辺国家のなかで役割の大きい国に変化していた。しかも、長期的な経済の停滞と国内政治の混乱から、日本の国際的役割は急速に小さくなり、国際的な地位も将来さらに低下すると判断がほぼ定着した。しかし、この見方も、政権の中枢に近い分析者は必ずしも共有しておらず、日本の役割と力を侮りがたいレベルであるとし、2012年当時、中国の最高指導層もそのような慎重な見方であった（王緝思、2012年6月）。

しかし、2014年1月、安倍首相の靖国神社参拝以後に開かれた研究者たちの会合では、2010年に中国のGDPが日本を超え、2013年にはすでに1・5倍に達し、日中の力は対峙しているとはいえ、時間が経てば中国はさらに有利となり勝算は中国にあるという意見も出た。[3] この発言は、中国国内のナショナリズムが再び高揚した時期で、勇ましい意見は割り引いて考えなければならないが、おおよそ中国の対日評価は揺れ動いてきたといえるであろう。

対日評価の変化は、中国の自己イメージの変化と連動していた。2013年12月、中国の主要なシンクタンクの一つである中国社会科学院アジア太平洋とグローバル戦略研究院が発表した『アジア太平洋青書』（『亞太藍皮書』）が、中国の自己イメージの変化をよく表している。[4]『青書』は、中国は既存の周辺環境に対する「適応者」から「構築者」に転換しつつあり、周辺秩序を主体的に形成する能力はまだないが、周辺環境に受動的に動かされる「適応者」

の段階はすでに終わり、周辺環境に積極的に参与者または「調整者」となる段階に入ったと述べた。つまり、中国周辺に対して、中国の影響力は以前よりも増大したが、秩序を形成するまでには十分ではなく、強力な形成者であるアメリカに対してある程度の影響を与えることができる、ということである。

また、この分析は、尖閣諸島の問題が日中関係を悪化させさらに長期化させた結果、日本の内政と外交政策は「右傾化」が進んだが、この背景にはアメリカのリバランシング戦略の展開があったとしている。『青書』は、アメリカの積極的な姿勢だけでなく、逆の消極的な面も指摘した。つまり、アメリカの戦略には、「オフショア・バランシング」の性格があり、アメリカはますます多くの領域で第2線に退却し、アジアの同盟国を第1線に立たせていて、これがアメリカの「スマートパワー」の本質であり、大きな財政上の制約のために選択せざるをえなかったとする。周辺環境については冷静な評価を下し、周辺国家の大多数は中国とは近いが親近感は抱かず、将来5~10年、中国と周辺国家の全体的環境の大きな改善の可能性は比較的小さいと判断している。おおむね、米中間で不可逆的なパワー・バランスの変化は起こっておらず、周辺諸国との関係も劇的な改善は望めないという分析であった。

2013年3月の全人代で対外政策部門の人事体制が整うと、中国は6月にASEAN諸国、10月には中央アジア諸国との多国間外交を進めた。全人代の政府工作報告も、周辺外交を大国外交の前に置いたのは、周辺重視の表れであったであろう。

米中間のバランスは相対的に中国に不利で、しかしアジア太平洋地域で決定的なバランスの変化がないとの判断を背景に、中国はむき出しの軍事力に訴えることなく、主に外交的な手段の組み合わせによって環境の改善を図った。

一つは、すでに述べたように、ASEAN諸国や中央アジア諸国への働きかけで、「シルクロード経済帯」や「21世紀海上シルクロード」など、地域経済協力やインフラの整備プランを通じて、中国が主導する経済圏の形成も含まれていた。2014年5月のCICA（アジア信頼醸成措置会議）や秋のAPEC上海会議などの準備は2013年中に始まっていたであろう。ＣＩＣＡでは中国が新しい安全保障観を打ち出すという報道が4月にはあったように、中国はできる限りの手を尽くして周辺環境の改善を進めようとした。このように、かなり多岐にわたる大規模な対外活動なので、２０１３年10月の周辺外交工作座談会は、進行中または予定されている多くの「周辺国」対象の対外活動について各部門の責任者との意見調整を進める具体的な目的があったと考えられる。なお、座談会は他の重要な側面もあったので、後でやや詳しく述べることとする。

もう一つは、「周辺」の非友好的な国々の結束を弱めるという手法である。中国は増大し激化する紛争や摩擦にも対処する上で、味方やパートナーを増やし、非友好的な相手には分断や差別化を進めた。たとえば、中国外交部は、南シナ海を中心としてＡＳＥＡＮ諸国との紛争では、アメリカの関与を排除する姿勢を見せた。しかし、２０１３年1月、南シナ海問題をめぐりフィリピンは国連海洋法条約に基づく仲裁手続きを始めて中国にも通告し、２０１４年3月にフィリピンは申述書を提出した。中国はフィリピンを強く批判したが、フィリピンは２０１４年4月、米軍の駐留を認める協定をアメリカとの間に締結した。

他方、主要な海洋問題を抱えるもう一つのＡＳＥＡＮ国家であるベトナムに対しては懐柔策をとった。２０１３年6月李克強が訪越し、海洋資源の共同開発、交通インフラ（主に陸路）、金融協力についての具体的な協議の進展で合意し、中越共同声明も発表した。中国は、対越接近を進め、越比間の分断を図った。対米接近を進めたミャンマーに対しても、4月と6月に大統領を訪中させている。

しかし、２０１４年5月には中越間で衝突が発生し、ベトナムが強く反発したため、中国の分断手法は必ずしも功を奏していない。ただ、アメリカ政府は中国を批判したものの、具体的な措置をすぐにはとらず、中国のなかではアメリカ側の対応に限界があるとの評価も生まれたであろう。同月のベトナムとフィリピンによる首脳会談は、「周辺国」同士の連繋をアピールする狙いがあると見られる。中国の対応を強硬と見る「周辺国」間の協力進展の事例の一つである。

中国では、周辺環境に対して慎重な評価をする人々は中越間の衝突でとくに驚きはしなかったであろう。王緝思は、中国は周辺には政治的または軍事的な同盟を結んでいる国はなく、逆に日本、インド、ベトナム等との間に領土・領海紛争があり、アメリカとアジア諸国との二国間軍事関係は中国に焦点を合わせているわけで、独仏やブラジルのようにその地域を代表しているわけではなく、リーダーや代弁者としての役割を果たしていないと悲観的ともいえる判断を示した（王緝思、２０１２年6月）。

ただ、楽観か悲観かは絶対的な基準があるわけではなく、分析者がどこに線を引くかで大きく異なる。中央党校教授の門洪華は、中国周辺では「高烈度の競争」は起こらないと予測していた。なぜなら、「国家間の競争は当たり前のことだが、極端なやり方で中国から所期の目的を引き出すことができる国家はない」からとした。

彼によれば、中国は戦争以外の方法で国家利益を追求すべきであり、もし東アジアで戦争が発生したならば「中国が勝利するかどうかにかかわらず、最大の失敗者は中国である」のであった。中国の地域戦略はまずアジア戦略が重要で、中国のポジショニングは「アジアで優勢さをもつ準世界的大国」とすべき、と論じた（門洪華、２０１２）。

門洪華は、日本は中国の将来の主要なライバルとはならないと判断した。なぜなら「米中関係の安定が保たれれば日中関係はそれほど悪化せず、中国と東アジアの関係が安定すれば、日本は東アジアで大きな問題を引き起こさない」からである。つまり、日本は決定的要因ではなく、中国の東アジア戦略のかく乱要因にすぎないというのである。

中国の経済成長が、7パーセント台に減速したとしても、引き続き次の10年間（つまり習近平の総書記2期10年）続けば、米中の経済規模はほぼ同等となり、追い越し、さらに差を広げることが期待できる。ＧＤＰが増大し続ければ、これまで対ＧＤＰ比2パーセント台とほぼ一定の比率を保ってきた軍事費も引き続き増大し、10年でほぼ2倍となり、すでに凌駕した台湾や日本の国防費をさらに引き離すことになる。２０１４年5月に発表された世界銀行の予測についても、近い将来、ほぼ確実に中国の経済規模がアメリカを抜くという点が報道された。このような予測を繰り返し見せられれば、多くの中国人は自国の将来について、自信をもって論評を発表することを躊躇しないであろう。もちろん、このような予測は外挿法、つまりいままで通りのトレンドがおおよそ続くとする最も簡単な方法に基づく。たとえ、量的な増大がそのまま続いたとしても、それは力や役割の単線的増大を意味しないことが多い（江口博保・吉田暁路・浅野亮、2012など）。

しかし、他国と同じく、中国国内でも同調圧力、つまり多数意見が不適当かもしれないと思いつつも、異論を唱えにくい傾向は極めて強いと考えられる。世論やジャーナリズムはこのような輝かしい未来を歓迎するし、専門家も市場経済や外部評価ともますます関係が深くなってきているので、社会の雰囲気に影響されやすい。同調圧力に耐性が強いためには、十分な見識を備えて視野が広く、政治的に堅固に守られ（政治の中枢に長期間にわたり非常に近くて）、しかも権力闘争とはほぼ無縁で、さらに世論やジャーナリズムからの批判にも強く、同じ意見の専門家と感情的に張り合わないという、少なくとも五つの条件を備えていなければならない。

2012年に香港の活動家らの尖閣諸島上陸で日中関係が緊張するなか、中国メディアも沸騰し、冷静な議論はなかなか表面に出なかった。しかし、極めて少数の例外である冷静な分析を読むと、中国の基本方針を推測することができたことがある。それは、8月、新華網の「新華社区発展論壇」のなかで公表された徐静波（新華社の日本問題専門家）の分析である。

彼女は、日本政府が迅速に「中国保釣人士」を釈放した背景を、日本政府が海上保安庁に二つの指示を出し、一つは全力で阻止すること、しかし舟に衝突するな、まして沈没はさせるな、傷を負わせるような行動はとるなという硬軟両面の方針を求めた。実際、阻止プロセスでは、巡視船は一連の措置はとったものの、直接の衝突はなく、上陸後、暴力的な逮捕措置もなかったことが指摘された。

野田政権は、日中関係の一大事件となって日中関係が寒冬、つまり極度の冷却状態に陥ることを望まず、船長を逮捕するだけで主権を示す目的を達成した。経済的には日本は中国から離れられず、日本の国運を左右する日中間FTAの建設には中国の支持が必要であり、日中は「政冷経熱」の状態に陥ったとしても、日本政府は「政経双冷」によって日本が大きな打撃を被ることは望んでいない。

日本は領土問題で周辺国家と「多面作戦」を進めている状態で、中国、ロシアと韓国の3カ国の連携は日本が最も懸念する悪夢である。日本はもともとアメリカに出てきてほしかったが、アメリカは日中両国間でこの問題の平和的解決を望むとして日本だけを支持する態度ではなかった。中国人の上陸成功は世界に対して中国の主権を示したが、日本国民の防衛意識を刺激した。このように彼女は論じたのである。

8月の時点ではこのような極めて冷静な分析の公表ができていたが、「国有化」の発表以来、このような分析は影を潜めることになった。それに代わって、日中間の軍事衝突の可能性が公然と論じられるようになった。これは、1972年の日中国交正常化以後、日中の正面衝突に関する本格的な議論がメディアで広く行われたほぼ初めての現象であった。将来の日中関係の展開によっては、日中関係の転換期の事象と見なされるに違いない出来事といえよう。

しかしながら、習近平は2013年1月の第3回集団学習会で、「平和発展」「国内国際両方の統一的管理」とともに、「権益」「核心的利益」「主権」「安全」「発展利益」を強調した。つまり戦争を回避しつつ中国の利益や国際的地位の向上を図るという基本方針を示して3月の全人代を乗り切った。

しかし、対外政策の方針をめぐり論争があったようである『人民日報』海外版（2013年1月29日）は特約評論員名義の論文で中国の軍事力強化は世界平和の安定に寄与するものと主張し、2月に核心的利益では譲歩しないとする戚建国（副総参謀長）の名義の論文が発表され、逆に平和的環境を重視する劉源（総後勤部政治委員）の論評も発表された。この月には中国海軍艦艇が日本の艦艇にレーダーを照射した事件が起こっていた。

このような背景の下、全人代以後は、２０１３年7月の中央政治局第8回集団学習会で海洋問題、２０１４年1月の集団学習会では、対外政策に関係するより具体的なテーマが取り上げられ、中国の平和発展の理念が強調された。しかし、ダボス会議をめぐる報道解説で、香港の新聞『大公報』（ネット２０１４年4月1日）は、日本が劣勢の状況で、王毅は日本への批判を行ったと強調した。

さらに、すでに述べたように、２０１３年10月、中央周辺外交工作座談会が開かれた。周辺外交に関する座談会は初めてであった。なお、中国の座談会とは単なる話し合いではなく、正式な会議に準じる重要な会合をいい、ふつう実務上の意義は大きい。「経験の総括」に基づき「認識の統一」をし、今後5～10年間の周辺外交の戦略目標、基本方針や全体的な段取りなどを決めるという位置づけであった。座談会の主要な資料は入手できないが、前述の『青書』のテーマが、将来5～10年の周辺環境評価の文章で、政治、安全保障、社会、経済それぞれの関係や地域協力が中国の将来にどうかかわるかについて述べており、この座談会の内容と密接にリンクしているので、参考になろう。

李克強が司会し、習近平が演説したこの座談会には、中央政治局常務委員5人（張徳江、兪正声、劉雲山、王岐山、張高麗）という党の最高レベルの指導者が参加し、かなりの重みをもっていた。この会議での習近平演説の全文は未公表だが、「与隣為善」（善意をもって隣国に対処する）、「親、誠、恵、容」や「二つの百年」（共産党創立からの百年で小康社会を全面的に実現、中華人民共和国建国百年で富強・民主・文明的で調和のとれた社会主義現代国家を実現）など、ここで使われた主要な用語はその後の中国メディアに頻出するようになった。また、地域経済協力やインフラの整備も強調し、「シルクロード経済帯」や「21世紀海上シルクロード」などの経済圏構想も打ち出した。

全体として、中国の影響力と役割の増大という明るい将来像が強調される一方、周辺国とは緊張があるという冷静な判断が下されていたといえよう。なお、未確認だが、座談会では日中関係や防空識別圏（ＡＤＩＺ）設定も話し合われたらしい。また、最近では「周辺」の定義につき、地理的概念にとどまらない解釈を求める意見も出てきていて、中国の対外政策の枠組みの変化がさらに進んでいることを示唆している。

２０１３年の秋から日中関係は再び冷却した。２０１２年から中国は、日本とは正面からの交渉はしないが、目立たないチャンネルを通じて接触を続けてきた。しかし、日中関係は11月中国の東シナ海における防空識別圏設定によって悪化し、12月の安倍首相の靖国神社参拝で決定的に悪化した。

しかし、２０１４年１月に平和的発展を再度強調する集団学習会が開かれたことは、偶発的な衝突事件を強く警戒してコントロールを強める習近平の姿勢を表すと考えることができる。

次に、日中関係では最悪と考えられるシナリオである日中戦争についての中国側の議論について見ていくことにする。

## 3　日中戦争の可能性に関する中国の見解

実際には、中国では、日中戦争に関する中国側の論文や論評は極めて少なかった。あっても、ブログが多く、個人の見解にすぎなかった。このことから、日本との武力衝突について、あまりに明確な意見の公表は国内世論を刺激するとして、システマティックに統制されてきたと推測できる。

しかし、中国側が日中間の武力衝突に関する分析を進めたことはほぼ明らかであろう。このようなシナリオの想定は、発生する確率にかかわらず最悪のケースを考慮する安全保障の担当者としては当然のことであり、必ずしも好戦的な姿勢を意味しない。ただ、注意すべきは、彼らは、日本との正面戦争だけでなく、その他のシナリオも広く考えてきたということである。

それを考える上で、党大会報告の国防に関する記述を詳しく解説した中国人民解放軍機関紙『解放軍報』の論評が参考になる（『解放軍報』２０１２年9月10日）。そこでは、「近海防御の戦略的要求のために、近海防御型から遠海防衛への転換を徐々に実現していく」という表現が出ていた。これは、これまでの近海防御戦略が焦点のままということでは大きな変化はないが、近海防御のために遠海防衛を目指していき、しかも将来は遠海防衛に移行していくという新たな考えが明確に示されたということである。

ごく簡単にいえば、近くを守るためには遠くに出て行かなければならない、という意味になる。香港のメディアなどによれば、空母「遼寧号」建造（実際には「ワリヤーグ」の改装）も、遠海防衛のためという理由があったという。「遼寧号」の政治委員の「近海の防衛には遠海に出て行き、防衛を固める必要がある」という発言も報道された（新華網、２０１３年1月16日）。

また、東シナ海に進出する中国海軍艦艇にもこのような遠海進出の背景があるという（新華網、２０１２年11月14日）。２０１２年11月下旬には中国海軍艦艇の東シナ海以遠での訓練が遠洋進出を想定したものであるという論評や中国国防部スポークスマンの発言があった。遠海訓練の常態化は、「大国の地位に相見合った海軍の建設の必然の選択なのである（『人民日報』２０１２年12月14日）。２０１３年1月の海軍艦艇の演習範囲は、東シナ海、南シナ海、宮古海峡、バーシー海峡、西水道（朝鮮半島と対馬の間）と台湾東の海域と報道された（新華網、２０１３年1月31日）。

中国海軍が、これまで日米があまり想定してこなかった第1島嶼線以遠の海域、とくに宮古水道、グアム付近、台湾の東部や南部、フィリピン付近の海域などへのパワー・プロジェクションをもちつつあるというイメージを広めようとしたことは否定できないであろう。

ただ、このような動きや発言があるからといって、中国が無制限戦争を目指しているということではない。中国が想定してきたのは「局部戦争」、つまり政治的な目的が明確に限定され、範囲や規模もごく限られた戦争であった。戦争の目的や規模が限定されているかどうかは、戦争の相手によって受け取り方がかなり違うであろうが、少なくとも中国にとっては、コントロールを失わずに維持するかが非常に重要な問題として強く意識されてきた（王勇男、2010）。つまり、戦争が一旦始まれば、当初の政治目的、つまり何のための戦争かが急速に忘れ去られ、戦争が自己増殖的に拡大し継続してしまうということは避けなければならないということである。

とくに「情報化条件下の聯合作戦（限定的IW〈Information Warfare〉における統合運用にほぼ相当）」における指揮（コマンド）が問題となったようである（程暁東、2012）。そこでは、有利、均衡、不利という三つのシナリオが示され、まず有利な条件の下で、敵に降伏させるか、戦闘を停止させるかによって戦争目的を実現させ、小さなコストで最大の利益を確保するという構想が提案されていた。均衡、つまり有利とも不利とも決めがたく、敵も味方も現状を変える力がなく、しかも戦争を続けても出口がない状況では、協定の締結によって戦争を終わらせる方法が提案された。また、不利な状況では、損失を最小限に抑えて収拾する方法が、第三者の関与、妥当な譲歩、接触を断ち切り撤退するなど三つのアプローチが示された。このような議論のなかでとくに強調されたのは、当然ながら戦争終結の目的を明確にして終わらせることと、作戦範囲・規模・持続時間など、作戦の限界をきちんとコントロールすることであった。

このように海軍の専門家は、両国で軍事的な衝突が起きる可能性だけでなく、その場合の得失も冷静に議論していた。軍事的な観点からいえば、日中の局部戦争における中国の手段、およびその手段をとった場合の事態の展開が議論のテーマであった。

多くのシナリオが議論され、かなり勇ましい意見も多かった。ここでは省略するが、とくに羅援（中国戦略文化促進会常務副会長兼秘書長、少将）は強硬な意見を数多く述べていた。彼の強硬な意見は解放軍軍人の強い支持を得ていたといわれている。

しかし、中には慎重な意見も存在した。解釈が難しいのは、慎重な意見はふつう勇ましい意見に織り込まれているからである。単なる慎重な意見は弱腰と批判される恐れがあったからであろう。中国でも著名な軍事専門家である尹卓は、8月8日の「強国論壇」（人民網〈人民日報系のポータルサイト〉の一部で、個人の意見が掲載されるが、ネットで読者と直接交流する場でもある）で、「日米の共同防衛指針の改定と中国の国家安全保障」をテーマとしてネット交流を行った。

尹卓は、中国は先進国と比べて国防科学技術面で大きな格差があるが、敵が戦争を我々に強制するとすれば、中国軍は防御的戦略を行っているので本土のすぐ近くで戦争となり、近海で戦争となるが誰も恐れない。ただ、遠洋でその他の国家に対する戦略的進攻作戦は追求しない、と述べた。

これは、日中間の武力紛争があるとすれば、兵器や装備に1世代以上の格差が存在する非対称な戦争になると考えられる（したがって、中国のすぐ近くで戦争になり、中国側の損害が大きいであろう）が、戦争になったなら戦うと決意を述べている。しかし、ニュアンスとしては戦争を歓迎していないことは明らかである。また、中国から離れた海域で軍事作戦はしないというのは、実力というよりも、戦争の拡大をしないという意図の表明と考えてよいであろう。つまり、局部戦争のいたずらな拡大はしないということである。

2012年9月13日には10人の将軍（退役を含む）が「釣魚島解決の道を議論する：狭い道で衝突するなら、勇者が勝つ、知者が勝つ」という連名の論評を発表した。

名前を連ねたのは、羅援、彭光謙（中国政策科学研究会国家安全政策委員会副秘書長、少将）、楊運忠（済南軍区教授、文職将軍）、喬良（空軍指揮学院教授、少将）、張召忠（国防大学教授、少将）、王海運（中国中ロ関係史研究会副会長、少将）、鄭明（もと海軍装備技術部長、少将）、黄林異（元解放軍軍事法院副院長、少将）、超英富（元南

海艦隊政治委員、中将）、徐光裕（中国軍備管理と軍縮協会理事、少将）であった。内容は、必ずしも戦争を歓迎しないものの、「勇者が勝つ」というように、エスカレーションを恐れない神経戦を唱えるものであった。

これも解釈は難しく、論調は極めて強硬だが、実際の戦争を歓迎しないという点では慎重である一方、エスカレーションを恐れないという点では相手側からは挑発的で好戦的に見えないわけがない。

2013年1月には、鋭い分析で知られる中国現代国際関係研究院の林利民による、「釣魚島紛争の4種の戦略シナリオとその見通し」と題する論評が公表された（『北京日報』2013年1月23日）。その頃には、両国の世論もほぼ沈静化したが、東シナ海では海上自衛隊と中国海軍の間でにらみ合いが続いており、中国側からの射撃統制レーダーの照射もたびたび行われていた。林利民が一旦は落ち着いた世論か、それとも軍事的な対立色を強めた状況か、どちらを想定していたのかはわからない。

第1のシナリオは、全面衝突だが、この種の情勢は最も危険で目前の段階では出現しない。現在はグローバル化時代で日中間にも経済的相互依存関係があり、同時に中国とアジア太平洋諸国とアメリカの間にも相互依存関係があり、全面的開戦は日中の根本利益に合わない。第2のシナリオは、局部戦争で、とくに釣魚島付近海域で海空局部戦争の場合だが、これも日中の根本利益に合わない。日本の海空軍は優れたアメリカ式の装備で有利である。しかし、中国の海空軍戦力も近年急速に発展し、実力は日本に劣らない。日中双方は海外経済依存度が高いので、一旦海空で戦争が起こると、両方ともに損失は非常に大きく、対外経済活動が大幅に萎縮し、その損害に双方とも耐えられない。しかし、お互いに妥協が難しい状況下でエスカレーションが局部戦争に発展する可能性は完全には排除できない。

第3のシナリオは、当該の海域で海空の衝突が発生する場合で、中国の海監の飛行機と艦船はすでに海域でパトロールしているが、日本の艦船や戦闘機も「パトロール」し、しかも中国側の海監の飛行機や船舶に対して「警告射撃」をするると脅している。もし両者が相見えて衝突すれば「猫と鼠のゲーム」（追うものと追われるもの）になる可能性が大きい。一旦衝突したら大衆の感情が沸騰し、局部戦争になる。

第4のシナリオでは、双方が冷静に処理し、戦略的な妥協を達成し、釣魚島紛争は「軟着陸」する。この種の戦略的な見通しは存在し、双方の利益に符合するが困難は極めて大きい。つまり、実現は非常に困難である。どのように釣魚島紛争を解決するかは、日中双方の戦略的知恵にかかっているといえよう。

2012年秋、中国の政策決定サークルではこのような計算が素早く行われたに違いない。四つのシナリオのうち、最善は双方の冷静な対応による「軟着陸」であることは読んでいけば多くの読者はわかるであろう。少なくとも、2013年1月には前年12月に成立した安倍内閣が日中関係の改善を進めようとしていたことは中国にも明らかで、林利民の論評は、戦略的な妥協への地ならしの試みの一つと読めるのである。

しかし、その一方で、同じ現代国際関係研究院の研究員である任衛東（2013）が主張したように、中国の平和的発展のためにも抑止は必要であり、そのためには軍事力の充実が不可欠という意見も存在した。このように、抑止のための軍事力の充実が必要という枠組みは、前述の李大光のような解放軍メンバーだけでなく、任衛東のようなシビリアンにも共有されていた。

日本で一つ問題なのは、日中間の戦略問題の分析で、発生していないが好ましくないシナリオを想定することが少ないことである。シナリオ分析自体が学術研究になじまないという空気があるせいかもしれない。軍事的衝突を嫌うあまり、軍事的衝突の可能性は低いとの願望に立って評価し、対外戦略の分析で衝突の具体的なシナリオを考えないことは少なくない。逆に、衝突など極端なシナリオの想定を進めると、今度はそれにとらわれ、妥協や協力のシナリオを考えなくなってしまう。このため、たとえば台湾に解放軍の基地ができた場合の対応など、中台関係の動向の極端なシナリオを冷静に分析できていない。

全体として、「日中友好」の雰囲気がほぼ消え去った時期に、中国では、戦争を好まないが、抑止のための軍事力は必要という意見が大半を占めているといえる。しかし、抑止のためといっても、相手への威嚇を伴うため、相手の警戒心をあおる面はなくならない。この矛盾は中国だけでなく、安全保障でよく知られている「安全保障のジレンマ」による一般的なものであるので、中国に限らず、日本にも適用される。つまり、日中間では、相互信頼が欠損した状況下、抑止と威嚇による脆弱な安定が存在している。

多くの議論がすでに指摘しているように、「安全保障のジレンマ」が存在しているとき、武力紛争が拡大するのは、同盟国が引き起こす不用意な武力紛争に巻き込まれるか、それとも関係国の政策決定が国内に存在する感情的で強烈だが将来を深く考えない意見に引きずられる（つまり政策決定者が社会の同調圧力に屈する）場合、また政策方針があっても、政策の実施段階で混乱が生じ、収拾がつかなくなってしまってエスカレーションが止まらなくなる場合である。

中国にはいまのところ、中国を引きずり込む同盟国はない。しかし、中国の国内政治は党や政府による妥協や譲歩を難しくしていて、一時的な小康状態にもち込むにも素早い行動はできにくく、このような状況での交渉は決裂の危険をつねにはらんでいる。さらに、2013年3月には海監や漁政などさまざまな法執行機関が国家海洋局海警局のもとに統一され、局長には公安部副部長が就任し、2014年6月に辺海防工作会議が開かれたが、関係諸機関のコーディネートがうまくいくかどうかはわからない。要するに、日中関係では中国の選択肢は限られ、対応のタイミングは遅れがちであり、さらに関係諸機関のコーディネートは引き続き混乱する可能性がある。

しかし、すでに議論したように、「新型の大国関係」は、中国の自信増大と米中衝突回避の方針とを折半してバランスをとった表現で、中国の能力が増大したものの、長期的な対米優位を確保するには不十分であるということを中国側も明確に意識していることを示している。２０１３年以後に発表された楊潔篪や王毅の論文を見ても、中国がアメリカに挑戦するつもりはないとの主張にほとんど変化はない。

高木誠一郎（日本国際問題研究所研究顧問、現代中国の対外政策と安全保障に関する研究者）は、「新型の大国関係」は、中国が積極的に編み出したものというよりも、アメリカの「リバランシング」に対応して中国がアメリカに挑戦するつもりはないとの姿勢を示す受け身のプロセスで出現したと論じている（高木誠一郎、２０１４年4月）。さらに、彼はこのレトリックが国内向けに米中関係の対等を演出する意図もあったと観察した。

アメリカの著名な現代中国政治研究者であるデイヴィッド・シャンボーの言葉を借りれば、中国は、力は増大したが真の意味のグローバル・パワーではなく、「パーシャル・パワー」であるということである。なお、シャンボーは、中国の影響力の増大を認めつつ、中国が国際的な公共財を提供するような「パワー」とはなっていないというコンテクストで「パーシャル」であると述べている（Shambaugh, 2013）。

このような時期に、日米同盟は日本に国力回復のための「戦略的なチャンスの時期」を提供する。中国から見れば、米中関係を維持すれば日中関係はコントロールできるという計算があり、日本のなかには不満をもつ向きもある。しかし、それは日米同盟で日本が払うべきコストの一つであり、このコストは日本にとって受け入れられるものである。日米同盟が堅固であれば、中国側の対日政策も安定する。

中国の行動や態度が、アメリカにとって過度に強硬である場合には、アメリカ政府は日米関係の強化を図る。逆に、日本が過度に強硬と考えられる場合には、米中関係が緊密になって東アジアの秩序安定が図られる。日中間で偶発的な衝突が発生した場合、どちらかに相対的に不利なままでも、米中間で紛争拡大を抑止しようとするなら、停戦や休戦の状態がほぼそのまま固定化される可能性は大きい。国際関係論の理論研究分野ではあまり開拓されていないが、「多国間の安全保障のジレンマ」ともいえるような論理である。

日本は毅然とした対応をし、足下を見られないようにすべきであるが、同時に中国の国内政治が中国の対外政策を大きく制約してしまわないような工夫も必要であろう。日本が軽く見られないようにするとともに、決定的な時期に中国側を過度に追いつめて望ましい選択肢を選べなくなってしまわないような配慮もないと、日本が困るということである。このような配慮は必要ないという勇ましい意見もありうるが、その場合には日中の武力衝突による人命や財産の損失の大きさとのバランス（そして責任）を考えてから結論を出すのが唯一良心的なやり方であろう。相互抑止による冷たい平和下に限定的な目的を追求することが、現実的な選択肢の一つである。

日本は総体的に有利な国際環境を維持するよう努め、国力を回復しつつ対外政策ではできることをするという、日本版「韜光養晦」政策が一つの選択肢である。しかし、中国は、日本が低姿勢なのは「臥薪嘗胆」のためと見て、日本の牙を抜こうとするであろう。中国としてはこれが合理的であり、違いがあるとすれば洗練されているかそれとも威丈高に行うかのスタイルをめぐるものでしかない。たとえば、相互協力や共同の目標という名の下に、日本に譲歩を求めるなどである。また、中国側の勇ましい論調が政策決定の上層部にまで浸透し、そのイメージで対日政策が進む可能性もある。日本のリアリズムが試される所以である。

## 注

1　経済、安全保障と国内政治が深くかかわることが「中国の台頭」の重要な特徴という指摘は、小原雅博（２０１２）やゴールドスタイン（Goldstein）など実務家やアメリカ人研究者に多いようである。残念ながら本研究は経済面を捨象するが、研究上、実際の現象から目をそむけないとすれば、「この道一筋」タイプや「ワン・フレーズ・プレゼン」タイプの研究よりも、分野を横断する理論と実証を組み合わせた地道なアプローチが有効と考えられる。なお、アメリカや東南アジアの学者による研究も、それぞれの国への提言や政策の正当化という性格を備えていることがある。日本の現状分析に応用する場合、この側面を考えておく必要があろう。

2 さらにエネルギー政策もかかわるが、ここでは省略する。

3 この会合は2014年1月3日に中国現代国際関係研究院で開かれ、中国社会科学院、北京大学、清華大学、中国人民大学、国際関係学院、国防大学、軍事科学院、海軍信息化専家諮詢委員会、中央党校、中共党史研究室など約30人の専門家と外交部、中央宣伝部等の責任者が出席した。中国国内のさまざまな意見がこの特集で集約されていて、実際の政策決定でもこのような意見が検討されてきたと考えられる。「専題検討安倍堅持参拝『靖国神社』的根源与戦略後果」『現代国際関係』2014年第1期、pp.1‐27。

4 執筆時までに原本が入手できなかったので、以下の記述はネット情報による。http://world.people.com.cn/n/2013/1226/c1002-23952218.html

## 参考文献


(日本語)

天児慧『日中対立：習近平の中国を読む』ちくま書房、2013。

天児慧・浅野亮(編)『中国、台湾』ミネルヴァ書房、2008。

浅野亮「『台頭する中国』とASEAN諸国：東アジア秩序変容の論理とメカニズム」、黒柳米司(編)『「米中対峙」時代のASEAN：共同体への深化と対外関与の増大』明石書店、2014、PP.45‐69。

浅野亮「中国の対外政策方針の変化：その決定メカニズムとプロセス」『国際問題』2011年6月、PP.36‐47。

江口博保・吉田暁路・浅野亮(編)『肥大化する中国軍：増大する軍事費から見た戦力整備』晃洋書房、2012。

加藤弘之『「曖昧な制度」としての中国型資本主義』、NTT出版、2013。

小原雅博『チャイナ ジレンマ』、ディスカバー・トゥエンティワン、2012。

高木誠一郎「米国は中国の『新型大国関係』にどう応じたか」『東亜』2014年4月号。

高木誠一郎「中国は『新型大国関係』に何を求めているのか」『東亜』2014年1月号。

津上俊哉『中国台頭の終焉』、日本経済新聞出版社、2013。

(中国語)

陳健「試論新型大国関係」『国際問題研究』２０１２年11月、PP. 11－17。

程暁東「信息化条件下聯合作戦収局式問題探析」『中国軍事科学』２０１２年第１期、PP. １２０－１２７。

鞠海竜『中国海権戦略参照体系』北京：中国社会科学出版社、２０１２。

廉徳瑰『日本的海洋国家意識』北京：時事出版社、２０１２。

門洪華「制定全球戦略有助中国拓展国際空間」『欧州時報』、２０１２年11月。

任衛東「要和平発展也要準打杖」『人民日報海外版』２０１３年１月18日。

師小芹『論海権与中美関係』北京：軍事科学出版社、２０１２。

楽玉成「十八大全面布局対外工作」『瞭望』２０１２年12月３日、PP. 13－17。

袁鵬「関於構建中美新型大国関係的戦略思考」『現代国際関係』２０１２年５期、PP. １－８。

王緝思「中国的自我定位」『人民論壇網』（『国際問題研究』より転載）２０１２年６月28日。

王緝思「中国高層不認為美国地位受到厳重挑戦」『中国新聞週刊』（『東方早報』より転載）２０１２年４月10日。

王毅「堅定不移走和平発展道路為実現民族復興中国夢営造良好国際環境」『国際問題研究』２０１４年第１期、PP. ８－23。

王勇男『局部戦争戦役線局控制論』北京、時事出版社、２０１０。

楊潔篪「在紛繁複雑的国際形勢中開創中国外交新局面」『国際問題研究』２０１４年第１期、PP. １－７。

楊潔篪「新形勢下中国外交理論和実践創新」『求是』２０１３年８月。

鄭礼建「特殊船舶体系：我国海洋発展戦略的重要基石」『国防科技工業』２０１２年10期、PP. 43－44。

中共中央文献研究室（編）『鄧小平年譜』（上下）、中央文献出版者、２００４。

「『戦略機遇期』盛世憂患録」『瞭望』２０１２年12月17日、PP. 20－22。

「全面把握実現『中国目標』的戦略機遇期」『瞭望』２０１２年11月12日、PP. 44－46。

（英語）

Goldstein, Avery, & Edward D. Mansfield（eds）. *The Nexus of Economics, Security, and International Relations in East Asia*. Stanford：Stanford University Press, 2012.

Luttwak, Edward. N. *The Rise of China vs. the Logic of Strategy*. Massachusetts：The Belknap Press of Harvard University Press, 2012.

Nathan, Andrew J. & Andrew Scobell.（eds）. *China's Search for Security*. New York：Columbia University Press, 2012.

Shambaugh, David. *China Goes Global：the Partial Power*. Oxford：Oxford University, 2013.

好評既刊

## エルフさんの店
### ファンタジックショップ

**高柳佐知子　1,500円+税　四六判／96P**

ページをめくるとそこはもうあなただけの「ファンタジーの国」。「クッキー屋」「カラテラ屋」などさまざまなお店をファンシーなイラストで紹介。ファン待望の1冊をここに復刊！

## 伊勢神宮
### 水のいのち、稲のいのち、木のいのち

**稲田美織　2,200円+税　A5判／160P**

20年に一度の「式年遷宮」を追い続けた8年間。感性に導かれるまま“撮り”、そして“書いた”究極のフォトブック。循環するいのちを映し出す一条の光がここに。

## ウツ妻さん

**早川いくを　1,300円+税　四六判／212P**

夢のマイホーム手に入れようとしていたある日、妻トトコがウツ病に！ 過激に「弱音」と「不安」を量産するトトコをなぐさめたのは特撮ヒーローだった!!

## 津波と観音
### 十一の顔をもつ水辺の記念碑

**畑中章宏　2,000円+税　四六判／216P**

日本各地の水辺に遺る十一面観音像は「水の守護神」として地域の人々に祀られてきた。絶えまない「水」との戦いの歴史であった日本列島民の足跡をたどる。

## コミュニケーション断念のすすめ

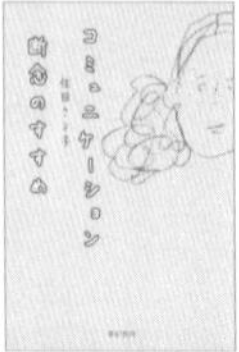


**信田さよ子　1,200円+税　四六判／192P**

生きづらさや息苦しさは、コミュニケーション「不足」ではなく「過剰」が原因だった…。「家族の問題」に取り組んできた臨床心理士による、まったく新しい視点からの普遍的コミュニケーション論。

# 第5章　プーチン政権の安定性と対外関係

## ――ウクライナ問題を背景に

袴田茂樹

要約

２０１４年3月のロシアのクリミア併合宣言は、国際秩序の根本を揺るがすものとして世界に衝撃を与えた。これを実行したプーチン大統領とロシア政府に対して、Ｇ７諸国は強く反発し経済制裁なども実施したが、結果的にはクリミアのロシア併合を黙認することになり、オバマ政権や欧州、ＮＡＴＯの弱体性を露呈した。その後、ロシアの軍事的、政治的な影響の下、紛争はウクライナ東部、南部に波及した。それを収拾するための２０１４年４月のウクライナ、米、ＥＵ、露の４者協議も、ただちに空文化した。５月25日の大統領選挙は実施されたが、東部では混乱が続いている（２０１４年７月現在）。本稿ではまず、クリミア併合を強行したプーチンや彼の支持基盤であるロシアのシロビキ（軍、治安関係者）の発想法とそれが意味するものを考察する。

ロシアによる強引なクリミア併合は、一見ロシアの強さを示すように見える。しかしこの対外強硬策は、実はプーチン政権の不安定性の表れでもある。したがって本論においては、２０１２年5月に成立した第3期プーチン政権について、その安定性を考察した上で、プーチン政権の対外政策、とくにアジア重視政策を概観する。

２０００年以来のプーチン政権の高い支持率をもたらした要因として、①オイル（ガス）マネーによる経済の向上、②「屈辱の90年代」のリアクションとして、安定と秩序を求める国民の心理、③ポピュリズム政策、具体的には軍人や治安関係者の給与や国民年金の引き上げ、④反欧米のナショナリズムと大国主義を利用した国民統合、があげられる。しかし、これらの要因が今後も継続する保証はない。クリミア併合で大国主義のメンタリティは満足され、プーチンの支持率は一挙に上がったが、それらの要因には限界もある。それぞれの要因に対する限界としては、①国際的なエネルギー価格の動向や、ロシアの投資環境の低い評価、②社会全般における閉塞感や不満の強まり、③国家財政の状況、④西側先進国の最新技術導入や、先端企業の誘致の必要性、などがあげられる。

新たな支持・安定要因が生じる可能性として、①中産階級の形成、②政変・混乱への恐怖心と反政府運動に対する「逆バネ」現象、③権威主義体制の強化、④「新帝国主義」、およびロシア、カザフスタン、ベラルーシの「関税同盟」を基礎にした「ユーラシア経済同盟」さらに「ユーラシア同盟」構想、⑤テロ、外敵その他の新たな脅威の台頭、があげられるが、いずれも不安定要因にも転嫁しうる。一方、新たな（あるいは継続する）不安定要因として、①腐敗・汚職問題に対するプーチン政権の解決能力、②資源依存経済からの脱却の困難、③国民の「政治化」、あるいは社会の「市民社会化」、④米軍のアフガニスタン撤退や「アラブの春」、イラクやシリアの内戦の影響によるイスラム過激派の伸長や政治的混乱、をあげることができる。

プーチン政権のアジア重視政策の背景とその内容について、五つの点に注目した。第１に欧州における経済危機から、アジアへのエネルギー輸出を増加させようとしている。第2に資源依存経済から脱却するために技術導入に力を入れており、日本・韓国を重視している。第３に、その一方で中国企業の誘致については、中国側がロシア兵器のコピーを製造・輸出することから生じる摩擦、中国人労働者の流入などの問題から、複雑な様相を示している。ロシアは、中国以外のアジア諸国との経済関係を強化してバランスをとろうとしており、とくに高い産業技術と資本力を有する日本が、極東シベリアで経済的プレゼンスを高めることを期待している。第4に、中国の軍事戦略強化に加え、最近では尖閣諸島の領収権主張のような領土問題に対する中国の立場を懸念をもって見ている。「リムパック2012」への初参加、日露首脳会談、外相会談におけるロシア側の安全保障面での協力提案の背景には、中国を牽制する意図があった。

ただ、2014年春以来のウクライナ問題によりロシアが欧米と厳しく対立したため、ロシアが中国に接近する可能性もあり、それが今後の注目点でもある。

2012年5月には第3期のプーチン政権が成立し、2014年2月にはウクライナ事件が生じた。本章では、第1節でウクライナ事件が提起した問題を考察する。第2節では、2012年から6年、あるいは2期12年続く可能性のあるプーチン政権の安定性を考察する。本論では安定性の考察に重点を置くが、第3節では、プーチン政権の対外政策、とくにそのアジア重視政策を概観する。また、ウクライナ問題のアジア政策への影響も考える。

## 1　ウクライナ事件が提起した問題

2014年3月18日にプーチン大統領は、ウクライナ政府の強硬な反対にもかかわらず、ウクライナのクリミアをロシアに併合すると宣言し、世界に衝撃を与えた。4月17日にプーチン自身が認めたように、3月16日にクリミアで実施された「住民投票」はロシア軍の介入の下に行われ、米国も欧州も、そしてNATOもウクライナのロシア併合を阻止できなかった。

このクリミア事件の影響で、ウクライナの東部・南部の多くの都市でも、武装した親露過激派が行政府や議会、警察の建物を占拠して、「人民共和国」や事実上東部・南部が独立する「連邦制」、さらには「ロシアへの併合」などを要求し、大統領選挙後の2014年7月現在も東部では大きな混乱が続いている。この混乱の背後にも、ロシア軍や武装集団の介入があると見られている。混乱収拾のために、4月17日にジュネーブで、ウクライナ、米国、EU、ロシアの4者会談が開催され、武装の解除と占拠した建物からの撤退などの収拾策で合意した。しかし、この合意は実行されなかった。6月6日にはノルマンディでプーチンと欧州やウクライナの首脳が話し合ったが、混乱は収まっていない。

騒動を起こしているウクライナの親露勢力もロシア政府も、5月25日に大統領選挙が実施されて、正統性を有する親欧米政権が生まれるのを阻止することを、そしてウクライナ憲法の改正によって東部、南部が外交権も含む大きな自治権をもつ「連邦制」へ移行することを、最大の目的としていた。

今回のウクライナ事件の背景は、2月に親露派といわれたヤヌコビッチ政権が、民衆の自発的なデモや集会、民衆の大統領府占拠などで崩壊し、親欧米派の暫定政権（トゥルチノフ大統領代行、ヤツェニュク首相）が成立したことにある。これはプーチン外交の大きな黒星だった。というのは、この政変はプーチンが引き金を引いたからだ。2013年11月にヤヌコビッチはEUとの「連合条約」に調印するはずだったが、EUとウクライナの接近を嫌ったプーチンが、150億ドルの支援とガス価格の3分の1の切り下げを条件に、調印を拒否させた。それに怒ったウクライナ国民や過激な民族派が、ヤヌコビッチ批判の大規模な集会、デモ、大統領府占拠などを挙行し、大統領がロシアに亡命して政権が崩壊したのである。

後に考察するようにロシア国内では、それ以前にもプーチンの支持率は低下し、プーチン政権は決して安定していなかった。ウクライナにおけるこの親露政権の崩壊でプーチンに対する厳しい目が一挙に強まった。この黒星は、ソチ五輪の成功を台無しにするものだった。とくに本来はプーチンの支持基盤である軍やシロビキ（治安関係者）の間で、プーチンへの批判が強まった。プーチン政権が陥ったこの苦境と不安定な状況から脱出し、支持率を一挙に高めるために打った大技が、クリミアの併合である。

これで自信を強めたプーチンは、さらにはウクライナにおける「憲法改正と連邦化」によって同国を「中立化」、実際にはロシアの影響下に置くことを目標にしている。プーチンの支持基盤は大国主義的なナショナリズムのメンタリティであり、クリミアの力によるロシアへの併合は、この感情を大いに満足させ、ロシアにおける大国主義の意識を高揚させた。そしてプーチンの支持率も一挙に40％以上跳ね上がり、80％台になった。ただ、対外的にナショナリズムを利用して支持率を高めるのは、各国の権威主義政権が国内での不満をそらすための常套手段であり、この麻薬的な効果を狙った政策は、安定性を示すよりもむしろ不安定性を示すものだ。ウクライナ事件の経過や詳細はいろいろ報道されているので、ここでは、この事件が提起した国際政治における本質的な問題を指摘しておきたい。

世界の批判を無視したクリミアの併合は以下のロシアの論調が示すように、一見プーチン政権の「強さ」を示すようにも見える。しかし、欧米に対する強硬姿勢で支持率を高めるそのアプローチは、むしろその弱さ、あるいは不安定性の表れということもできる。同時に、ウクライナ問題は、ロシアの問題だけでなく、米国のオバマ政権や欧州諸国、またＮＡＴＯの脆弱さも露呈した。そしてそれは、世界秩序のあり方に関する近年の欧米の考え方あるいは世界認識のパラダイムに対して、大きな疑問を突きつけるものでもある。

4月17日のジュネーブでの4者合意も空文化し、5月25日の大統領選挙後もウクライナの東部、南部で危機が続いているが、その根本的な原因は二つある。

第1は、不思議なことにあまり論じられていないが、ウクライナ軍がまったく無力だったことだ。たとえ10万人いや5万人でも、優れた装備と訓練を有する士気の高いウクライナ軍が存在していたなら、クリミア併合もウクライナ東・南部の混乱もありえなかったと断言できる。

第2は、ロシアが国際法を破り力によってＮＡＴＯと協力関係にある国の領土を併合しているのに対し、欧米諸国やＮＡＴＯが、それを言葉で非難し実効性の疑わしい制裁を課すだけで、実際にロシアの行動を抑制する力も強い意思も有していないことだ。ドイツもフランスも「商売大事」で、ロシアへの宥和策を優先している。その結果、クリミアのロシア併合は既成事実化しつつある。

これらは共に、主権問題とか伝統的な防衛力を軽視してきたポスト・モダニズム的な楽天主義の結果でもある。これに対し、ロシアや中国は、欧米とはまったく異なる考えで安全保障を考え、軍事力を一貫して強化してきた。ロシアによる国際法を侵したクリミア併合に対して、欧米も国連や国際機関もなす術がなく、事実上黙認の方向だ。このことは、隣国と領土問題、歴史問題で揉めているわが国にとって、深刻な事態である。

力によるクリミア併合などに関して、ロシア側の対応や見解を理解するため、プーチン発言やロシア専門家の見解を紹介したい。

クリミアでの親露派の地方政府の樹立、その政府が実施した住民投票、続いてのロシアへの併合が、「自警団」なる武装組織の統制下に行われたこと、その「自警団」の中心にロシアの特殊部隊が存在していたことは周知の事実であった。当初ロシアは、ロシア軍の関与を否定した。しかし、4月17日にプーチン大統領は国民との対話で、ロシア軍の介入の下にクリミアの住民投票が行われたことを公然と認めた。

翌18日にロシア紙は、軍事専門家の驚くほど率直な見解を掲載した。ロシア軍はクリミアで西側諜報機関の油断に乗じて「孫子の兵法を完璧に実行し、戦わずして見事な勝利を収めた」というものだ。しかもこの論者は、今日の世界においても国際法ではなく軍事力こそが決定的な意味をもっており、対話や交渉、ソフトパワー重視の欧米やＮＡＴＯは、ウクライナ事件で完全なる無力を露呈したと勝ち誇っている。そして、軍事力の削減はウクライナのように、結果的に高くつくとして、ロシアは今後もいっそう軍事力を整備・強化すべきだ、と論じている。ロシア側の発想を知るために、まず、プーチンの４月17日のクリミア関連発言を以下紹介する。

「我々の課題は、クリミアの住民が自由に意思表明をするための条件を保証することであった。そのために、必要な措置をとらなくてはならなかった。自動武器などで武装した過激な民族主義の武装部隊などを排除するためである。したがって、クリミアの自警団の背後には、もちろんのことであるが、ロシアの兵士がいた。彼らは誠実に、断固として、プロとしての行動をとった。それ以外には、住民が住民投票をきちんと遂行して、自己の意見を表明する方法はなかったからだ。クリミアにはウクライナ兵が２万人以上、ミサイルシステムＣ－３００だけでも38基、その他の兵力が存在する。これらの武器が住民に対して使用されないためという理由からだけでも、ロシア軍が住民を保護する必要があったのである」（サイト「Прямая линия с Владимиром Путиным」より）

次に、軍事専門家Ａ・フラムチュヒンの論説を要約して紹介しよう。これは、プーチンの支持基盤であるシロビキの代表的見解で、現在のロシア指導部の多くの者がこれに近い考えを有し、ロシア社会でも広く支持されている。これが、外交的レトリックを外した、ロシア政権の本音かもしれない。

「クリミア問題では軍事力が決定的な意味を有した。クリミアで敗北したのはウクライナだけではなくＮＡＴＯでもあり、ＮＡＴＯは強大な敵と直面したときにはまったく無力だということを衆目に晒した。現在のヨーロッパ的な価値においては、自分や自分の家族、自国の防衛のためでさえも、生命を犠牲にすることはまったく想定していない。ＮＡＴＯの無力を顕著に示したのは、クリミアにおけるロシア軍による周到に準備された電撃作戦だ。しかも、これは西側の諜報機関が五輪テロ関係でクリミアに近い北カフカスに注意を集中していたときに起きた。今回ロシア軍は見事に、孫子の兵法通り戦わずして完勝した。

国際法は機能しなくなった。この事実は、特別に悲しむべきことだ。ただ、今回のクリミア問題に関しては、このことはロシアにとって有利に作用した。この状況下で、世界政治において軍事力が再び決定的な意味を有するようになった。西側諸国は、ソフトパワーのお伽噺を自ら創作し信じた。ハードパワーの強化なくしてソフトパワーも無意味だ。直接の武力衝突のない『新世代の戦争』など、信じるべきではない。戦争がなくても勝利するのは、戦争に勝利する力を有しているときだけである」（『独立新聞』２０１４・４・18）

恐らく中国の指導部も、これに近い考えを有しているだろう。世界は、そして日本も、このような論理が大手を振ってまかり通っている国々への対応を迫られているのである。

ウクライナ東部の諸都市で親露過激派が行政府などを占拠しており、その占拠勢力を排除するためにウクライナ政府が軍を本格出動させると、ロシアの軍や武装組織がロシア系住民保護の名目でウクライナに介入する。Ｇ７はそれに対して、経済制裁の強化で対応するだけであり、目前の危機の回避は困難だ。大統領選挙後の東部の混乱も、ロシアがＮＡＴＯを恐れていない結果だ。

冷戦終了後、とくに近年になって、欧米や日本は防衛予算を一貫して削減してきた。米国のオバマ政権は、国際問題は交渉と対話で解決できると主張し、国防費を大幅に削減している。これに対してロシアや中国は逆に、経済や財政の不調にもかかわらず、国防費だけは急速に増額してきた。ストックホルムのＳＩＰＲＩ（国際平和研究所）の２０１４年４月の発表によると、昨年の国防費は米国が対前年比７・８％減だったのに対し、中国は７・４％増だった。ロシアも過去15年間に国防費を３倍以上に増やし、今後の４年間も、毎年20％増加の予定だ。

国際紛争は、国際法や国際機関を通じて、また対話と交渉によって解決すべく最大限の努力をすべきなのは当然だ。

そして、対話と交渉で解決できる場合も少なくない。しかしその場合も、その背後に軍事力が控えているケースがほとんどだ。ウクライナ危機に関してオバマは最初から、軍事力不使用を宣言したが、非合理である。筆者も、軍事力使用には大反対だ。ただ、多くの場合、軍事力使用の可能性と決意があって初めて、軍事力を使わず交渉によって紛争は解決できるという現実も、安全保障の基本としてリアリストの目でしっかり認識しておく必要がある。

さて、クリミア併合後のロシア側の論理は、一見欧米に対して、またNATOに対しても勝ち誇っているように見えるが、その背後にあるのは、プーチン政権の不安定性である。その問題を考えてみたい。

## 2 プーチン政権の安定性

プーチン政権の安定性を考察するにあたって、方法論として次の諸点を順次考察する。

（1）プーチン政権（含タンデム）の高い支持率、安定性をもたらした諸要因
（2）これら諸要因が今後も機能する可能性
（3）新たな支持・安定要因が生じる可能性
（4）新たな（あるいは継続する）不安定要因
（5）結論　プーチン政権の安定性に対する総括的考察

### （1）2000年以来のプーチン政権の高支持率、安定性をもたらした諸要因

（「プーチン政権」という場合、2008〜2012年のメドベジェフ大統領、プーチン首相のいわゆる「タンデム

政権」を含める）

世論調査によると、プーチンの支持率は２０００年以来２０１２年まで、彼が大統領、首相のときも含めてつねに60％台から70％台の高水準を維持した。この間、ＣＩＳ（独立国家共同体）諸国ではいくつかの政変、いわゆる「カラー革命」が生じたが、ロシアのプーチン政権は比較的安定していた。２０１１年末には、反プーチンデモ、集会が生じる状況にもなったが、混乱への不安から、その反動として、２０１２年半ば以後はまたプーチン支持の動きも強まった。

この高い支持率と安定性を保証した要因として、次の諸点を指摘できる。

①オイル（ガス）マネーによる経済の向上

プーチンが大統領に就任した２０００年から、偶然ではあるが、国際的なオイル価格が、またそれに連動した天然ガスの価格が急激に上昇した。ロシア経済は、ペレストロイカ時代以来悪化し、ソ連邦が崩壊した直後の１９９０年代には発展途上国並み、あるいはそれ以下の屈辱的な状況に陥った。しかし、プーチン政権の成立とともにエネルギー資源の国際価格が急騰し、プーチンの経済政策とは無関係に、ロシア経済はオイル（ガス）マネーで潤い、ロシアに新興財閥も生まれた。この間、貧富の差は増大したが、一般国民の生活も90年代と比べると格段によくなった。多くの国民は、これをプーチン大統領およびプーチン政権のお蔭と考えた。これが、プーチンの高い支持率と安定性を保証した第１の要因である。

②「屈辱の90年代」のリアクション

ソ連邦が崩壊した後の１９９０年代のロシアやＣＩＳ諸国の政治的、経済的、社会的な混乱は、予想をはるかに超えたものであった。ソ連時代は社会主義体制として、経済は国家がすべて統制していた。この国家が崩壊し、市場経済の原理が機能する諸条件がほとんど存在していなかったのであるから、経済が破滅的状況に陥ったのは当然である。２０００年代になると、ロシア国民はこの「屈辱の90年代」のリアクションとして、プーチン時代の経済と社会の安定を、特別に貴重なものと感じた。プーチンは安定と秩序のシンボルとなり、90年代と比べてプーチン時代を肯定する心理も強まった。「いまでは皆が安定を求めるようになった。この要求に応えたのがプーチンだった。彼は90年代の混乱と紛争からロシアを引っ張り出した」（『独立新聞』２０１１年11月１日）

### ③ポピュリズム政策

共産党の一党独裁の時代と異なり、議会選挙、大統領選挙が一定の重要性をもつようになったロシアでは、政権は国民の支持率に配慮せざるをえない。権威主義的な傾向の強まっている、また選挙での不正が指摘されているプーチン政権においても、選挙前には大統領や与党の支持率を上げるために、政権はあらゆる手段を動員している。その一つが、ポピュリズム政策である。ロシアでは軍人、警察や治安機関の従業員、公務員、教育関係者などの給与は低く、その結果腐敗や汚職がはびこった。また年金の額もわずかである。プーチン政権は、とくに軍人や治安関係者の給与を大幅に引き上げ、長年官吏の腐敗、汚職に目をつむってきた。選挙前になると、しばしば年金の引き上げが宣伝された。これらはすべてポピュリズム政策といえるが、それもプーチンの高い支持率を保証した要因である。

### ④反欧米のナショナリズムと大国主義

かつてソ連国民には米国と覇を競う大国としての誇りがあった。しかし「屈辱の90年代」にその国民的な誇りは木端微塵に吹き飛ばされた。２０００年以後、ロシア経済が回復すると、政権は再び反欧米的な、あるいは外国を敵視

| 指標 | 144カ国中の順位 | 指標 | 144カ国中の順位 |
|---|---|---|---|
| 小株主の保護 | 140位 | 独占禁止法の効力 | 124位 |
| 通関手続きの煩雑さ | 137 | 紛争解決の法的効力 | 124 |
| 財産所有権の保護 | 133 | 司法の独立 | 122 |
| 警察の信頼度 | 133 | 税負担 | 121 |
| 通商の諸障害 | 132 | 非正規支払い、賄賂 | 120 |
| 政府当局の関与 | 130 | 税負担 | 105 |
| 役人の恣意 | 127 | 政府の浪費 | 103 |

（出所）『独立新聞』2012年9月10日

する伝統的な心理に依拠し、「大国ロシア」「偉大なロシア」という大国主義やナショナリズムを、国民の統合のために、あるいは国民の支持を高めるために、積極的に利用するようになった。2005年以来の「主権民主主義」の理念やNPO規制法、2012年の刑法改正による「国家裏切り」罪の制定、国外の支援を受ける組織を「外国のエージェント」と規定する法など一連の政策の背後にも、ロシア伝統の欧米敵視の心理がある。米国への養子縁組禁止の法律も、反米的色彩が強い。クリミアのロシアへの併合事件は、大国主義ナショナリズムを利用して支持率を高めた典型的なケースである。危険なのは、一時的に支持率が上がっても、国際的孤立で経済がさらに困難になり支持率が下がると、今後もこのような麻薬的効果を狙って、同様の手口に訴える可能性が高いことだ。すでに、モルドバの沿ドニエストル共和国が、その候補にあがっている。

## (2)プーチン支持、安定化の諸要因が今後も機能する可能性

### ①経済ファクターについて

ロシア経済は、現在も輸出の3分の2、歳入の2分の1を、エネルギー資源に依存している。しかし、国際的なエネルギー価格の大幅な上昇を今後も期待することはできない。2008年の金融危機以後、先進国の経済は停滞を脱していないし、中国やロシアなどBRICs諸国の経済発展も

鈍化の傾向を見せている。実質国民所得（ＧＤＰ）の伸び率も鈍化傾向が明白で、２００７年の８・５％から２０１１年には４・３％、２０１２年は３・４％、２０１３年には１・３％で、今年は１％未満の見通しだ（ロシア国家統計局他）。

蔓延する腐敗・汚職問題も解決からは程遠く、その結果、表の数字にも見られるように、ロシアの投資環境の悪さは、国際的にも際立ったものとなっている。クリミア事件後は対露経済制裁などにより、資本も大幅に流出した。「世界経済フォーラム」は各国経済に関し、その投資環境などの国際競争力のランキング*The Global Competitiveness Report 2012-2013*を公表した。掲げた表は、各指標に関する１４４カ国中のロシアの順位である。

２０００年以後のプーチン政権の支持率を高めその安定性の保証となった最大の要因は、国際的なエネルギー資源の高騰と資源輸出に依存したロシア経済の向上であった。しかし、以上概観したロシアの経済状況から判断する限り、これまでのようにロシアの経済要因がプーチン政権の今後の安定性に寄与するとは到底思えず、逆に、その不安定要因となるだろう。

### ②「屈辱の90年代」の経験について

「屈辱の90年代」の無政府状況における混乱、荒廃への恐怖心の心理は極めて強い。そのリアクションとして、何よりも安定と秩序を求める心理を強めた。しかしソ連邦崩壊からすでに22年、若い世代はソ連邦崩壊も90年代の混乱も、成人として経験していない。年配の世代においても、記憶は徐々に薄れている。これらが象徴的に表れたのが、２０１１年末の下院選挙および２０１２年３月の大統領選挙前後における、大規模な民衆の反政府、反プーチンの集会やデモであった。このデモに参加したのは「クリエイティブな中間階級」と呼ばれている知識人層が中心で、大都市の一部の社会層にすぎないとの見解もある。しかし、社会全般において閉塞感や不満が強まっている。

ロシアのある評論家は次のように述べる。「国民は大統領府や政府が報告している成果なるものを信じてはいない。ロシア国民の半分は、自分たちは遅れた貧しい国に住んでいると思っている。ロシアに対する国際的な評価はもっと低い。幸福度の調査によると、ロシアは143カ国の中で108位である。官僚や議員たちが、国民のためにパイをどれほど分配しているかと報告するたびに、国民は苛立っている。ロシアはどんどん衰亡している。農村や都市のインフラは驚くべき酷い状況に陥っている。それはもはやソ連時代の負の遺産などといって自己弁護することはできない」(『論拠と事実』2012年12月19－26日 №51)。

③ポピュリズム政策について

プーチン政権のポピュリズムの典型は、軍や治安機関の予算の大幅な増額だ。これにより軍や治安関係者の給与は大幅に引き上げられた。ロシア財務省の発表によると、2013年の国防費は2012年の1864兆ルーブルに対し、25・8%増額されて2345兆ルーブルになる。この他に、治安関係費も9%増額されて、1844兆ルーブルから2011兆ルーブルになる。この増額分の多くが給与の引き上げに使われるが、これで軍人の給与が、階級によっては2倍近く、あるいはそれ以上増やされる。2011年9月、アレクセイ・クドリン財務相(当時)は国家財政の合理性の立場から、このポピュリズム的な軍事費増額に強く反対したが、当時のメドベジェフ大統領と衝突して辞任させられた。軍事費だけではなく、他の分野でも同じで、2012年12月の年次教書においても、プーチンは緊縮財政を主張する財務省ではなく、経済発展の刺激策を打ち出そうとしている経済発展省を支持した。

プーチンのこの政策は、もちろんインフラ整備とか内需拡大などによる経済の刺激策も念頭にある。しかし、国民の間に強まっている不満に対応するためのポピュリズム的要素が強いことも事実だ。今後、このようなポピュリズムを継続することは、国家財政の立場からも不可能だ。すでにロシアの財政はここ数年、GDPの数%の赤字基調となっている。したがって多くの経済専門家はプーチンのポピュリズム的な政策を批判した。２０１２年にイーゴリ・ユルゲンス現代発展研究所所長は、「２年後には、ロシア経済は時速１４０㎞で壁に激突する」とさえ述べた（『エクスペルト』２０１２年２月６－12日　№５）。

④米敵視のナショナリズムについて

ロシアが今後も、国民統合のために、また国家としてのアイデンティティ確立のためにも、大国主義のナショナリズムを強めることはほぼ間違いない。現在のウクライナ問題がその典型だ。国家主義のイデオロギーは、帝政時代、ソ連時代、ソ連崩壊後のロシアの全歴史を通じて、最強の思想だった。問題はこれと関連して、ソ連時代と同様、プーチン政権においても欧米敵視の雰囲気が再び強化されていることだ。２００８年８月のグルジア戦争の後、あるロシア人は次のように述べた。「いまもまた外国人嫌いを育んでいる。一般のロシア人は再び次のように教え込まれている。我々は敵たちに包囲されて、その包囲網はつねに締め付けられている、と。こうしてロシア人はまたもや外の世界全体を猜疑心でもって見始めているのだ」（『独立新聞』２００８年９月２日）。先に述べたプーチンの最近の一連の政策も、この傾向が強いことを示している。

ただ、ここにはジレンマがある。ロシアは西側先進国の最新技術を導入し、先端企業をロシアに誘致して、ロシア経済の現代化を進めることを最重要の国家戦略としている。シベリア・極東では資源開発のために西側からの資本導入も必要だ。つまり、ソ連時代のような孤立した経済体制を維持することは不可能であり、経済面でも科学技術面でも、欧米諸国との密接な関係は避けられなくなっている。また、情報面でも、インターネットを通じて西側の情報はストレートにロシア国内に伝わる。欧米を敵視する大国主義の過激な行動は、指導者の支持率高揚にとって一時的な麻薬効果はあるとしても、対露経済制裁やロシアからの資本逃避、対露投資の抑制を招き、長期的にはロシア経済さらには政治にも大きな打撃を与える。つまり、欧米敵視政策やそれを基礎にした大国主義にも、自ずと限界があるということである。

### (3)新たなプーチン支持・安定要因が生じる可能性

以上、プーチン政権やプーチンの高い支持率および政権の安定を保証した主な4要因について、今後もそれが機能するか否か検討した。結果として、4要因すべてについて、今後はこれまでのようにそれらが機能し続ける可能性はないとの結論に達した。では、これらの諸要因に代わる、プーチン支持を強める、また政権の安定化をもたらす新たな要因が存在するだろうか。あるいは今後生じる可能性があるだろうか。考えられる諸要因を検討する。

#### ①中産階級の形成について

歴史的に見ると、一般的には、中産階級の形成は社会の安定化をもたらす。2000年以後のロシアの経済回復によって、ロシアの政治学者や社会学者によってしばしば論じられている問題は、ロシアにおける中産階級の形成である。オイル(ガス)マネーによって、また腐敗・汚職の構造によって、オリガルヒヤと称される新興財閥やエリート層、特別に豊かな官僚層などが生じた。そして、大部分の国民は欧米先進国や日本の平均よりもはるかに低い生活に甘んじるという、貧富の格差も生まれた。しかし同時に、中産階級と称される一定の層がロシアにも生まれつつあるのも事実である。衣食住にさほど不自由しないで、自家用車を保有し、何とか子に高等教育を与えることのできる社会層だ。これら中産階級は、プーチン時代に主として大都市や、資源の豊かな地方都市に生まれている。

では、この新しい社会層の誕生によって、今後のプーチン政権は安定化に向かうだろうか。実は問題はそれほど単純ではない。というのは、2011年から2012年にかけて、反政府あるいは反プーチンのデモや集会に参加した人たちの大部分は、社会の貧困層ではなく、まさに大都市や豊かな地方都市の中産階級であった。官僚たちの腐敗と汚職が蔓延するロシアで最も強く閉塞感を抱いているのは、意欲や能力があるにもかかわらず官僚主義や縁故主義に阻まれて、能力を発揮できない中産階級の人たちなのである。近年、ロシアから国外に移住する者、あるいは移住を希望する者が増えているが、その大部分も、社会の底辺にいる貧しい人たちではなく、意欲と能力のある中産階級の人たちだ。

つまり、中産階級の増加は政権の安定性という観点から見ると、両刃の剣である。一方で、一定の安定を得たため変化を嫌うという意味で、彼らが社会の安定要因になるのも事実だ。しかし、現在のロシア社会やプーチン政権を最も厳しく批判しているのも、能力を有する意欲的な中産階級なのである。

### ②政変・混乱への恐怖心と反政府運動に対する「逆バネ」現象

「屈辱の90年代」へのリアクションとして現状を肯定的に見る心理、あるいは安定志向の心理があったが、それが希薄になりつつあると先に述べた。このことと一見矛盾すると思えるかもしれないが、ロシア国民の伝統的心理あるいは潜在意識として、ソ連時代も今日も、政変や革命、混乱を嫌う心理はつねに存在している。この心理がプーチン政権の安定要因になっていることは間違いない。２０１１年末から２０１２年にかけて、政権批判、プーチン批判のデモや集会がロシア各地で盛り上がったことは世界に報じられた。しかし、このデモに触発されて、あるいはそれに対抗して、プーチン支持派のデモや集会が、同様の規模あるいは批判派以上の規模で盛り上がったことは、十分報じられていない。この現象を批判運動に対する「逆バネ」現象と呼ぶこともできる。そして２０１２年5月にプーチンが大統領に就任すると、批判派のデモは目標を失い、勢いを失った。

では、一時世界を驚かすほど盛り上がった体制批判の運動がなぜ沈静化したのか、またプーチン支持の運動がなぜ盛り上がったのか。それについては、ロシアのある識者は次のように分析している。「ロシア人は反権力の政治運動がさらに進んで、統制できないカオスになること、さらには新たな革命を恐れたのだ。社会学的調査によると、90％の国民が、そもそも革命というものを悲劇と捉えている。国民の80％は政変に反対している。」（『論拠と事実』２０１２年12月19－26日　№51）

③権威主義体制の強化

プーチン政権の下では、選挙制度が幾度か改定されて、７％以下の得票率の小政党から国会議員になることは不可能となった。また、州や共和国の首長は大統領の任命制に改められた。テレビなどのマスメディアの多くも、政権によってコントロールされ、政権を批判する知識人や野党の政治家などがテレビから排除されるようになった。２０１1年には反政府、反プーチンのデモが強まったため、２０１２年にプーチンが政権に就いて、権威主義体制を強化する、あるいは民主主義を後退させる一連の措置をとった。メドベジェフ大統領時代に、選挙制度の規制やマスコミのコントロールを緩和する政策も出されようとしたが、プーチンが大統領に復帰して、統制はますます強化されている。マスメディアや公の場での指導者への批判を制限する「侮辱罪」の制定、国外からの支援を受ける組織をスパイ扱いする法令、デモや集会の規制強化、宗教的崇拝の対象への侮辱を罰する措置、その他である。選挙のときは、中央や地方自治体の行政組織全体が、プーチンや与党「統一ロシア」支持のためのマシーンとなった。

このような形での政権による統制強化の措置は、今後も維持、さらに強化されるだろう。プーチン政権下でのこのような統制措置が、プーチン政権の外見上の一定の「安定」や「高い支持率」を保証したし、今後も一定の役割を果たすだろう。しかしこれらが証明していることは、プーチン政権の安定性よりはむしろ不安定性である。

## ④クリミア併合後の大国主義と新帝国主義

２００８年のグルジア戦争のとき、メドベジェフ大統領は「ロシアの特殊権益圏」という概念を使い、グルジア攻撃を擁護したが、これは新たな帝国主義あるいはブレジネフ・ドクトリン（制限主権論）の現代版といわれた。ある論者は、「ロシア人の権威主義や帝国主義への志向には根強い専制志向がある。それはアル中患者と同じで、簡単には脱却できない。ロシア人には権力を絶対化する古代的、君主制的な深層心理がどの時代にも通奏低音のように流れている」と述べている（『独立新聞』２００８年1月23日）。

これに先立ち２００３年に、改革派のリーダーでエリツィン時代に副首相も務めたアナトリー・チュバイスさえも「深い確信をもっていえることだが、ロシアのイデオロギーはリベラルな帝国主義であり、ロシアの使命はリベラルな帝国の建設である」と述べている（『独立新聞』２００３・10・1）。

このようなロシア国民の心理に応える形で、プーチンが今後「偉大なロシア」の理念の延長として、政権の安定性が揺らいだ場合、帝国主義的な政策を強調してロシア国民の支持を高めようとする可能性は大きい。２０１４年３月のクリミア併合は、まさにその具体例となった。

２０１１年10月にはプーチンは「ユーラシア同盟」の構想を発表した。これは、ロシア、カザフスタン、ベラルーシの「関税同盟」を基礎に「統一経済圏」を形成し（２０１２年1月1日に発足）、さらに加盟国を増やして「ユーラシア経済同盟」に、最終的には「ユーラシア同盟」に発展させるという野心だ。プーチンは、これはソ連邦の復活ではなく、強力な超国家的統一体で、ＥＵ、米国、中国、ＡＰＥＣと並ぶ、世界の一つの極となるもの、としている。

では、今日のプーチンが目指すものは何か。クリミア併合を宣言した２０１４年３月18日のプーチン演説には、次のような言葉がある。「ソ連邦崩壊後に生まれた独立国家共同体（ＣＩＳ）は、単一通貨、統一軍隊を有する大きな国家になると約束されたが、これは単なる約束にとどまった」。プラグマチストのプーチンは、社会主義の復活ではなくても、やはり旧ソ連を一つの地域、すなわちロシアの勢力圏と見ているのだ。

ただ、CIS諸国は、経済面での協力には関心を示しながらも、政治面でリーダーとしてのロシアに再び服従することには、いずれの国も断固反対している。さらに、ロシア自身が、CIS諸国からの不法移民により民族対立その他の諸問題が深刻化し、その阻止に苦労している状態だ。大国主義ナショナリズムは一時的に政権の支持率を向上させても、経済改善には寄与しないので、国民の不満解消にならない。

### ⑤テロ、外敵その他の新たな脅威の台頭

2014年のクリミア併合ではロシアは国連の100カ国を敵にまわした。2003年から2005年にかけて、グルジア、ウクライナ、キルギスで下からの政変が起き（「カラー革命」）、プーチンやロシア指導部も外国勢力の仕業だと神経を尖らせた。2010年から2011年にかけてのいわゆる「アラブの春」も、ロシア指導部に衝撃を与えた。さらに、ロシア国内では、北コーカサスを中心に、最近はタタルスタンでもイスラム過激派の活動が活発化し、テロ行為も頻発している。2014年にアフガニスタンから米軍が撤退した後、タリバンなどのイスラム過激派の活動が活発化し、それが中央アジアやロシア国内に影響を及ぼすことをロシアは強く恐れている。ウクライナの政変と危機でプーチン政権が最も恐れているのは、NATOやMDシステムのウクライナへの拡大である。

これらの新たな危機は、もちろんプーチン政権にとっての不安定要因である。しかし、このような新たな危機への対応としてのナショナリズムの高揚は、あるいは「外敵」への対応政策は、国内での国民の不満を他に向け、不安定化した政権の支持率を高めるための常套手段でもある。クリミア併合によるフィーバーが冷めたとき、懸念されるのは、支持率高揚のための新たな「外敵」と「クリミア」の模索である。

## (4)新たな(あるいは継続する)不安定要因

今後のプーチン政権にとって、従来とは異なる形で生じている不安定要因、あるいは従来も存在したが、今後も継続する不安定要因について、次の諸点を指摘しておきたい。

### ①腐敗・汚職問題への無力

ロシア社会の最も深刻な問題は、官僚、官吏だけでなく、あらゆる組織における腐敗や汚職の蔓延である。汚職に関するクリーン度国際ランキングでは、ロシアは175カ国中127位で、エジプト、タンザニア、モザンビーク、レバノン、ニカラグアより下位にある(2013年、トランスペアレンシイ・インターナショナル)。ロシアでは、内務省や司法機関など本来は腐敗、汚職を取り締まる組織が、最も腐敗、汚職に侵されている。プーチンもその経済論文(2012年2月)で、「システム化した汚職」という表現を使用しているが、構造化した腐敗、汚職問題が、国民の不満や社会の閉塞感の最大の原因となっている。官僚や官吏の腐敗、汚職が近年かえって蔓延した原因の一つは、公務員の低賃金であるが、とくにソ連邦が崩壊した後の混乱期に、国家が官僚や官吏にまともな給与を支払うことができなくなり、汚職や賄賂を黙視せざるをえなかったという状況がある。

プーチンは2012年末に、アナトリー・セルジュコフ国防相はじめ有力官僚を汚職関連で解任したが、これまでのどの世論調査を見ても、プーチン政権が汚職問題を解決できると考えている国民はほとんどいない。これが国民の不満や閉塞感の最大の原因である以上、今後のプーチン政権にとって、最も深刻な問題であり続けるだろう。

### ②経済の構造改革の困難、資源依存経済からの脱却の困難

腐敗、汚職の問題とも密接に結びついているが、前述の投資環境の悪さ、市場経済の未発達は、ロシアでは経済の構造改革がスローガン倒れでほとんど進展していないことを示している。このことがまた、ロシア経済の資源依存体質を温存させる結果となっている。ロシアで健全な市場経済が発達していないことは、今後も資源依存経済から簡単には脱却できないことを意味する。国際的な資源価格は極めて不安定であり、したがって今後のロシア経済も不安定とならざるをえない。これが、これからのプーチン政権の大きな不安定要因であることは、もはや説明不要であろう。

### ③権力を恐れなくなった国民、あるいは国民の「政治化」

ソ連時代にロシア国民は、スターリンなどの個人崇拝の雰囲気を有していただけでなく、共産党やKGBなどの権力を恐れていた。これは恐怖政治的な独裁主義あるいは権威主義の結果であるが、それがソ連体制の外面上の「安定」をもたらしていた。ゴルバチョフのペレストロイカ路線によってこの国民心理は変わり、1980年代末から、国民は議会や街頭で公然と共産党を批判するようになった。権力を恐れなくなったのだ。ソ連邦崩壊後の1990年代は、事実上無政府状態に陥り、国民は何も敬わず、何も恐れなくなった。2000年以後のプーチン時代になって再びプーチン大統領の権威が復活し、政府内でも議会でも、直接プーチン批判が行われることはなくなり、国民の間でもプーチン批判の運動は生まれなかった。この背景には、国民はもっぱら個人生活に目を向け、政治へのアパシー（無関心）状況もあった。そして、この国民のアパシーがプーチン政権の安全弁ともなっていた。

この状況が劇的に変わったのが、2011年末の下院選挙前後からである。政権、与党の「統一ロシア」、プーチンをストレートに批判する大衆行動が生じ、ロシア政権だけでなく世界に衝撃を与えた。ロシア国民の「政治化」あるいはロシア社会の「市民社会」化ともいえる。クリミア併合で一時的にプーチン支持率が急上昇したが、ロシア国

民の経済的、社会的不満が解消される保証はない。今後不満が高まると、政権批判も当然高まるだろう。

### ④2014年問題と過激なイスラム主義、民族主義および「アラブの春」

いまプーチン政権が強く懸念している問題がある。それは、2014年末に米軍がアフガニスタンから撤退した後、タリバンおよびイスラム過激派が影響力を強め、それが中央アジアやコーカサス、ロシアに影響を及ぼすことだ。さらにロシア国内で民族問題などを契機として「アラブの春」的な状況が生まれることである。ただ、いまのロシアで近い将来「カラー革命」や「アラブの春」的な事態が生じる可能性は必ずしも高くない。前述のようにロシア国民は、現状にあるいはプーチン政権に満足しているからというよりも、政変や混乱に対して強い拒絶反応の心理を有しているからである。またウクライナ事件でプーチンの支持率が上昇したからだ。

しかし、ロシアの政権やその治安機関、軍などは、「アラブの春」やイスラム過激派によるテロ活動の活発化、民族問題に端を発する政治混乱などを、現実の可能性と考えて、真剣にそれに対処しようとしている。それを端的に示しているのが、近年のCIS集団安全保障条約機構（CSTO）の軍事演習である。たとえば2011年のCSTO合同軍事演習「ツェントル―2011」は、従来の演習とは根本的に異なっていた。つまり、この時は大部隊の参加しない作戦で、国内あるいは国外の地域紛争に対応した演習であり、「北アフリカや近東での諸事件を念頭に、ロシアは最悪の事態に備えている」（『独立新聞』2011・9・19）。したがってロシアの識者からは、「なぜ外部の敵に対処するはずの軍が、政治的な国内治安活動を行うのか」といった疑問も呈されている（『独立新聞』2011年9月28日）。

## (5) 結論――プーチン政権の安定性に関する総括的考察

プーチン大統領の任期は、2012年から6年、その後再選されれば、憲法上はさらに1期6年の就任が可能である。この6年あるいは12年のプーチン政権の安定性についていくつかの角度から検討してきた。まず、これまでのプーチン政権の高い支持率と安定性を保証した四つの要因、すなわち①オイル(ガス)マネーによる経済の向上、②「屈辱の90年代」のリアクション、③ポピュリズム政策は、いずれも今後はこれまでのように機能する可能性はない、と結論せざるをえない。その理由は、エネルギー価格の大幅上昇はもはや望めず、「屈辱の90年代」の記憶は今後ますます希薄になり、またポピュリズム政策を継続するための財政的な保証はないからだ。④の、反欧米のナショナリズムと大国主義は、クリミア事件に見られるように、一時的に劇的な効果を生んでも、長期的にはロシア経済に大きなダメージを与える可能性が高い。経済改革や技術革新のためには欧米との協力関係は不可欠で、長期的には、反欧米のナショナリズムにも限界がある。

では、新たな安定要因が生まれるか、という問題に関しても、楽観的な見通しは難しい。まず、新たに形成されつつある中産階級は、安定要因になるとともに、政権にとって批判勢力にもなる。最大の安定要因は、ロシア国民の伝統的心理ともいえる政変・混乱への恐怖心だ。今後も危機状況が生まれると、「逆バネ」現象として政変を抑える力は働くだろう。権威主義体制や抑圧体制の強化によって、政権の安定を保とうとする努力は今後より強くなる可能性が強い。しかし、これはとりもなおさず、体制の不安定化を示すものでもある。国民を統合するための大国主義や新帝国主義の政策に対しても、CIS諸国は経済面ではロシアと協力関係を強めても、政治的にロシアの支配は許さない状況に至っている。したがって新帝国主義政策でロシアが安定を確保するのも困難である。今後は、イスラム過激派のテロ事件などがむしろ強まる。新たな脅威や「外敵」への対抗という常套手段で、プーチン政権ははたして安定を得られるか、ここにも不確定要因が多い。

新たな、あるいは継続する不安定化の要因は強力である。ロシアにおいて根深い腐敗や汚職問題に対して、プーチン政権は無力だ。経済の構造的改革により資源依存から脱却して、先端産業を基礎とした効率的な市場経済に移行する可能性もたいへん低い。そして、ロシア国民はもはや権力や指導者を恐れておらず、市民社会的な要素も今後はいっそう強まる。ロシアの政権は、イスラム過激派や「アラブの春」的な政変に備えて、真剣な準備をしている。

これらのことを総合的に考えると、今後のプーチン政権は、これまでのプーチン政権と比べて明らかに不安定となる。ロシア国民の政変嫌いにより、近い将来「アラブの春」がロシアに生じる可能性はさほど高くないが、長期的に見れば、プーチン政権は大きな困難に直面するだろう。ロシア国民の大部分は、生活の現状に満足していないし、腐敗・汚職の蔓延する政治の現実をシニカルに見ている。クリミア併合で一時的にプーチン・フィーバーが生じたが、一般的に言えば、大部分のロシア国民のプーチンに対する見方もシニカルだ。

ロシア国内では、これまでのプーチン時代はしばしば、比較的安定していたが「停滞の時代」と呼ばれた権威主義のブレジネフ時代に擬《なぞら》えられる。ブレジネフ時代の後、ペレストロイカとソ連邦崩壊という変動の時代になった。このような権威主義的安定と混乱のサイクルについて、モスクワの欧州研究所のドミトリー・フルマンは、それがロシアの歴史と深く結びついた自然発生的なものだとして次のように説明する。

「ロシアでは強大で安定した中央集権国家が続いた後、それが崩壊して恐るべき混乱とカオスに見舞われるという歴史の繰り返しだった。この混乱とカオスの後、『自由からの逃走』として、ふたたび権威主義と強大な国家、すなわち安定を求めたが、この強権的な安定がまた必然的にカオスを生んだ」（『独立新聞』２００８年11月18日）

グローバル化の時代にあっては、ロシアの危機と混乱は、世界の危機を招く。この不気味な予言が現実にならないでほしいものである。

## 3　ロシアの対外政策――プーチンのアジア重視政策を中心に

ロシアの対外政策に関して、プーチン大統領はアジア重視政策を強調している。本章では、アジアへの関心の背景について、①欧州経済の停滞、②シベリア極東の過疎化と地盤低下、③日本のプレゼンスへの期待、④中国の経済的、軍事的台頭、⑤アジア太平洋地域の安全保障、以上の5項目について、ごく簡単に概観する。

### (1) 欧州経済の低迷とアジアへの関心の増大

資源依存経済の脱却を国家の戦略目標としているロシアだが伝統的に最大の貿易相手であった欧州では、ユーロ危機に端を発する全般的な経済危機の影響で、エネルギー需要が漸減している。また、エネルギー資源を過度にロシアに依存することへの警戒心が高まり、輸入先を分散化する傾向が強まっている。ロシアの欧州向け輸出も、2012年のガス輸出は対前年比で約8％減、石油輸出も約1％減となった。クリミア事件はさらにこの傾向を強める。

そこでプーチン政権は、アジア市場へのエネルギー輸出を大幅に増加させようとしており、これが、同政権のアジア重視の政策の重要な背景となっている。ウクライナ問題は、中露を接近させることになり、価格交渉で行き詰まっていたガスの対中輸出交渉も、2014年5月に妥結した。しかし、日本や韓国など対アジア輸出に対しても、最近は安価な米国産シェールガスの参入や、東シベリアや極東での資源開発の高コスト化や遅延も影響して、ロシアの対アジアエネルギー輸出は、厳しい国際競争に晒されている。

この状況の下で、とくに福島原発事故の後エネルギー事情が逼迫している日本が、中国とともにエネルギー輸出の最大のターゲットになっている。わが国は、原油の輸入量ではアジアで中国に次ぎ、天然ガスの輸入量では世界最大である。しかも日本は、国際的に最高値でエネルギーを輸入しており、ロシアにとって最大かつ最も魅力的なターゲットとなっている。また、エネルギー輸出の拡大のためには、東シベリアや極東で新たな油田・ガス田の開発が不可欠となっている。新規の油田・ガス田はより開発が困難な場所にあり、膨大な資金が必要で、プーチン政権は、この面でも日本の資本力に期待を寄せている。

これらの諸点を考えると、ロシアが資源国であり日本がエネルギー輸入国だからといって、ロシアに対して日本が必ずしも弱い立場にあるわけではない。

### (2)極東の過疎化、経済沈下と日本のプレゼンス増大への期待

ロシアの極東連邦管区は、国土の3分の1を超える広大な面積を抱えながら、人口はロシア全体のわずか4％強、620万人余りにすぎない。ロシアにおける産業投資は欧州部が中心で、シベリア、極東地域の投資は資源関連に限られていた。極東・シベリア地域の広大さは資源開発でも製造業でも輸送コストが過重となる。また、極東にはソ連時代の諸ファクターが濃厚に残っていて保守性が強く、市場化も遅れ、インフラその他の投資環境も依然として劣悪で、経済面では中国や東南アジア諸国に対する国際競争力を有していない。極東連邦管区は生活条件の悪さゆえにソ連崩壊後の20年間で20％以上もの人口が減少し、過疎化は深刻な問題となっている。極東におけるソ連時代のコルホーズやソフホーズといった農場の多くは荒れ地と化し、いまでは中国からの労働者、経営者が多数入植あるいは出稼ぎで来て農業などに従事している。たとえばウラジオストクでは店頭の野菜、果物の40％以上が、これらロシア極東の中国人によって供給されている。また、商店で販売されている工業製品や生活用品の多くも中国製である。2012年9月にAPEC首脳会談をウラジオストクで開催したのも、ロシア極東地域をアジア太平洋地域の経済発展に組

み込んで、極東地域の産業を発展させ、このような状況を脱することが大きな目的の一つであった。とくに中国の経済的影響力の増大や人口圧力に危機感を抱いているロシア当局は、極東地域における日本の経済的プレゼンスの増大を真剣に求めている。

## (3) 資源依存経済からの脱却とハイテク産業の育成

ロシアが資源依存経済からハイテクを中心とした先進産業の工業国に脱皮するということは最重要の国家戦略となっている。軍事や宇宙、原子力以外の産業技術ではロシアは途上国かそれ以下の状況に陥っているからだ。対中貿易でもその貿易構造は、いまはロシアが中国からもっぱら工業製品を輸入し、中国にはほとんど資源を輸出する形になっており(工業製品の輸出は対中国輸出のわずか1・3%)、ロシアはこれを恥ずべき状況と認識している。このために、技術開発や先進国からの技術導入に力を入れている。アジアにおいてはこの面では、日本および技術躍進が目覚ましい韓国を重視している。中国に対しては、独自の高度技術が少なく、またロシアの産業と競合する可能性があるので、たとえば中国の自動車工業をロシアに誘致するのは拒否している。他方では、日本の自動車産業のロシア進出は強く求めており、プーチンの強い要請で極東にもトヨタやマツダが進出した。アジアにおけるエネルギー戦略の拠点としてのサハリンやウラジオストクのLNG基地(後者は計画中)も、日本技術によるものである。ただ投資環境の悪さゆえに、日本企業の対露進出はまだ本格的とはいえない。トヨタなどの進出も、ロシアという大きな輸出市場をキープするための、また将来のための「お付き合い」の域を出ていない。

## (4) 経済的・軍事的に台頭する中国への対応

公式的には、中露関係はかつてない良好な関係とされている。しかし、ロシアの対日関心の高まりの背景として、中国との複雑な経済関係や、軍事的に急速に台頭する中国へのロシアの警戒心がある。1988年にはソ連の経済規模は中国の3倍であったが、今日では中国の国内総生産がロシアの4・5倍になった。中国は、2010年にドイツを抜いてロシアにとって最大の貿易相手国となり、中露の貿易額は2011年は726・5億ドルだが、2020年には2000億ドルを目標としている。一方、対中輸出は資源がほとんどであるが、その資源輸出にも諸困難が伴っている。数少ない工業製品輸出の中で首位を占める武器輸出は、中国がコピー製品を大量に製造してロシアの輸出市場を荒らすため中露間の摩擦を生んでいる。さらに、中国の産業技術水準はロシアにとって大きな魅力ではなく、中国企業を誘致すると競合によってロシア企業が淘汰されること、また中国による投資や企業進出には中国人労働者の大量流入が伴うといった問題もある。したがって、ロシアは中国の企業や資本の導入には慎重だ。これらはすべて、対中経済関係の複雑さを示している。クリミア併合を、欧米諸国が強く批判してロシアは中国に接近したといわれるが、これまで述べた中露の複雑な関係は、本質的に何も変わっていない。

こうした事情を背景として、プーチン政権としては、中国との経済関係はこれを着実に進めつつも、日本、韓国、インド、ベトナムなど中国以外のアジア諸国との経済関係を強化してバランスをとろうとしている。とくに、日本に関しては、その高い産業技術と資本力に目を向けている。そしてロシア国内、とりわけ極東シベリアで日本の経済的プレゼンスが高まることを強く期待している。

### (5)アジア太平洋地域と安全保障

アジア太平洋地域の安全保障では、中国の軍事戦略強化だけでなく人口圧力も安全保障上の懸念を生んでいる。中露関係は、2004年に国境問題に一応終止符を打った。しかし最近は、「中国は、ロシアが帝政時代に中国から奪った150万㎢の領土を取り返そうとしている」といった、あからさまな中国脅威論を掲げた論調が、ロシアのメディアに散見される。日本との尖閣紛争も注視しており、公式的には中立の立場を維持しているが、メディアには中国側の侵略性を厳しく批判する論調もある。また、尖閣紛争では中国は歴史問題を論拠にしたアプローチをしており、このこともロシアにとって大きな脅威だ。

軍事面に関してロシアのあるメディアは次のように報じている。

「２０００年から２０１２年の間に、中国の軍事費は７・３倍となり、軍人は２３０万人、海軍も増強して、空母や第５世代戦闘機も製造している。宇宙開発計画も強力に推進され、核戦力でもロシアと米国に次ぐ力を有している。『真珠の首飾り』戦略によって中国の軍事基地や軍事施設はインド洋周辺の全域に広がっている。この状況において、ロシアは中国に対する経済、軍事、政治的な位置関係を真剣に考えざるをえない。我々は、太平洋にもしっかりと足場を築くべきだ。中国はソ連崩壊後のロシアが領土問題で譲歩した唯一の国であるが、同国は国境問題について完全に幕が閉じられたとは考えていない」（『オガニョーク』２０１２年11月19日　№46）

クリミア事件後の世界の関心は、欧米などＧ７と対立したロシアが、中国とどのような形で接近するかという問題だ。２０１４年５月のプーチン訪中で、懸案のガス輸出価格は決まった。また５月には、東シナ海で中露の合同軍事演習がこれまでよりも大きな規模で行われた。しかし同時にロシアのメディアには「ウクライナ事件で欧米の無力が露呈された。今後ロシアにとって最も大きな脅威あるいは仮想敵国となるのは中国である」といった専門家の論が大きく取り上げられたりもしている。アジアにおいてはロシアは日本よりも中国をはるかに重視しているが、それは必ずしも信頼関係ゆえではない。安倍政権の下で強まった日露関係も、ロシアによる他国の主権侵害に対する日本の批判によって、また日本もＧ７のなかで他国と対露批判で歩調を合わせているため、今後はより複雑化する。４月末に予定されていた岸田外相の、経済ミッションを引き連れての訪露と日露外相会談は、ウクライナ事件の余波で延期となった。中露関係も日露関係も、まだまだ未確定要因が多い。

# 第6章　朝鮮半島

## ――システム再編期の国際関係

小此木政夫

要約

北朝鮮のような全体主義的独裁国家の権力移行や政治安定を代議制民主主義国家の場合と同列に論じることはできないが、現在までのところ、軍内および党内の粛清を通じて、金正恩第一書記は「集団補佐」体制から「唯一指導」体制への権力移行、すなわち一元的な政治体制の構築を比較的円滑に進めているようである。明年10月10日の朝鮮労働党創立70周年記念日までに、金正日体制に代わる金正恩体制を確立しようとしているのだろう。また、金正日死後、指導体制の大きな変化にもかかわらず、核兵器や長距離ミサイルの開発を含めて、金正恩は基本的には金正日時代の政策を継承してきた。事実、２０１２年12月には長距離ミサイル（人工衛星）を発射し、２０１３年２月に第３回核実験を強行した。しかし、その後に展開された「瀬戸際」政策にもかかわらず、３月末の労働党中央委員会総会では、むしろ経済復興を重視する「経済建設と核兵器建設の並進」路線が採択された。また、２０１４年の「新年辞」でも「農業にすべてを集中する」ことが要求された。明らかに対外的な強硬路線よりも対話路線、すなわち南北対話や日朝協議、そして六者会談再開が重視され始めたのである。ただし、そのような対話路線が失敗に終われば、労働党創立70周年記念日以後、2018年2月に開催される平昌冬季オリンピック（韓国）に向けて、再び強硬路線が台頭しないとも限らない。

しかし、国際システムの再編という観点から見て、より重要なのは、韓国における朴槿恵政権の誕生であるかもしれない。中国との友好関係の構築に失敗した李明博政権と差別化する必要もあって、ワシントンの次に北京を訪問するなど、朴大統領は政権発足時から対外的な優先順位の再編、すなわち中国との関係強化のために努力した。また、7月初めには、習近平主席が韓国を国賓訪問した。経済的な対中依存だけでなく、韓国は中国を通じて北朝鮮に対する影響力を拡大しようとしているのである。しかし、その間にも、日韓関係は歴史認識問題で悪化し続けた。いい換えれば、そのような時期に発生した日韓歴史摩擦は、韓国の中国傾斜を促進し、正当化するための根拠を提供しているといっても過言ではない。多分に名分論的な指導者レベルでの歴史論争が、官僚レベルを拘束し、マスメディアを通じて国民感情を刺激している。

さらに、国際システムの観点から見れば、日韓関係の悪化が日米韓関係を不必要に混乱させている。そのために、二つの同盟国の間の関係悪化を懸念して、オバマ大統領を含む米国政府要人たちが日韓間で仲介外交を展開しているのである。しかし、さまざまな形の外交努力が失敗し、もし日韓両国が厳しく対立したまま2015年に日韓条約締結50周年を迎えれば、それぞれの国内政局と関連して、日韓関係は修復不可能なほどに険悪化するかもしれない。日韓間のゼロサム・ゲームから利益を引き出せるのは中国だけである。

## はじめに

2011年12月に金正日総書記が死去し、同月中に三男の金正恩が北朝鮮の最高指導者（人民軍最高司令官）に就任してから、2013年2月に朴槿恵が大統領に就任するまで、わずか1年数カ月の間に中国で習近平政権、日本で安倍晋三政権が誕生し、北東アジア4カ国の最高指導者がすべて交代した。しかし、4カ国での政権交代は必ずしも国際システムの安定をもたらさなかった。北朝鮮での政権交代は最高指導者の死去に伴う後継体制の構築を必要とするものであったし、金正恩政権の政治的安定性や政策の基本方向は未知数であった。また、日本と中韓両国との関係は、すでに民主党の野田佳彦政権の時期に、尖閣列島や慰安婦問題をめぐって険悪化していた。しかも、これらの政権交代は2010年前後から急速に顕在化した中国の大国化——経済分野のみならず外交安保分野での——という世界的および地域的な国際現象を背景にしていた。いい換えれば、本稿で検討する朝鮮半島の国際関係はシステム再編期の特徴を備えているのである。

北朝鮮での政権交代はそもそも代議制民主主義の手続きによらないものであり、まず若い指導者に率いられる後継体制の構築が円滑に進展し、政治的安定が達成されるかどうかが確認されなければならない。さらに、2012年12月の長距離ミサイル（人工衛星）の発射、翌年2月の第3回核実験、そしてその後に推進された冒険主義的な対外政策の意味も吟味されなければならないだろう。しかし、さまざまな困難に直面しつつも、金正恩政権は2015年10月に迎える朝鮮労働党創立70周年記念日を目標に新体制を確立し、新しい対内・対外政策を形成しつつある。他方、安倍・朴政権の時期に入って、日韓の歴史摩擦がますます複雑化し、構造化した。また、それは対外的に拡散し、中韓接近を促進させるだけでなく、日米韓安保体制の不安定化についての懸念を増大させた。このような不正常な状態のまま、日韓両国が2015年6月に国交正常化50周年を迎えることになれば、下位体系にある日韓関係の悪化が上位体系にある東アジア国際システムの変化を促進し、多くの混乱を発生させるかもしれない。

## 1　金正恩体制の安定性

### (1)「集団補佐」体制の形成

金正恩体制の形成が開始されたのは、金正日総書記の晩年の2009年1月からのことである。前年8月に脳卒中で倒れた金正日は、数ヵ月後に左半身が不自由なまま政務に復帰すると、三男で30歳に満たない金正恩を後継者に選定して、翌年1月以後、後継体制作りに邁進したのである。金正恩の誕生日である1月8日、朝鮮中央テレビは「祝杯を挙げよう」と題する歌曲を初放送し、その楽譜と歌詞が同日の『労働新聞』4面に掲載された。金正恩の誕生日を知る者にとって、それは後継者決定の内部的な通知に他ならなかったのである。

また、その直後の2009年2月から4月にかけて、まず軍内で金正恩を補佐する体制作りが進行した。李英鎬平壌防衛司令官・大将（当時）と金永春国防委員会副委員長・次帥（当時）が、2月11日、それぞれ人民軍総参謀長と人民武力相に任命されたのである。それが後継体制作りのための措置であることを示すために、異例にも、この人事は国防委員会と労働党中央軍事委員会が金正日委員長の名義を使用して決定した。また、このとき、金正日は党中央軍事委員会委員長の名義を初めて使用して、その役職の重要性を再認識させた。事実、それから約1年半後、その党中央軍事委員会副委員長に就任することによって、金正恩は自らが金正日の後継者であることを公に宣言したのである。これは偶然のことではない。

次に、4月9日の最高人民会議で国防委員会のメンバーが一新され、金正日総書記の実妹・金慶姫の夫であり、金正恩の叔父に当たる張成沢（党中央委員会行政部長）が国防委員会委員に就任した。後に金正日の告別式で、李英鎬、金英春に続いて霊柩車を取り囲むことになる金正覚（軍総政治局長）、禹東則（国家保衛部長）も、このときに国防委員に就任した。これが金正恩後継体制作りの第1段階、すなわち金正恩に対する集団的な補佐体制の中核形成であった。

第2段階は翌2010年9月に訪れた。6月7日の最高人民会議に出席した金正日が、異例にも、前年に国防委員に就任したばかりの張成沢を国防委員会副委員長に任命するように自ら提議したのである。そのような準備を整えた上で、6月23日、金正日は党中央委員会政治局を招集して、最高指導機関の選挙のために「労働党代表者会」を9月上旬に開催することを決定した。それは党大会に代わって、44年ぶりに開催される重要な会議であった。

予定よりも数週間遅れて9月28日に開催された党代表者会は、いうまでもなく、金正恩を正式の後継者としてデビューさせるための大会であった。事実、すでに指摘したように、代表者会では、金正恩は李英鎬とともに党中央軍事委員会副委員長に選出され、張成沢と崔竜海（党書記）も軍事委員に選出された。さらに、政治局重視の方針を反映して、李英鎬は政治局常務委員に、金慶姫は政治局員に、また張成沢と崔竜海は政治局員候補に選出された。

以上のように、金正恩体制作りの初期段階で確認された最大の特徴は、第1に、それが何よりも健康不安を抱える父・金正日によって、自らの経験に基づいて、積極的かつ巧妙に推進されたことである。第2に、若くて経験不足の金正恩のために、軍内の中心的補佐役として李英鎬総参謀長、そして党内の中心的補佐役として張成沢が抜擢されたことである。さらに、第3に、党組織を正常化して、中央委員会政治局と中央軍事委員会を中心にする指導体制を整え、金正恩のために正式に党代表者会を開催したことである。

したがって、2011年12月に金正日の死亡に伴って発足した金正恩体制は、「集団指導」体制というよりは、「集団補佐」体制であった。しかし、それではなぜ「集団補佐」なのだろうか。金正日から金正恩への権力の移行が「3

代世襲」によって実現するのだから、それを円滑に推進し、安定した新体制を樹立するために、王朝政治の伝統が利用されたと解釈すべきだろう。王朝時代の国王と同じく、最高指導者は多くの指導者のなかの一人ではない。そのように考えない限り、「金日成＝金正日＝金正恩」という同一性の強調も、さらには金正日の「遺訓政治」も理解できないだろう。

### (2)「唯一指導」体制の構築

しかし、北朝鮮に存在するのは単純な伝統王朝ではない。少なくとも、それは革命神話や社会主義イデオロギーで武装され、抗日闘争以来の革命伝統をもつ軍事体制である。また、それは暴力装置、情報統制そして思想教育が徹底した全体主義体制でもある。さらに、それは米国と軍事的に対抗しつつ、中国の干渉を排除する自主独立の存在でなければならない。だからこそ、金日成や金正日のような強力な指導者なしに、それは十分に機能しないのである。

それにもかかわらず、もし「集団補佐」体制が長期化すれば、北朝鮮政治はどうなるだろうか。独裁者のいない全体主義国家では、李英鎬や張成沢のような有力な軍党官僚が王朝官僚のように利権集団を形成して、激しい分派闘争を展開することになるだろう。それは金正恩の権威の失墜をもたらし、北朝鮮政治を不安定化させるに違いない。とりわけ若くして即位した国王の外戚が勢力を拡大して政治を専横すれば、それは朝鮮王朝時代の「勢道政治」に他ならない。皮肉なことに、王朝政治の伝統を利用して権力を継承した金正恩にとっては、その「集団補佐」体制の中心にある李英鎬と張成沢こそ、その地位に対する潜在的挑戦者として最も警戒すべき存在だったのである。

李英鎬総参謀長の粛清が実行に移されたのは、２０１２年7月18日に金正恩が「共和国元帥」に就任し、7月27日に「戦勝節」（祖国解放戦争59周年）記念行事が盛大に挙行される直前の7月15日のことであった。労働党中央委員会政治局会議が開催され、「病気の関係」を理由に、政治局常務委員会委員、政治局員、党中央軍事委員会副委員長など、李英鎬総参謀長の「すべての職務を解任」することが発表されたのである。さらに、その後間もなく、北朝鮮中央テレビの映像から李英鎬の登場場面が削除されていることが判明し、それが粛清事件であることが確認された。

ただし、李英鎬の失脚からクーデター未遂の可能性を含む深刻な権力闘争を連想することは困難である。事実、何事もなかったかのように、7月16日には玄永哲大将が総参謀長に昇格し、17日には金正恩が元帥に就任した。金正恩にとって最初の大きな粛清であったために、李英鎬粛清は注意深く計画され、慎重に実行されたようである。また、その後の事態の推移を見ても、北朝鮮内に軍事路線をめぐる政策論争が存在したような兆候は存在しない。粛清の理由は軍に付与されていた経済的な優遇措置の廃止などと関連していたとされるが、それ以上に党の軍に対する統制の確立、すなわち金正恩第一書記の権力を誇示し、その「唯一指導」体制を確立するための措置であったように思われる。

他方、金正日総書記の死去2周年を前にして、２０１３年12月8日の党中央委員会拡大政治局会議で決定された張成沢党行政部長の粛清（すべての職責の解任と党除名）は、それ以上に衝撃的であった。張成沢による「反党反革命分派行為」として、①党中央委員会と傘下機関での分派行為、②党が示した内閣中心制に違反して経済活動に重大な支障を与えたこと、③権力乱用・不正腐敗・堕落した生活などの罪状が公表され、拡大政治局会議の模様が一部映像で公開されたからである。[1] さらに、12月12日には国家安全保衛部の特別軍事裁判で死刑の判決が下され、即日執行された。

張成沢は叔母・金慶姫の夫、すなわち金正恩の叔父である。血縁関係こそないものの、叔母の金慶姫とともに、金正恩の最大の補佐役と考えられてきた。その張成沢が反党反革命宗派分子として処刑されたのだから、父親である金正日と同じく、金正恩自身が「唯一指導」体制と呼ばれる独裁政治や恐怖政治を指向し、その確立に果敢に挑戦したことは間違いない。金正日の霊柩車を取り囲んだ七人の側近のうち、現在も活躍しているのは、金己男、崔泰福の二人の書記だけであり、金永春も第一線から身を引いた。意地の悪い見方をすれば、それらの補佐役を利用して権力を継承し、やがて彼らを粛清することも、金正日・金正恩父子の「共同謀議」（遺訓）の一部であったのかもしれない。

興味深いのは、その後の北朝鮮で、張成沢粛清が金日成時代の最大の「反党反革命宗派行為」であった１９５６年の「８月宗派事件」と比較して語られていることである。事実、『労働新聞』（12月11日）は、「８月宗派事件」当時に金正日少年が革命戦跡地探査行軍を挙行した歴史的事実を初めて紹介し、張成沢粛清を前にした11月30日に、金正恩が「革命に背信した者たちと決別」する決意を抱いて革命戦跡地である三池淵を訪問したことを報じた。金正日と金正恩の三池淵訪問を重ね合わせたのである。このとき、金正恩に同行した８名こそ、政治局拡大会議の壇上にあった15名とともに、金正恩が最も信頼する中核的補佐グループだろう。

また、李英鎬粛清に似て、張成沢粛清も長期にわたって慎重に準備されたことが窺われる。昨年６月「党の唯一指導体系確立のための10大原則」の改正にその兆候が見られたとの指摘もある。したがって、李英鎬粛清と同じく、張成沢粛清も金正恩による「唯一指導」体制構築のための大きな里程標であり、それを党軍対立、すなわち張成沢と崔竜海の権力闘争の観点から解釈する必要はない。２０１５年10月10日の労働党創建70周年記念日に向けて、これから顕著になるのは、労働党内での教養改造、すなわち政治思想教育だろう。金正恩自身が登場した２０１４年２月25日の朝鮮労働党第８回思想活動家大会に見られるように、それはすでに積極的に展開されている。

## 2　金正恩政権の政策方向

## （1）武力挑発から対話攻勢へ

「集団補佐」体制の発足にもかかわらず、金正日死後、北朝鮮の対外政策は強硬であり続けた。2012年4月の労働党代表者会と最高人民会議で党第一書記と国防委員会第一委員長に就任した金正恩は、4月15日の金日成主席誕生100年を「人工衛星」（長距離ミサイル）の打ち上げによって祝賀しようとしたのである。打ち上げは失敗に終わったが、もしそれに成功すれば、数ヵ月内に第3回核実験が続いたことだろう。事実、同年12月12日に「人工衛星」の打ち上げに成功すると、2013年2月12日に核実験が実施された。もちろん、軍事技術的に、これらは長距離核ミサイルの開発を前進させるためのものであった。しかし、国内政治的にも、金正恩指導部の威信と国内団結を高めるために、それが必要とされていたのだろう。

それどころか、3月から4月にかけて、金正恩政権はある種の「瀬戸際」政策を追求して、意図的に国際的な緊張を高めた。たとえば国連安保理事会が3月7日に公開会合を開き、北朝鮮の核実験を「最も強い言葉で非難」すると、北朝鮮外務省は「米国が核戦争の導火線に火をつけようとする以上、侵略者の本拠地に対して、核による先制攻撃の権利を行使することになる」との報道官声明を発表した。また、3月1日から米韓合同軍事演習（フォール・イーグル）が開始されると、金英哲人民軍偵察総局長が「朝鮮戦争の休戦協定を白紙化する」との人民軍最高司令部報道官声明を発表した。さにに、8日には、北朝鮮の祖国平和統一委員会が11日から南北間の不可侵に関する合意をすべて破棄すると声明した。

北朝鮮による核実験の報告を受けたオバマ米大統領は、2013年3月12日の一般教書演説でそれに言及して、「昨夜、我々が目にしたような挑発は北朝鮮をさらに孤立させるだけである。我々は同盟国とともに立ち上がり、自らのミサイル防衛を強化し、さらにこれらの脅威に対抗して確固たる行動をとるように世界をリードする」と言明した。事実、15日、ヘーゲル国防長官は約10億ドルを費やして、アラスカに14基の新しい迎撃ミサイルを配備することを明らかにしたのである。また、この点については、13日のＡＢＣテレビのニュース番組で、オバマも「北朝鮮が米国を攻撃できるとは思わない。米本土へのいかなる攻撃も防ぐ措置を確認した」と言明した。

しかし、それにもかかわらず、それによって米国の「戦略的忍耐」の政策が変化することはなかった。オバマ政権は確かに「悪い振る舞いに見返りが与えられるべきではない」との原則を堅持し、安保理事会決議を主導して北朝鮮に対する制裁をさらに強化した。しかし、それも、ＢＭＤ（弾道ミサイル防衛）を増強する措置をとり、安保理事会の要求する制裁行動に中国が積極的に参加するよう要求する以上のものではなかった。それどころか、この日のインタビューでも、オバマは北朝鮮が核実験やミサイル試射を中止し、「真剣な交渉」に向けて具体的な信頼醸成措置をとるならば、米国も相応の措置をとる用意があると指摘したのである。それこそ「戦略的忍耐」の核心であった。

しかし、北朝鮮の挑発的な言辞を額面通りに受け取る必要はなかったのかもしれない。事実、それに反するかのように、平壌では3月19日に全国軽工業大会が大々的に挙行され、金正恩が「農業と軽工業部門に力を集中して勝利の突破口を開かなくてはなりません」「外国との加工貿易を拡大発展させていくべきです」と教示していた。さらに、3月31日には、2年半ぶりに労働党中央委員会総会を招集し、「経済建設と核武力建設を並進させる」新しい戦略路線を採択した。したがって、瀬戸際政策が頂点に達すると予想された7月27日の「戦勝節」、すなわち祖国解放戦争勝利60周年記念日の軍事パレードが新型兵器の登場もなく、平穏に終了したのはむしろ当然のことだったのである。

ところで、北朝鮮の瀬戸際政策の対象にされたオバマ大統領とそれを苦々しく注視した習近平主席は、２０１３年6月初旬にカリフォルニア州パームスプリングズ近郊で首脳会談を開催し、「新型大国関係」について議論した。両者は北朝鮮の「非核化」のために共同で努力することに合意したのである。オバマ大統領が中国の役割の重要性を強調したことはいうまでもない。[2] また、それに先立つ5月下旬、金正恩特使として崔竜海軍総政治局長が北京を訪問し、習近平主席に「六者会談などの対話と協議」の必要性を訴えたのに対して、習近平は朝鮮半島の「非核化および平和と安定」の重要性を指摘した。両者は六者会談の必要性について合意したものの、北朝鮮が「非核化」の実現を明言しないために、中朝関係は依然として緊張したままである。

他方、2014年に入って、それほど長くない新年辞の最後の部分で、金正恩が「北南関係の改善のための雰囲気を整える」必要性を強調し、「誹謗中傷を止めて和解と団結を阻害しない」と主張したことが、対南姿勢の変化の兆候として注目された。事実、1月6日の年頭記者会見で朴槿恵大統領が旧正月に合わせた南北離散家族再会事業の実施を提案すると、1月16日に北朝鮮国防委員会は「南朝鮮当局に送る重大提案」(誹謗中傷を全面的に中止して実際的な措置をとるなどの3項目)を発表し、1月23日には、金正恩の「特命」に基づく国防委員会の公開書簡を発表した。

さらに、2月12日と14日に、板門店で南北高位級接触(元東延労働党中央委員会副部長と金奎顕大統領府国家安保室第1次長)が実現し、離散家族再会、誹謗中傷の中止、協議継続などに合意したことも注目される。それによって南北間の離散家族再会が実現したこともさることながら、労働党中央委員会と韓国大統領府の間にチャンネルが開通したことが重要である。事実、朴槿恵大統領は「3・1節」の演説で、離散家族再会事業の定例化を呼びかけるとともに、「南北が小さな約束を守り、信頼を築き上げ、統一の階段を一つずつ踏んでいくことを期待する」と言明した。今後も紆余曲折が予想されるが、北朝鮮としては離散家族再会を金剛山観光の再開、経済制裁の緩和などの南北関係改善につなげ、それを土台に対外関係の改善を追求したいところである。

### (2)経済建設と核開発の並進

2013年3月31日、すでに指摘したように、労働党中央委員会総会は「経済建設と核武力建設の並進」という

「新しい並進路線」を採択した。金正恩第一書記が結論するように、これが「急変する情勢に対処するための一時的な対応策ではなく、わが革命の再興利益から恒久的に堅持していくべき戦略的路線であり……最も正当な路線である」とすれば、その意義はどこにあるのだろうか。

いうまでもなく、北朝鮮は分断国家である。したがって、韓国との生存競争に勝利するために、経済建設と国防建設のいずれをより重視し、どちらにどの程度の資源を投入するかという戦略問題につねに直面している。たとえば、革命情勢が北朝鮮側に有利に展開しているとの情勢判断の下で、1962年12月に開催された朝鮮労働党中央委員会総会では「国防建設と経済建設の並進」路線が採択された。この最初の「並進路線」の要点は、「迫り来る革命的な大事変」に備えて「四大軍事路線」を貫徹するために、国家投資の重点を経済部門から国防部門に移行させることにあった。

しかし、新たな並進路線の「真の優越性」は「国防費を追加的に増やさなくても、戦争抑止力と防衛力の効果を決定的に高めることによって、経済建設と人民生活向上に力を集中することができるようにする」ことである。約40年前の決定とは逆に、今回の決定は明らかに自ら招来した軍事緊張が経済建設に与える損害、とりわけ人民生活と密接に関係する農業と軽工業への悪影響を懸念していた。それどころか、3月18日の全国軽工業大会では、軽工業の発展が「朝鮮の社会主義制度の優位性を示し、祖国統一を早める政治的事業」であるとの認識が表明されていたのである。

もちろん、中央委員会総会は核兵器開発を継続し、「米国がわが方に恒常的に核の威嚇を加えるという条件の下で、わが方は核の宝剣をさらに力強く握り締めて、核武力を質・量的に堅固に強化していかざるをえない」と強調した。しかし、それ以上に注目されたのは、「経済強国建設を進め、人民生活を画期的に向上させることは、現時期、わが党の前に提起される最も重要で差し迫った課題である」「新たな並進路線は、国防費を増やさずとも、少ない費用で国の防衛力をさらに強化しながらも、経済建設と人民生活向上に大きな力を振り向けるようにする」との金正恩第一書記の報告であった。[3]

さらに、党中央委員会総会では、高齢の崔永林首相に代わって、経済改革派と目される朴奉珠党中央委委員会軽工業部長、元首相が党政治局員に選出され、4月1日の最高人民会議で再び内閣首相に任命された。朴新首相には「人民生活を最短期間で安定、向上させる」との困難な目標が与えられたのである。12月に粛清された張成沢の罪状の一つに、「内閣中心（責任）制に違反して経済活動に重大な支障を与えた」ことがあげられたように、金正恩の朴奉珠首相に対する期待は大きい。

ところで、金正恩の2014年の「新年辞」から読み取れる経済建設の力点は、農業、建設そして科学技術部門にある。金正恩第一書記はとりわけ「農業にすべての力を集中する」ことを要求し、「党が示した穀物生産の目標を必ず達成しなければならない」と強調した。その後、金正恩は2月6日に「社会主義農村テーゼ」（金日成）50周年を機会に全国農業部門分組長大会の参加者に書簡を送り、農業生産における分組管理制の優越性を強調するとともに、農業部門を「社会主義防衛戦の最前線」として位置づけ、「わが国はすでに政治・思想強国、軍事強国の堂々たる地位を占めているので、農業を立派に営んで食糧を自給自足さえすれば、敵がいくら策動しても朝鮮式社会主義は微動だにせず、革命と建設を思い通りに、確信をもって進めることができます」と主張した。[4]

金正恩にとって、2014年は再出発の年だろう。目標日は明年10月10日の朝鮮労働党創建70周年記念日である。そのような観点から、金正恩は「新年辞」で改めて労働党の機能と役割や軍隊内の政治思想教育の強化について強調したのだろう。張成沢粛清を土台に、再び社会主義強盛国家の建設を目指して前進しようというのである。国防力の強化に関連して強調したのは、「基本的な戦闘部隊であり、軍人の生活拠点である中隊を強化」し、政治・思想教育を強化することであった。「現代的な武力装備をより多く生産」することも要求したが、核兵器やミサイル開発には言及しなかった。ただし、「経済建設と核武力建設の並進」路線が示すように、それは核ミサイル開発の停滞を意味するものではない。事実、米韓合同軍事演習に対抗して、3月26日、北朝鮮は中距離ミサイル「ノドン」2発を日本海に向けて発射し、国連安保理事会がそれを非難すると、北朝鮮外務省は「核抑止力をさらに強化するための新たな形態の核実験も排除されないだろう」とする声明を発表した。

## 3　複雑骨折した日韓関係

### (1)歴史摩擦の複雑化と構造化

2008年2月の韓国での政権交代、すなわち李明博政権の誕生後、その経済重視の国内政策、対北強硬政策、さらに日本で誕生した民主党政権への期待などのために、日韓関係はしばらく小康状態にあった。しかし、最近の約2年間、すなわち韓国側の李大統領の最後の1年間と朴槿恵大統領の最初の1年間余り、日本側では野田佳彦首相と安倍晋三首相の時期に、日韓の歴史摩擦が急速に拡大し、構造化、複雑化してしまった。いまや、日韓関係は国交正常化以後最大の岐路に立たされているといっても過言ではない。しかも、それは日米韓安保体制を不安定化させ、韓国の対中傾斜を促進する原因になっている。以下、東アジア国際関係のシステム再編の観点から歴史摩擦の複雑化と構造化を分析してみよう。[5]

**歴史問題と領土問題の一体化**　その第1の特徴は、歴史問題と領土問題の結合がさらに進展したことである。もちろん、それは一度に進展したわけではない。韓国政府要人による竹島上陸の実例が少しずつ蓄積され、やがて一挙に構造化したのである。たとえば、２００８年７月に、韓昇洙首相が首相として初めて竹島に上陸した。これは米国政府機関の「地名委員会」（ＢＧＮ）が竹島の帰属を「韓国」から「主権未指定地域」に変更したことに対する抗議であった。また、２０１１年７月には、日本の自民党議員３人による鬱陵島訪問計画に抗議して、李在五特任長官が竹島を訪れた。しかし、これらの事例はいずれも竹島領有権問題そのものと関係するものであった。

　その意味では、２０１２年８月の李明博大統領の竹島上陸は明らかに異質である。何が李大統領を竹島訪問に駆り立てたのか、その原因についてはいくつかの解釈が存在する。しかし、前年12月の野田佳彦首相との首脳会談（京都）で慰安婦問題をめぐって激論を交わし、その後の日韓協議も不調に終わったために、李大統領の忍耐力が限界点に達したというのが、非公式かつ一般的な説明である。それに天皇陛下に関連する不穏当な発言が付随して、日本側の国民感情が著しく傷つけられたのである。しかし、慰安婦問題に抗議するために竹島に上陸したのであれば、それこそ韓国大統領が率先して歴史問題と領土問題を一体化させたことになる。

　いずれにしろ、それが日本の世論に与えた悪影響は深刻であった。事実、その後間もなく内閣府が実施した「外交に関する世論調査」（２０１２年10月実施）によれば、韓国に「親しみを感じる」（62・２％↓39・２％）とする者の割合が大幅に低下し、「親しみを感じない」（35・３％↓59・０％）とする者の割合が急上昇した。プラスとマイナスの割合がほぼ逆転したのである。同じく、「現在の日本と韓国との関係」についても、「良好だと思う」（58・５％↓18・４％）とする者の割合が大幅に低下し、「良好だと思わない」（36・０％↓78・８％）とする者の割合が急上昇した。[6] 韓流のメッカである東京の新大久保から多くの常連客が姿を消し、大阪の鶴橋が韓国人や在日韓国人に対するヘイトスピーチの舞台にされたのである。

**政治指導者間の相互不信**　第２に、歴史論争が日韓双方の高いレベルで激しく戦わされたことも、最近の歴史摩擦の新しい特徴である。「信頼プロセス」を関係構築の土台にする朴槿恵大統領の外交原則と「戦後レジームからの脱却」を掲げる安倍晋三首相の外交理念が、さまざまな局面で正面から衝突し、実利を度外視した名分論争が高揚している。いうまでもないことだが、政治指導者レベルで歴史論争が進展すれば、それが官僚レベルを拘束する。また、メディアがそれを熱く報道し、それが国民感情を刺激する。指導者レベルの歴史論争がピラミッド的に下方に拡散し、その全体的な拡大を止められなくなっているのが現状である。もちろん、日韓の間には民間レベルに活発な交流が存在するが、それがセーフティネット的な機能を果たすことにも限界がある。

事実、李大統領と野田首相の首脳会談での慰安婦論争も相当に激烈だったが、朴槿恵大統領の昨年3月1日（3・1節）の演説はそれ以上に激しかった。就任してわずか一週間の新大統領が、「加害者と被害者という歴史的な立場は千年の歴史が流れても変わることがない」と断言し、日本政府に「積極的な変化と責任ある行動」を要求したからである。何らかの事件がなければ、このような厳しい表現はありえないだろう。いくつかの情報によれば、2月25日の大統領就任式に参列した麻生太郎副首相との会談が最初の歴史論争の舞台になったようである。3・1節の大統領演説はその延長戦だったのである。[7]

しかし、朴大統領の警告にもかかわらず、4月21日、麻生副総理は春季例大祭に靖国神社を参拝した。それに抗議して、尹炳世外相がすでに決定されていた最初の訪日を中止したのである。また、4月23日には、安倍首相が国会で「侵略の定義は学界的にも国際的にも定まっていない」と答弁して、韓国側を著しく刺激した。しかし、安倍首相にとっては、2月22日の「竹島の日」行事を政府主催にしなかったことも、自ら靖国神社を参拝しなかったことも、韓国に対する政治的な配慮の結果であった。両者の認識ギャップはそれほど大きかったのである。

他方、麻生副首相の行動や安倍首相の発言に反発した朴大統領は、2週間後にワシントンを舞台に歴史論争を継続した。5月7日のオバマ大統領との会談で「北東アジア地域の平和のためには、日本が正しい歴史認識をもたなければならない」と主張し、8日の上下両院合同会議で「歴史に目をつぶる者は未来を見ることができない」と演説したのである。安倍政権の「暴走」を止めるには、米国に「直訴」するしかないと判断したのだろう。それ以後、朴大統領は中国でもヨーロッパ各国でも、それを繰り返した。

**中国大国化による戦略再編**　第3に、中国の大国化に起因する国際関係の構造変化が朴槿恵政権の外交戦略に大きな影響を及ぼし、それが日韓の歴史摩擦にも投影された。事実、2010年の「天安」艦沈没や延坪島砲撃に代表される北朝鮮の武力挑発にもかかわらず、胡錦濤・金正日時代の中朝関係が緊密であったために、李明博政権の中国外交は必ずしも順調ではなかった。いい換えれば、新政権の出発に際して、朴槿恵大統領は中国との関係の緊密化を追求して、新たに習近平・朴槿恵時代の友好的な中韓関係を築こうとしたのである。しかも、それは李明博政権の中国政策との差別化を図り、それを梃子《てこ》にして、日本に対して歴史問題での譲歩を迫るものでもあった。いい換えれば、朴槿恵政権の中国重視と日本批判は表裏一体の関係にあるのである。

事実、朴槿恵政権の韓国にとって、中国は米国に並ぶ第二に重要な大国である。北朝鮮の脅威を抱える以上、米国は韓国の安全保障にとって最も重要な同盟国であるが、経済的により重要なのは中国である。韓国の中国との貿易総額はもはや日米両国との貿易総額の合計よりも大きくなっている。したがって、韓国的なG2論によれば、韓国は安全保障分野では米国に、経済分野では中国に依存せざるをえない。それに比べれば、いずれの分野でも、日本の影響力は限られており、韓国外交にとっての比重低下は否めない。また、大統領就任以前から、朴槿恵は胡錦濤や習近平と会談した経験をもち、中国語を学習する親中的政治家として知られていた。

このような観点から見れば、日韓の歴史論争は朴槿恵政権の対外政策の戦略的な再編成を反映するものであるとともに、それを論理的に正当化するものでもある。事実、5月に米国を訪問した朴大統領は、日本訪問を検討することもなく、6月に中国を訪問して習近平主席と会談し、中韓「未来ビジョン」共同声明を発表した。習近平は韓国の女性大統領を異例なほどに厚遇し、朴槿恵もまた晩餐会の冒頭を中国語による挨拶で飾った。さらに、共同声明で中韓両国は「最近、歴史問題でアジア域内の国家間の対立と不信が深まる不安定な状況」に憂慮を表明したことを明らかにした。また、習主席との昼食会で、朴大統領が伊藤博文を暗殺した安重根の記念碑をハルビン駅に設置することを要請して話題となった。

**韓国司法の介入**　歴史摩擦の構造化や複雑化という観点から見れば，第4に、韓国人元慰安婦の個人請求権に関する2011年8月の韓国憲法裁判所の判決、さらに韓国人元徴用工による損害賠償請求に関する2012年5月の韓国大法院（最高裁判所）の差し戻し判決、すなわち日韓関係への韓国「司法の介入」が重大な意味をもっている。

このうち、前者の「慰安婦」判決は元慰安婦らが韓国政府の「不作為」を訴えたものであり、原告らの賠償請求権が日韓請求権協定によって消滅したかどうかに関する日韓の法律解釈上の紛争をめぐって、韓国政府が解決のための所定の手続きを履行しようとしないことを違憲とするものであった。これによって、韓国政府は慰安婦問題の解決のために外交的努力を尽くし、最終的には日本政府に公文による仲裁請求（請求権協定第3条）をしなければならない法律的な義務を負ったことになる。

後者の裁判は、戦争中に徴用された韓国人労働者が日本企業を相手に損害賠償などを請求した件に関するものである。周知のように、請求権協定第2条第1項は「両締約国およびその国民（企業を含む）の間の請求権に関する問題が……完全かつ最終的に解決された」と規定している。しかし、大法院判決は「日本が植民地支配の違法性を認めず、支配の性格に関する合意がなかった」のだから、「個人の請求権消滅について、日韓両国の意思が一致していたと見るだけの十分な根拠がない」と判断した。この差し戻し判決に基づいて、2013年7月10日、ソウル高等裁判所は徴用労働者に対する不法行為について事実認定し、日本企業に損害賠償を命じる判決を下したのである。被告が上告中であるが、大法院でも原告勝訴の確定判決が下されそうである。

いずれにせよ、併合条約など、旧条約の「有効性」は日韓交渉当時に激しく議論された。それについて、基本関係条約は「もはや無効である」と表現したのである。しかし、そのような外交的解決が問題視されるのであれば、それは1965年以来の日韓条約体制そのものに法律的な疑問符が付けられたことを意味する。しかも、そのような「構造的欠陥」を抱えた日韓条約・諸協定は2015年6月に締結50周年を迎える。もちろん、原告が請求するのは個人賠償であり、それは和解による解決を排除するものではない。しかし、それが得られなければどうなるのだろうか。後半期の朴槿恵政権に対する批判として、条約や協定の改定要求が台頭するかもしれない。[8]

## (2)2015年の展望——四つのシナリオ

明年、すなわち2015年は東アジアでは「歴史の年」である。日韓間では6月に日韓条約締結50周年、8月に終戦(解放)70周年、さらに北朝鮮では10月に労働党創建70周年が続く。しかも、それはほぼ確実に国内政局と連動するだろう。たとえば日本の場合、6月の日韓条約締結50周年を挟んで4月に統一地方選挙が実施され、8月には戦後70年「安倍談話」の内容が議論の的になるだろう。しかも、9月には自民党総裁選挙が予定される。そこから逆算すれば、安倍政権としては「安倍談話」や条約50年で安易に妥協できない。他方、韓国でも、朴槿恵政権がちょうど折り返し点に到達し、野党勢力や民族派知識人による日韓条約批判が政権批判と結合するかもしれない。

構造化し、複雑化したために、歴史摩擦には出口が見えないが、以下のように、2015年に至る四つのシナリオを描いてみた。第1シナリオとして想定されるのは、首脳レベルの信頼が回復されることである。すでに見たように、歴史摩擦の構造化は首脳レベルの相互不信によるところが大きい。かつて中曽根首相と全斗煥大統領が実現したように、密使の派遣を含む交渉によって懸案が解決されれば、それが最善の道である。それによって、首脳レベルで信頼が回復すれば、それが官僚や市民レベルに波及し、日韓関係は急速に正常化されるだろう。韓国側も明らかにそれを期待している。しかし、李明博・野田会談以後の経緯から明らかなように、その場合の懸案とは慰安婦問題に他ならない。それについての人道的救済や謝罪問題はともかく、韓国側が法的責任を追及し続ける限り、両者の妥協はほとんど不可能だろう。

慰安婦問題についての妥協が不可能であれば、日韓は「政経分離」によって適当な距離を置くしかない。これが第2シナリオである。徴用工問題について大法院で原告勝利が確定しても、「韓国政府が補償すべき問題」とする日本政府の対応は変化しないだろう。また、仮に日本企業の韓国内資産に対して強制執行があれば、対抗措置として、日本政府はそれを国際司法裁判所（ＩＣＪ）に提訴することになるだろう。そうなれば「政経分離」も不可能になる。しかし、司法判断にもかかわらず、韓国政府が何らかの形で徴用工問題を独自に解決（補償）することができれば、日韓関係に対する打撃は相当に限定されるだろう。それが「政経分離」に向けての第一歩になるかもしれない。

第3シナリオは米国の「介入」ないし「仲裁」が成功するケースである。米国にとって、日本と韓国はともに重要な同盟国である。両者の緊密な関係こそ、この地域における米国の安全保障上の利益を最大限に反映する。したがって、米国が東アジアから撤退するのであればともかく、リバランスしようとするのであれば、悪化した日韓関係の改善が不可欠になる。そのような観点から、10月初めに日本を訪問したケリー国務長官とヘーゲル国防長官は、集団的自衛権問題で日本の主張を支持しつつ、千鳥ヶ淵戦没者墓苑で献花するという「離れ技」を演じた。さらに、12月に日韓を訪問したバイデン副大統領も日韓首脳に関係改善を強く要請した。12月の安倍首相の靖国神社参拝に対しては、異例にも国務省が「失望」を表明した。その後も、3月にオランダのハーグで開かれた核安保サミットで日米韓首脳会談を開催するなど、米国の仲介外交が継続している。ただし、米国が強引に介入すれば、日韓両国内に潜在する反米ナショナリズムが刺激されるだろう。また、過剰な介入はかえって日米韓安保体制を揺るがし、中国を利するかもしれない。米国が過度の介入を躊躇するのはそのためである。

これらの努力が連携して進展、歴史摩擦が沈静化すればよいが、いずれも失敗に終わるような事態も想定しなければならない。もちろん、何らかの形で日中関係や日朝関係が打開されるなど、予想外の展開があれば、良きにつけ悪しきにつけ、それらが日韓関係に大きな影響を及ぼすだろう。しかし、そうでない限り、2015年に、日韓関係は「出口のない」状況に陥るかもしれない。その場合には、日韓は戦略的な忍耐と長期的な楽観に依存するしかない。これが第4シナリオである。これは「あきらめ」に近い状態である。しかし、対立が底を打てば、日韓間に存在する「不即不離」の相互依存が見えてくるだろう。それが長期的な楽観の根拠になるかもしれない。

## おわりに

2010年の韓国海軍哨戒艦「天安」の沈没や延坪島砲撃に続いて、2012年末から2013年にかけて、北朝鮮は国際社会と中国の強い反対を押し切って長距離ミサイル発射や核実験を強行した。これらの時期の強硬な政策には、金正恩体制を構築するために、対外的な緊張や国内的な団結が必要とされたという事情が関連していたように思われる。現在、北朝鮮は国連安保理事会決議に基づく国際的な追加制裁だけでなく、韓国による独自制裁、それ以前からの日本の独自制裁など、さまざまな国際的制裁措置に直面している。さらに、中国との関係の緊張だけでなく、2013年3月以後に展開された対米「瀬戸際」政策の後遺症もあり、六者会談の再開も容易でない。しかし、そのような四面楚歌の状況を脱却して、金正恩第一書記は経済再建に有利な国際環境を醸成するための第一歩を最初は南北対話の積極化、次に日朝協議の再開に見出したようである。それによって、韓国や日本が実施する独自の経済制裁を緩和し、それを六者会談再開や米朝交渉再開などにつなげたいのだろう。さらに、金正恩は拉致問題を解決し、日朝国交正常化を達成しようとするかもしれない。

ただし、それらの外交努力が順調に進展するかどうかは、多分に北朝鮮自身がどれだけ積極的に「非核化」措置をとるかにかかっている。もちろん、北朝鮮がすでに所有する核兵器を放棄したり、核開発を中止したりすることはありそうにないが、クリントン政権との「合意枠組み」やブッシュ政権との部分的合意に見られたように、朝鮮半島の「非核化」のための第1段階として、核開発の凍結に向けた措置をとり、休眠中の六者会談を再開することは不可能ではない。第2期政権の後半期に入るオバマ政権がそれをどのように受け止めるか、それが最大の変数になるだろう。それとは別に、2014年7月初めには習近平主席が韓国を訪問し、史上初めて、中韓首脳会談が中朝首脳会談に先行して開催された。そのような外交的圧力も「非核化」に向けた北朝鮮の努力を促すものと見られる。ただし、そのような対話攻勢が失敗に終われば、2015年10月10日の労働党創建70周年以後、18年2月に開催される平昌冬季オリンピックに向けて、再び武力挑発路線に回帰しないとも限らない。

日朝関係の前途は依然として不透明であるが、日本の独自制裁を緩和するために、北朝鮮は同じ7月初めに拉致被害者や特定失踪者を発見するための再調査委員会を立ち上げた。しかし、たとえ北朝鮮が日本側の要求に応じて、誠実かつ徹底した調査を実施しても、すべての被害者やその家族を満足させるような結果を導き出せるとは限らない。また、その時点で、日朝平壌宣言に則って、日本が「不幸な過去」を清算し、国交正常化に向けて前進しない限り、北朝鮮が拉致問題の最終的な解決に応じるとは思えない。さらに、国際的には、六者会談再開と非核化交渉の進展などが必要とされるはずである。

他方、日韓歴史摩擦の影響も深刻である。現在の日韓関係は、「戦後最悪」ではないまでも、関係正常化以後「最大の曲がり角」にあることは間違いない。双方が名分論の世界で論争しているために、そのことが十分に認識されていないのである。確かに、韓国内では中国の反日デモのような暴動的な状況は出現していない。また、いまのところ、双方の経済的な被害もそれほど深刻ではない。竹島をめぐる紛争も、日本側の自制によって、一定の限度内に抑制されている。しかし、それぞれの経済に課題を抱える日韓は相互に相手側の協力を必要としている。事実、韓国の輸出企業は日本の高品質の素材・部品に依存しているし、日本の素材・部品産業にとって、韓国の輸出企業は世界的なマーケットをもつ「お得意先」である。大胆な「政経分離」が実現すればともかく、歴史摩擦が長期化し、政治関係がさらに悪化すれば、それが経済関係に及ぼす悪影響も徐々に深刻化するだろう。

外交安保分野での影響はより直接的である。現在の険悪な日韓関係が改善されないまま、2015年に突入すれば、（1）「日米韓」安保体制が安定しないだけでなく、日米関係の堅実な土台が不必要に動揺するかもしれない。（2）5月末に発表された日朝合意に基づいて、日朝間の最大の懸案である拉致問題が「行動対行動」の原則で解決され、日朝関係が改善されていけば、それが日韓関係を混乱、悪化させ、北東アジアの国際関係に大きな影響を及ぼすだろう。（3）北朝鮮有事、再度の金融危機など、不足の事態への対応に不安が生じる。これらの問題は日本が単独で対処できる問題ではない。（4）日本人の対韓意識が修復し難いレベルにまで悪化するかもしれない。日韓両国にとって、それは「未来への負債」になるだろう。（5）日本の歴史修正主義や否認主義が実態以上に注目され、国際的なイメージが長期的にわたって傷付けられそうである。要するに、日韓のゼロサム・ゲームから利益を引き出せるのは中国だけである。

## 注

1　『労働新聞』２０１３年12月９日。
2　Press Briefing by National Security Advisor Tom Donilon, White House, June 8, 2013.
3　朝鮮労働党中央委員会２０１３年３月全員会議に関する報道（朝鮮中央放送３月31日）および金正恩第一書記の報告・結論（朝鮮中央放送４月２日）、『北朝鮮政策動向』２０１３年第５号、ラヂオプレス。
4　金正恩「社会主義農村テーゼの旗幟を高く掲げて農業生産で革新を起こそう―全国農業部門分組長大会参加者たちに送った書簡」、『労働新聞』２０１４年２月７日。
5　小此木政夫「歴史摩擦のなかの日韓関係」、『東亜』２０１４年３月号、霞山会。
6　内閣府大臣官房政府広報室『外交に関する世論調査』２０１２年10月調査。
7　『中央日報』２０１３年４月23日。
8　『日本経済新聞』２０１３年11月７日、『毎日新聞』２０１４年２月11日。

# 第7章　パワー・シフトと東南アジア

## ——地域制度を通じて大国政治を制御する

菊池　努

### 要旨

米中日印などの大国間の力の変動への対応は、東南アジア諸国の対外政策上の最も重要なテーマである。植民地から独立し、大国の争いという厳しい環境のなかで国造りを進めてきた東南アジア諸国の間には、大国間関係の変動の結果、再び自国の運命が大国政治に翻弄され、政治・経済的な自立性を奪われることへの強い懸念がある。

東南アジア諸国は大国と伍してやってゆく経済力や軍事力を欠く。しかし、彼らは大国政治に翻弄される脆弱な傍観者ではない。ＡＳＥＡＮ（東南アジア諸国連合）という地域制度を基盤に、ＡＳＥＡＮ地域フォーラム（ＡＲＦ）や東アジア首脳会議（ＥＡＳ）など、大国を含む多様な地域制度を構築し、大国政治に影響を及ぼそうとしている。

しかし、ＡＳＥＡＮを基盤とした地域制度は、国家の行動を規制する力が弱い。大国政治を規制する力を持った強い地域制度を構築するには、その前提として、東南アジア諸国の国内制度の強化が不可欠である。日本は、民主主義や人権、法の支配などの規範に基づく東南アジア諸国の国内制度強化の試みを支援することが肝要である。

## はじめに

大国間の力の変動への対応は東南アジア諸国の対外政策上の最も重要なテーマである。植民地から独立し、大国の争いという厳しい環境のなかで国造りを進めてきた東南アジア諸国にとって、大国間関係の変動の結果、再び自国の運命が大国政治に翻弄され、政治・経済的な自立性を奪われる可能性があるからである。

東南アジアは太平洋とインド洋を結ぶ戦略的要衝に位置しており、大国はこの地域に大きな利害を有する。東南アジアへの大国の関与は避けられない。しかも近年、アジアでは南シナ海や東シナ海で領土主権や海洋権益をめぐる紛争が深刻化している。大国政治の荒波が東南アジアに押し寄せている。

東南アジア諸国は大国と伍してやってゆく経済力や軍事力を欠く。しかし、彼らは大国政治に翻弄される脆弱な傍観者であるわけではない。ＡＳＥＡＮという地域制度を基盤に多様な地域制度を構築し、大国間政治に影響を及ぼそうとしているだけでなく、大国政治を自ら制御し、アジアの国際関係の有力なプレーヤーとしての役割を演じようとしている（山影進［２０１１］）。

## 1　アジアの国際関係の変動と東南アジア

東南アジア各国の利害は異なり、東南アジア諸国共通の対外政策など存在しない。アジアの望ましい地域秩序のあり方について、彼らの間で明確な合意があるわけではない。しかしその一方で、彼らにとって望ましくないアジア、望ましいアジアの姿には共通性を見出すことができよう。

第1に、東南アジア諸国の「自立」「自主」の確保である。対立であれ協調であれ、大国政治によって自らの運命を決定されることへの強い警戒心である。

東南アジアには「象と雑草」のたとえ話がある。象は大国を、雑草は東南アジア諸国を意味している。雑草は、象が愛し合っても喧嘩をしても踏みつけられる運命にある。米ソや中ソの対立に巻き込まれたという苦い経験が彼らにはある。米中関係改善のような、大国間関係の激変による困難も経験した。東南アジア諸国は大国間関係の推移に国家の運命を翻弄されてきたのである。

したがって、既存の覇権国であるアメリカと新興大国である中国の間で「グランド・バーゲン」がなされ、アジアに「米中共同管理体制（コンドミニアム）」が形成されることは東南アジアにとって望ましくない。また逆に、米中間の利害対立が激化し、冷戦期の米ソ関係のような緊張が生まれるのも好ましくない。どちらにせよ東南アジア諸国の運命が再び大国間関係によって規定されてしまうからである。

米中いずれかの覇権が形成されるのも望ましくない。東南アジア諸国の多くはアメリカとの間で友好関係を築いてきたが、アメリカの一方的な力の行使への警戒心も根強い。中国の力がさらに伸長し、アジアに中国の覇権構造が生まれることも望ましくない。

東南アジアにとって望ましいアジアのシナリオは、米中を含む主要大国が適度な緊張をはらみつつ、決定的な対立に至らず、また大国協調の仕組みも形成されず、ＡＳＥＡＮ諸国が主要大国との間に安定した政治経済安全保障の関係を築き、アジアの国際関係のなかで彼らも有力なプレーヤーとしての役割を演じることである。

第2は、そうした安定した関係と役割を通じて、東南アジアの自立と自主を確保しつつ、貿易や投資、金融協力、市場アクセス、開発援助等を通じて、域外大国の力と資源を自らの経済的発展のために動員させる仕組みをつくることである。東南アジア諸国にとって経済発展を通じた国内の政治社会的安定の確保は最優先の課題である。このためには域外大国の東南アジアへの関与と支援が不可欠である。

第3に、東南アジア諸国の多くは発展途上の国であり、国力には限界がある。したがって、上に述べた二つの目的を実現するためには、東南アジア諸国が結束して対応しなければならない。彼らのそうした装置になっているのがＡＳＥＡＮという地域制度である。大国間の駆け引きが激化するなかで、ＡＳＥＡＮが望ましくないシナリオを回避し、アジアの国際関係で意義ある役割を演じようとするならば、その大前提はＡＳＥＡＮの制度的強靭性を強化することである。

ＡＳＥＡＮはこれまでも国際環境の変動に対して新たな制度的対応を行ってきた。１９７０年代初頭の米中和解や日中正常化などの大国関係の変化を受けて、ＡＳＥＡＮはＺＯＰＦＡＮ（平和自由中立地帯）構想を打ち出した。ベトナム戦争の終結と統一ベトナムの出現という環境の激変や中ソ対立の東南アジアへの波及の懸念が共有されると、東南アジア諸国の結束を強化するためにＴＡＣ（東南アジア友好協力条約）を締結し、「ＡＳＥＡＮ協和宣言」に合意した。域外大国との関係をＡＳＥＡＮの側から制御する方式としてＡＳＥＡＮ拡大外相会議（ＰＭＣ）の仕組みも70年代中頃に導入した。また、冷戦終結後のアジアの国際関係の不透明性の高まりに対応すべく、ＡＳＥＡＮ自由貿易協定の締結やＡＲＦ（ＡＳＥＡＮ地域フォーラム）の設立を主導した。

そして今日、ＡＳＥＡＮは、２００３年の「第二協和宣言」に盛られた、ＡＳＥＡＮ共同体の構築を目標に掲げている。政治安全保障、経済、社会文化の各分野でのＡＳＥＡＮ協力を進め、ＡＳＥＡＮの制度強化を図ってきた。ＡＳＥＡＮ憲章も採択し、組織の目標を確認し、民主主義や人権尊重をＡＳＥＡＮ協力の共通の基盤にすることも合意された。

ＡＳＥＡＮ共同体構想の背景にあるのは、ＡＳＥＡＮを取り巻く国際関係（大国政治）が変化するなかで、ＡＳＥ

ANの抱える制度的な弱さへの懸念と危機意識である。ASEANは内部の結束強化に苦心しつつも、ASEANという地域組織を基盤に、1980年代末から形成されたアジア太平洋のさまざまな地域制度において中心的役割を果たしてきた。1980年代末以降には「アジア太平洋」の、1990年代後半には「東アジア」を基盤とする地域制度が形成された。制度的な強化をASEAN自身が図らなければ、ASEANは自らが主導的役割を担ったこれらの広域の地域制度で主要な役割を演じることは困難となり、広域制度のなかに埋没してしまう危険すら存在した。

ASEAN諸国は、新規加盟国の急速な拡大に伴う内部の格差（経済発展のレベルや政治経済的な政策志向の相違）、国内政治状況の流動化、中国やインドの経済発展に伴うASEAN諸国経済の国際的な競争力の低下、各国の対外政策上の優先順位の違いなどの政治経済的困難に直面し、ASEANの求心力は低下し、アジアの国際関係での役割を失う懸念もあった。この状況を打開し、アジアの国際関係のなかでASEANの主導性を回復できなければ、東南アジアの国際関係は再び大国政治に翻弄されてしまう危険があった。

こうしてASEANは2003年の「第二協和宣言」でASEAN共同体の構築を共通目標に掲げることになる。ASEANの制度強化で特徴的なのは、域内の制度強化と域外諸国との関係が深く結びついていることである。ASEAN経済共同体の形成と、アジア全体を包摂する地域自由貿易協定の締結が相互に結びついている。ASEANをハブ（軸）とする経済的な連携を域外諸国と深めつつ、それをASEANの利害に合致したかたちで推進し、経済的な相乗効果を期待している。

政治安全保障も同様である。ASEAN政治安保共同体（APSC）の構想は、国際関係論のテキストが指摘する原初的な形態、すなわちASEAN加盟諸国間に不戦体制を構築するという目的を有したものである。政治的な民主主義、人権の擁護、法による支配など国内政治的価値を共通化することによってASEAN諸国の間の関係を不戦体制に変えようという構想である。

ＡＰＳＣのもう一つの側面が域外、とくに主要大国との関係である。ＡＰＳＣは、広くアジアの国際関係のなかでＡＳＥＡＮの機能と役割を強化するという目的と密接に結びついた構想である。東南アジアという地域は大国の利害が複雑に絡み合った地域である。大国の関与を制御し、この地域の国際関係においてＡＳＥＡＮの主導性や自主性をどのようにして確保するか、という問題意識とＡＰＳＣ構想は密接に関連している。

東南アジア諸国の間には、対外関係をめぐって相違や対立がある。今日重要な地域的課題になっている海洋問題（南シナ海の領有権や海洋権益をめぐる争い）では、海洋国家と大陸国家との意見の違いも表面化している。しかも域外大国はＡＳＥＡＮ諸国との二国間関係を通じて、加盟国にさまざまな影響力を行使している。ＡＳＥＡＮを「分断」する試みも顕在化している。「ＡＳＥＡＮの一体性」を示すのは容易ではない。しかしその一方で、ＡＳＥＡＮを軸とした多様な地域の制度を通じて、大国を「飼いならし」、大国間の激しい権力政治も、逆に大国主導の協調の仕組みが形成されるのも防ぎ、大国の一方的行動を牽制し、東南アジアの自立と自主を確保しようという点では関係諸国の間に一般的な合意があるといえよう。（山影進［２０１２］）ＡＳＥＡＮの結束は実際には脆弱だが、結束を演じることによる外交的効果を彼らは熟知している。

## 2　大国政治とASEAN外交の可能性

ＡＳＥＡＮ諸国がアジアで独自の役割を演じようとする際の大前提は、アジアにおける力の均衡状態が維持されることである。もちろん、経済的、軍事的な力を欠くＡＳＥＡＮ諸国には、自らが力の均衡の主要な役割を演じることはできない。大国間に激しい闘争が生まれれば、その対立を制御する力は東南アジア諸国にはない。ただ、大国間関係を利用して、そうした均衡を維持するように大国を促すことはできるかもしれない。

では今後の大国関係はどう推移するのか。すでに指摘したように、ASEAN諸国には、米中関係が独自のダイナミズムで敵対か協調に向かう場合、それをASEANの側で制御するのは困難であるとの認識がある。しかし同時に、米中いずれの覇権も、米中の敵対も協調も防ぐ手立てをASEAN自らが試みようという政治的意思はある。

第1は、米中それぞれが単独では地域的な覇権を維持する力を欠いているということである。アメリカは引き続きインド太平洋の国際関係において優越した力を維持し続けようが、中国の台頭等によってその力の行使が制約されよう。

これに対しアジアに位置する中国は、遠方の地にあるアメリカに比べ、アジアの地政学で優位な状況にある。しかし、仮にアメリカの力が低下したとしても、アジアには、アメリカを補完する、政治、経済、安全保障の分野で一定の力を有した有力国が数多く存在する。これらの諸国は中国の地域覇権に警戒的であるだけでなく、抵抗力もある。中国周辺には中国の一方的行動や覇権に抵抗する有力国が数多く存在する。これは、アメリカが覇権国になったときの西半球の状況（自国の安全を脅かす有力国が存在しなかった）とは異なる。中国の周辺諸国のナショナリズムと各国が有している力（拒否力）を考えれば、中国の地域覇権をこの地域の諸国が抵抗なく受け入れるとは考えられない。

中国は14の国と国境を接しているが、北にロシア、南にインド、東に日本という有力国が存在する。これらの諸国と中国との経済依存関係は進展しつつあるものの、中国に対する警戒心は根強い。中国の一方的な覇権の確立を受け入れるわけではない。また、中国と近隣諸国との関係は総じて脆弱である。ミャンマー、北朝鮮、カンボジア、ラオス等の近隣諸国に中国は経済援助等を通じて関係の緊密化を図ってきたが、そうした努力は必ずしも功を奏していない。近年の中国とミャンマーとの関係はこれを象徴している。

しかも中国の体現する政治、経済、社会的価値はグローバル化の進む今日の世界においては異質なものであり、国際的にも地域的にも中国の影響力の浸透には限界があろう。実際、最近の世論調査によると、今後ＡＳＥＡＮにとっての中国の重要性はわずかながら低下するであろうという。中国の影響力の増大という一般的な評価とは異なる結果が出ている。（外務省［２０１４］）

第2に、「米中共同管理（コンドミニアム）」体制の確立も容易ではない。民主主義や人権の擁護、リベラルな価値に基づく国内諸制度の調和（「ワシントン・コンセンサス」）を求めるアメリカと、主権の尊重と内政不干渉、国家資本主義の必要性（「北京コンセンサス」）を説く中国との間には、価値や地域秩序をめぐる基本的な対立がある。両国の間には根深い相互不信がある。米中間の政策協調は必要だが、それがアジアの国際関係の基本構造を規定するほどに強靭で安定した「米中共同管理体制」になるとは考えにくい。

第3に、冷戦期の米ソ関係のような米中の敵対関係も想定しがたい。米中の経済的な相互依存を考えると両国が経済関係に悪影響を及ぼしてまでも敵対するシナリオは、コストの大きさから考えて想定しにくい。

オバマ政権の「リバランス」戦略は中国の懸念（中国封じ込め）を惹起している。しかし、この政策は中国軍の近代化に対応するために米軍のアジア配置を強化するといった単純な政策ではなく、多様な政策を含んでいる。この政策には確かに同盟関係を強化し、中国軍の近代化に対処するという側面はあるものの、同時に新興諸国との関係強化や中国との安定した建設的関係を築くことも含まれている（Donilon［2013］）。

「リバランス」政策に対する中国の不信と警戒感は強いが、中国の側からも、「新しい大国間関係の樹立」、つまり、パワー・トランジッション論が示唆するような、中国の力の増大に伴い既存の覇権国であるアメリカと中国との紛争と対立が不可避ではなく、米中は対立を残しつつも協調が可能であることを強調する構想が提示されている（Cui

Tiankai and Pang Hanzhao［2013］）。米中は相互に関与し続ける姿勢を示している。実際、首脳レベルから政府間の事務レベル、民間団体間の交流まで、米中関係の制度化は急速に進んでいる。米中間では今後も厳しい対立はあろうが、そうした対立が冷戦期の米ソ関係のような深刻な対立に陥るのを抑制し、対立を制御可能な範囲にとどめるメカニズムが次第に形成されつつあるともいえよう（Hoo Ting Boon［2013］）。つまり、米中が個別分野で協調しつつ決定的な対立に至らない程度の緊張と対立を繰り返すというシナリオがあるうるであろう（山本吉宣他［２０１２］）。

第4に、仮に地域覇権を求めるものであるにせよ、米中共に地域諸国の支持調達が不可欠である。両国の経済的相互依存関係は、アジア全体に拡大する投資と貿易の地域的なネットワークのなかで展開されており、米中共にこのネットワークを維持するためにはアジアの諸国（とくに有力国）との関係強化を図らざるをえない。

米中が自らの利益や価値を増大しようとするならば、アジア諸国を自国の陣営に引き込まなければならない。中国にとって、アメリカとの競争に対応する上でも中国への懸念を抱く近隣諸国との関係の改善が不可欠である。アメリカはアジアに同盟国や友好国を多数擁す。ただ、軍事的にも経済的にも、アメリカがアジアに関与し続けようとするのであれば、それらの諸国の協力が必要である。アメリカが軍事力を展開するには、基地の提供等で同盟国や友好国の協力を必要とする。しかしそれらの諸国の多くは中国とも緊密な経済関係をもっており、アメリカの一方的な要求を受け入れるわけではない。アメリカの財政悪化を考えれば、アメリカにとって、同盟国や友好国の役割はいっそう重要になるであろう。

米中共にアジアにおいて自国の政治経済軍事的な利益を増大させるためには、アジアの諸国、とくに有力な諸国との協力と関係強化が不可欠である。日本やインド、インドネシア、ＡＳＥＡＮなどの国家や地域組織との関係がアジアにおける米中双方の力と影響力に作用する。実際、米中いずれもそうした諸国の支持調達を積極的に行っている。

アメリカの「リバランス」政策の課題の一つはＡＳＥＡＮを中心とした地域制度への関与とその発展強化にある。

中国も戦略的パートナーシップ合意や自由貿易協定の締結などを通じてＡＳＥＡＮを含むアジア諸国との関係強化を進めている。中国は２０１３年10月には近隣諸国との関係強化を検討する内部の会合を開催しているが、その重点は東南アジア諸国との関係強化にある。日本やインドもＡＳＥＡＮとの関係強化を主要な外交課題としている。

米中はもとより、日本やインドなどの主要国すべてがＡＳＥＡＮとの関係強化をアジア政策の主要な課題としている。そうした大国のＡＳＥＡＮへの関心と支持調達の動きこそが、ＡＳＥＡＮが米中を含む大国との交渉力を強化できる背景にある。東南アジア諸国の側から大国関係に影響を及ぼす余地が生まれる。この認識が東南アジア諸国の対外関係を能動的にしている。

## 3 ＡＳＥＡＮの地域制度外交

東南アジア諸国は大国間の政治の展開を傍観しているわけではない。東南アジア諸国は徹底した現実主義的な対外政策を推進している。大国間の力関係の変動を読み取り、彼らの側から大国間関係を制御し、大国の激しい対立や協調、特定の国の覇権が生まれるのを阻止し、さらには自らの望む地域秩序形成に向けて大国を相手の外交を展開している。そうした外交の有力な手段になっているのがＡＳＥＡＮという地域制度を基盤とした「地域制度外交」である。ＡＳＥＡＮという地域制度の強靭性を高めた上で、ＡＳＥＡＮを基盤とした多様な地域制度を自ら主導することによって、大国を牽制し、大国間の対立の激化を防ぐと同時に、小国を犠牲にする大国協調の仕組みが形成されるのを阻止し、自らも地域の国際関係において主要な役割を演じ、東南アジアの独立と自主を確保しようという能動的な外交をＡＳＥＡＮは推進している。

ＡＳＥＡＮは、70年代半ば以降進めてきたＡＳＥＡＮ拡大外相会議の経験をもとに、域外諸国との間にさまざまな地域制度を構築してきた。アジアの安全保障問題を協議するＡＲＦ、アジア諸国間の地域協力を推進するためのＡＳＥＡＮ＋３（日中韓）、東アジア首脳会議、域外諸国を交えたＡＳＥＡＮ国防相会議プラスなどがそれである。経済の分野でも、域外諸国との間で多様な自由貿易協定を締結してきた。これらの多くがアジアの国際関係が変動する１９９０年代後半以降に形成されたことは、ＡＳＥＡＮがそうした変動に自らを主体とする地域制度の構築で対応しようとしてきたことを示している。

ＡＳＥＡＮの地域制度外交にはいくつかの側面がある。第1に、大国をＡＳＥＡＮを中心にした地域制度に関与させることである。「包摂性」が基本である。地域制度に大国を関与させることによって、大国間の相互牽制を促し、大国間のむき出しの対立も、逆に大国間の協調も阻止し、ＡＳＥＡＮの側から大国の行動を制御しようと試みる。第2に、特定の大国を排除した地域制度を用意することによって、大国の行動を外側から牽制（均衡）しようという試みである。アメリカを排除した、90年代後半にできたＡＳＥＡＮ＋３（日中韓）が一例である。

ＡＳＥＡＮ諸国の対応を複雑にしているのは、こうした関与と均衡の対象が複数存在することである。東南アジア諸国の多くは台頭する中国に対応するだけでなく、アメリカの巨大な力にも対応しなければならない。アメリカの単独主義への東南アジア諸国の懸念も根強い。東南アジア諸国のアメリカに対する姿勢は両義的である。海洋での中国の威圧的（assertive）な行動にはアメリカの力を活用し、人権や民主主義を掲げてアジア諸国に圧力を加えるアメリカ対しては、時に中国の力を利用してこれに抵抗しようとする（菊池努［２０１０］）。

この対応には洗練された制度運用を必要とする。たとえば、ＡＳＥＡＮの運用する地域制度には、ＡＳＥＡＮ＋３（日中韓）のようなアメリカの参加しないものもある。これは、１９９７年のアジア通貨危機の際のアメリカの一方的かつ威圧的（少なくとも多くのアジア諸国はそう受け取った）な行動がとられる場合には、アメリカを排除した地域制度を通じて、アメリカの行動を牽制しようとする。ただし同時に、東南アジアにとってアメリカは、中国を牽制する点でも、また、軍事力の前方展開を通じてアジアの安全保障を維持する上でも不可欠な存在でもある。アメリカを牽制しつつも、アメリカとの関係強化も欠かせない。ＡＳＥＡＮがアメリカとの間の首脳会議などの新たな制度を用意する背景である。

中国に対しても同様である。一方で中国は経済的な利益を東南アジア諸国に提供してくれる。巨大な隣国中国と争うのは得策ではないとの判断もある。しかし他方で、中国の力の増大には、これを牽制する手段も必要になる。中国を牽制する上で、アメリカが引き続きアジアの国際関係に関与することが重要である。海洋での中国の威圧的な行動が繰り返されるようになると、これまでアメリカを排除してきた東アジア首脳会議（ＥＡＳ）にアメリカを招き、中国を牽制させようとしたのはその一例である。ＥＡＳ参加によってアメリカのアジア関与を制度的に補強しうると考えられたのである。しかし同時に、そうしたアメリカの関与が、米中の対立を激化させることは望ましくない。アメリカの関与は、米中関係を緊張させない程度に抑制的でなければならない。実際、アメリカの「リバランシング」に対して、それが軍事的色彩を濃厚にもち、中国が反発していることへの懸念が東南アジアの指導者から表明されている。ＡＳＥＡＮは、地域制度の運用を自ら主導することによって、アメリカの「過剰な」行動を抑制しようとする。

経済も同様である。確かに中国の経済成長は貿易の振興や投資の拡大などの経済的な利益をＡＳＥＡＮ諸国に与えてくれる。いずれの諸国にとっても経済発展は政治の正統性を維持する上で不可欠であり、当面中国との経済関係を安定的に維持することが肝要である。しかし、中国がそうした経済関係を利用して政治的な圧力を行使するかもしれない。実際中国は、日本やフィリピンとの海洋をめぐる争いに経済的手段（レアーアースの輸出制限やバナナの輸入制限など）を行使した。しかも、さまざま構造的矛盾を抱える中国経済の将来は不透明である。中国への依存はリスクを伴う。アメリカなどとの経済関係の維持が不可欠である。ＡＳＥＡＮ諸国のなかにＴＰＰ（太平洋経済パートナーシップ）に参加する国が生まれる背景である。

東南アジア諸国は多様な地域制度を通じて、米中両国に対して関与と均衡・牽制の行動をとっている。ただし、アジアの民主化や市場経済化の進展、米中との過去の歴史、海の自由航行などのグローバル・コモンズの維持の重要性などを念頭に置くと、中国に対する牽制、均衡行動はアメリカに対するそれよりも強いといえよう。

第3は、その他の有力国との提携を強化することである。一般にパワー・トランジッションの議論は、アジアの将将来を米中二国間関係に焦点を当てて展望する。しかしアジアには、一定の国力（経済や軍事力）をもち、今後さらに国力を増大させる潜在力をもち（経済成長の余地大）、重要な戦略的要衝に位置し、自国の地域的・国際的役割の拡大を求め積極的な対外関与の姿勢を示している国家や国家群がある。これらの諸国においては、大国の支配に抵抗するナショナリズムも強い。これらの諸国は、一方でアメリカの単独主義的な力の行使には中国への関与を強めることで牽制しつつ、中国の威圧的な行動にはアメリカとの関係を強化することで中国の行動を抑制するという均衡外交をとっている。たとえばインドである。インドは国力を増しつつあり、一方で中国を牽制する上でアメリカとの関係を強化しつつも、「戦略的自立」を求め、アメリカとの提携には一定の歯止めをかけ、中国との関係も維持している（Sunil Khilnan et.al.［2012］）。

ASEAN諸国はこうした諸国との連携を深め、地域制度のなかにこれらの諸国を関与させ、米中双方を牽制させる試みを始めている。同時にこの背景には、アメリカのアジアへの関与の継続性に対するASEAN諸国の懸念があり、アメリカを補完する他の有力国との関係強化を通じてASEANの外交基盤を強化しようとする思惑がある。実際、先に紹介したASEAN7ヵ国の世論調査によれば、彼らのアメリカへの信頼度は必ずしも高くないし、今後ASEANにとってのアメリカの重要性は減じるとの結果が出ている。東南アジアの多くの諸国にとって、アメリカの力と関与は相対化されつつある。

日本のＡＳＥＡＮ外交強化の動きや、安全保障政策の変化を東南アジア諸国が総じて肯定的に評価しているのもそうした背景がある。日本はＡＳＥＡＮの有力な経済のパートナーであるだけでなく、日米安保体制を通じてアジアへのアメリカの軍事的関与を支える最も重要な国であり、また、アメリカの力の低下を補完しうる有力国家の一つである。経済はもとより安全保障分野においても中国を牽制する国として日本を活用できる。

日本とＡＳＥＡＮ諸国は長い間友好協力関係を強化してきたが、ＡＳＥＡＮ諸国の日本への期待は決して低下していない。上に紹介した世論調査においても、現在も将来も、日本はＡＳＥＡＮの最も重要なパートナーとして位置づけられている。首脳会議をはじめとする日本とＡＳＥＡＮとの協議の制度は依然としてＡＳＥＡＮにとって重要である。

インドもそうした国の一つになりつつある。ＡＳＥＡＮは、２０１２年12月にニューデリーで初めてのＡＳＥＡＮ—インド首脳会議を開催するなど、インドとの関係強化を図っている。インドもこうしたＡＳＥＡＮの姿勢に積極的に対応している。

## 結論

ＡＳＥＡＮは大国政治の動向に不安と懸念を抱いている。しかし、大国政治の傍観者ではない。ＡＳＥＡＮ諸国は、ＡＳＥＡＮという地域制度の強化を基盤に、ＡＳＥＡＮが主導する、域外大国を含む多様な地域制度を構築し、制度を通じて大国の相互牽制を促し、大国間のむき出しの力の闘争を抑制し、同時に、自らが関与しないところで大国間の協調の仕組みが形成されるのを防ぎ、ＡＳＥＡＮの自主と独立を確保し、アジアの国際関係において主要な役割を果たそうとしている。

こうした試みは、主要大国がＡＳＥＡＮ重視の政策を採用するなかで一定の成果を上げている。しかしＡＳＥＡＮが大国政治を制御するために依拠する地域制度はいずれも規制力が弱い。大国政治を制御する力を欠く。一般にＡＳＥＡＮ諸国のような力の弱い側は強い制度をつくることで大国がむき出しの力を行使する余地を制度によって制約しようとするのが普通である。ＡＳＥＡＮがこうした方法をとらなかった（取り得なかった）理由は、強い国際制度をつくる国内的基盤を欠いていたということであろう。したがって、大国を規制する力をもった強い地域制度の構築には、その前提としての国内制度の強化が不可欠である。ＡＳＥＡＮ諸国はすでに民主主義や人権、法の支配などを共通の基盤とする地域共同体作りに合意している。また、共同体構築のための各国の能力強化にも取り組んでいる。それらの進展は遅々としているものの、日本はそれらを強力に支援してゆくことが肝要である。リベラルな価値に支えられたＡＳＥＡＮ共同体の形成は、東南アジアはもとよりアジア全体にとっても大きな価値を有するものである。

## 参考文献


外務省［２０１４］「ＡＳＥＡＮ7ヵ国における対日世論調査」。

菊池努［２０１０］「相互依存、力の構造、地域制度―東アジア共同体と地域制度の動態」『海外事情』58巻4号。

山影進［２０１１］「ＡＳＥＡＮの歩んできた道、これから作る道」日本貿易振興機構・アジア経済研究所『新しいＡＳＥＡＮ―地域共同体とアジアの中心性を目指して』。

山影進［２０１２］「大国を『飼い馴らす』ことをめざす小国の戦略―東南アジア諸国連合（ＡＳＥＡＮ）の影響力に焦点を当てて」（公益財団法人）日本国際問題研究所『日米中関係の中長期展望』。

山本吉宣他［２０１２］『日本の大戦略：歴史的パワー・シフトをどう乗り切るか』（ＰＨＰ研究所）。

Cui Tiankai and Pang Hanzhao［2013］“China-US Relations in China's Overall Diplomacy in the New Era,” The Ministry of Foreign Affairs of PRC.

Donilon, Tom [2013] Remarks by National Security Advisor to the President, "The United States and the Asia-Pacific in 2013," The Asia Society, New York.

Hoo Ting Boon [2013] "G2 or Chinamerica? The Growing Institutionalization of US-China Relations," Singapore : *RSIS Commentaries* 137/2013.

Sunil Khilnan et.al. [2012] *Nonalignment 2.0 : A Foreign and Strategic Policy for India in the 21st Century*, New Delhi : Centre for Policy Research.

# 第Ⅲ部　新しい安全保障の課題

# 第8章　海洋の安全保障と日本

秋山昌廣

要約

海洋の安全保障といえば、まず海上交通（シーレーン）の安全の確保が思い浮かぶ。実際、戦後日本においても、シーレーン防衛は安全保障上の重要な課題であった。

しかるに、近年に至り日本にかかわる海洋の安全保障に大きな作用を及ぼしてきたことがいくつかある。まず第1に、国連海洋法条約の発効（1994年）とわが国の批准（1996年）である。同条約で、領海、排他的経済水域（EEZ）、大陸棚などが新たに規定され、資源ないしエネルギーの利用・開発・保全あるいは海洋の利用について一定のルールが示された。第2に、巨大な新興開発国の出現もあり、その経済成長が背景となって、世界的に海洋資源・エネルギー開発が注目され、伝統的な資源たる漁業をも含め、海洋権益確保の衝突が発生している。第3に、アジアを中心としたパワー・シフトの発露である。この地域では、とくに中国とインドをめぐるパワー・シフトであるが、太平洋、インド洋を中心としたアジアの海洋において、地政学的にいえばユーラシアのリムランドにおいて、これが生じている。第4に、以上の作用にすべて関係するが、日本に大きく関係する太平洋とインド洋の海洋安全保障の問題にかかわるものとして、中国の勃興がある。中国は近年海洋戦略を積極的に展開し、海軍あるいは海上法執行機関の装備・体制の強化を通じ、海洋権益の確保と海洋支配の拡大を進めている。

東シナ海では、周囲の海洋資源の確保も念頭に、中国・台湾は尖閣諸島に対して、1971年に至り突如領有権を主張し始め、中国側による現状変更を求める行動が続き、近年に至り日中関係は困難な状況に至っている。日中間では、同海域において、EEZや大陸棚の境界画定が必要だが、中国の一方的な資源開発もあり、協議にすら入れない状況である。南シナ海においても、中国は沿岸国と領土・領海問題で対立しているほか、自国の安全保障の観点から、いわゆる第一列島線や第二列島線の内側を事実上軍事力により支配しようとする海洋戦略を展開している。

マラッカ・シンガポール海峡は、従来から航行安全の確保が重要な課題であったが、近年に至り海賊問題が発生した。海賊問題では、インド洋の西方、アフリカの角ソマリア沖あるいはアデン湾において、身代金目的の大胆なハイジャック事案が頻発し、多くの国が軍艦を派遣して海賊と対峙している。また、インド洋では、9・11関連のテロリスト集団タリバンとの戦いのなかで、多くの国が同海域に軍艦を派遣してテロ封じ込め作戦を展開した。

北極海では近年、氷の融解が進み、そう遠くない将来北極海を利用した海上輸送が現実化すると見込まれている。この現象は、世界の海上交通、北極海の資源開発、安全保障に大きな影響を与えるであろう。

わが国が展開すべき新たな海洋戦略としては、海上自衛力の遠方展開、国連海洋法条約など国際法の秩序維持のための努力、海上自衛力の増強、国内外における各種機関の協力が重要な課題である、と考える。

## はじめに

海洋の安全保障といえば、まず海上交通の安全の確保、これと裏腹の関係にあると思われる航行自由の原則が中心的課題である。わが国にとって、シーレーン防衛とは、どのような認識、位置づけであったかを導入的に概観しておきたい。

２００９年3月、政府は、ソマリア沖海賊対策のために自衛隊の護衛艦2隻をソマリアに向け派遣した。その出航に、日本船主協会の代表者が参列した。実は、日本では戦後、船会社と海上自衛隊はまったくの没交渉の状態が続いていて、両者がかかわりをもったのは、このときが初めてであった。戦後長い間、自衛隊による海上交通の安全の確保が、民間側から直接期待されたり意識されたりしてこなかったといっても過言ではない。貿易を国家活動の基本とし海上交通の安全確保が核心的国益である近代国家としては、戦後の日本は世界的に見てもまったくの例外的存在だった。

理由は、太平洋戦争における帝国海軍の大きな誤りがある。よく知られるように、太平洋戦争において帝国海軍は、大艦巨砲主義と艦隊決戦勝利至上主義に傾斜し、貿易立国日本の生命線たる民間商船のシーレーン防衛を怠り、大戦中、結果として商船は１４００隻以上を失い、民間の船員の損耗率は40％を上回った。これに対し海軍では、艦船の多くを失ったとはいえ、兵士の損耗率は20％以下にとどまっている。割合の比較で見ると、軍が守るべき民間船舶の船員の損耗率が、軍の兵士のそれを大きく上回ってしまったのである。[1]

大戦中、民間商船に対する護衛、言葉を換えていえばシーレーンの安全の確保がいかに軽視されたかを、このことは示している。このような歴史によって、戦後、船会社および船舶運航関係者並びに船員は、海上自衛隊に対してある意味でのトラウマをもってしまって、長い間上記のような、海上自衛隊と接触しないという、例外的な状況が続いたのである。

しかし、海賊対策のため護衛艦を派遣することになった以上のような経緯は、海洋安全保障における重要な課題がシーレーンの安全の確保であった、あるいは、あるということを如実に示したといえる。

戦後帝国陸海軍は解体され、自衛隊が発足したのは終戦後10年近く経った1954年であったが、海軍の機雷掃海部隊は解体されずに連合軍の配下で機雷掃海（航路啓開）に従事し、日本列島沿岸の機雷掃海を約7年にわたり徹底的に実施して海上交通の正常化に大きな役割を果たした。

自衛隊が発足した後は、自衛隊の海外派遣禁止との関係からシーレーン防衛が議論の対象になり、航路帯を考慮して防衛する場合、日本からフィリピン北のヴァッシー海峡まで約1000海里が南方へのシーレーン防衛範囲であり、それ以遠は結果として同盟国米国の防衛力に依存するという形になっていた。そのことの是非はともかくとしても、戦後の日本の防衛政策において限定的とはいえシーレーン防衛が位置づけられていたといえよう。

1980年に起きたイラン・イラク戦争では、その後半において、諸外国の民間商船、主としてタンカーが両国による攻撃の対象となり400隻以上が被弾した。このなかには、日本籍船4隻、日本人乗り組みの外国籍船8隻が含まれている。[2] このとき日本は、タンカーなどの護衛を米国その他外国に依存せざるをえなかった。しかし、1990年イラクのクウェート併合宣言から勃発した湾岸戦争で、日本は、イラクと戦う米国を中心とした多国籍軍側に対しまず巨額の戦費を提供したほか、戦争終了後ではあったが、遠方のガルフ湾に海上自衛隊の掃海部隊を派遣し、機雷掃海を行って海上交通路の安全確保に従事した。

シーレーン防衛の重要性は意識されていたが、フィリピン以南、日本にとってとくに生命線と考えられていた中近東からアラビア海、インド洋、マラッカ・シンガポール海峡、南シナ海、日本へのルートに関しては、結果として他国依存という状態が長く続いた。そのようななかではあったが、日本は、マラッカ・シンガポール海峡に関しては、事故防止、安全対策という観点から大きな関与をしてきた。民間組織の日本財団が中心となり、過去40年にわたり総額約140億円の対策費をつぎ込んできた。

現在は、ソマリア沖海賊対策のため、艦船2隻、哨戒機2機が海上自衛隊から派遣され、海賊対策ではあるが、日本から遠く離れた海域アデン湾において、シーレーンの安全確保のための活動が行われている。

## 1 海洋安全保障への作用

シーレーン防衛に関する経緯は以上の通りであるが、近年に至り、日本にかかわる海洋安全保障に大きな作用を及ぼしてきたことがいくつかある。

まず第1に、国連海洋法条約の発効と批准であり、第2に、これに関連して見られる海洋資源開発の大きな展開、第3に、海洋に影響を与えた、アジアを中心に進んだパワー・シフト、第4に、これらすべてに大きくかかわることであるが、中国の勃興である。

### (1)国連海洋法条約

まず、国連海洋法条約だが、これは第三次国連海洋法会議において1982年に採択され、1994年に発効、わが国は1996年に批准して締約国となっている。現在、166カ国が加入している（2013年8月現在）。領海は基線から12海里[3]、接続水域は領海の外側に基線より24海里、その外側に基線から200海里の排他的経済水域（EEZ）およびその下部の大陸棚が規定された。大陸棚に関しては、その地形的特徴により、基線から最長350海里まで延長することができる。この場合、国連の大陸棚限界委員会への申請と同委員会の勧告を受けなければならない[4]。これらにより、世界の海域の約4分の3は、世界のいずれかの国家の管轄内に入ると見込まれる。

問題の発生することが多いのは、向かい合う二国間の距離が400海里未満の場合で、200海里をとると互いにオーバーラップするＥＥＺの境界線は、当該二国間で協議し結論を出すことになっている点である。この場合は当然大陸棚の境界も二国間協議の対象となる。[5] また、両者は必ずしも一致するわけではない。境界画定作業は、とくに海洋資源の開発に関係する海域の場合は、国家間の紛争の種となる。

なお、ＥＥＺはこの国連海洋法条約により導入された新しいシステムである。１９４５年の大陸棚に関するトルーマン宣言に始まり、漁業専管水域の設定といった経過を踏んで、このＥＥＺが導入された。沿岸国は、ＥＥＺでは、海底も含め天然資源の探査、開発、保全および管理のための主権的権利、および人口島などの設置、海洋科学調査、環境保全などに関する管轄権を有する。ただし、非沿岸国に対しては航行の自由、上空飛行、海底電線ないしパイプラインの敷設の自由が保障される。大陸棚に関しては、沿岸国はその探査と天然資源の開発に関して主権的権利を有し、これを行使する。[6]

航行の自由に関しては、ＥＥＺにおける非沿岸国の軍艦の活動が難しい問題を提供する。中国をはじめいくつかの国は、自国のＥＥＺ内に非沿岸国の軍艦が入ることに事前了解を必要とするとの立場に立つほか、単なる航行以外の軍の活動、運用、任務遂行を認めない立場に立っている。これに対して、海洋大国たる米国などは、航行の自由に反するとして、他国のＥＥＺ内で軍艦の行動を展開させて、国家実行を積み上げ、これを慣習法化していこうとする。

大陸棚に関しては、１９６４年発効の大陸棚条約があるが、この国連海洋法条約で基線から２００海里までは無条件で、またこれを超える限界延長が認められるなど、新しい概念が導入されたというべきである。資源開発に直接関係することもあり、この境界画定、限界延長に関して国家間に争いが生じている。

領海は、基本的には領土と同じ法的地位に立つが、外国船の無害通航が認められるほか、非沿岸国の公船に対しては司法上の執行管轄権が制約されているので、陸上の領土とは異なり、種々の国際的問題の発生が起こりうる。

ＥＥＺの外側の公海は、限界延長が認められた大陸棚と深海底に関する取り扱いを例外として、従来通り海洋利用の自由が保障される。しかし、どこの国の管轄にも入らない深海底の資源開発のルールなどに関して、世界最大の海洋大国米国においては国内に反対勢力があり、米国は未だ国連海洋法条約を批准していない。

特異の問題として、国境離島、岩礁、岩などのステータスの問題がある。国連海洋法条約の規定によると、人の居住または独自の経済的生活を維持することのできない岩は、これに付随する領海はあってもＥＥＺまたは大陸棚を有しない。[7] したがって、岩なのか島なのかという議論が発生する。国境離島はさらに、相対峙する二国間においては、その境界画定において、重要な機能をもつ。領有権の問題に加え、境界画定において島か岩かの議論が出るほか、安全保障上の重要なサイトとしての機能も注目される。

## (2)海洋資源開発

次に、海洋資源開発について見ると、近年は、何といっても海底石油・ガス田開発が注目されてきた。歴史的には、20世紀初頭に始まったメキシコ湾岸油田の探査、開発、１９６０年以降の北海油田開発、１９７０年代以降は北極海における石油・ガス田の探査、開発、世紀末から21世紀初頭にかけての東シナ海油田開発、さらには南シナ海、インド洋などでの探査開発などが認められる。大陸棚を中心とした海底の開発は、いまでは大深度での開発も可能となったこともあり、ＥＥＺあるいは大陸棚の範囲は、沿岸国にとっての資源的な海洋権益に強く結びついていった。

海底の資源としては、石油・ガスに限らずレアメタルさらにはレアアースの埋蔵が確認されており、これらの探査、開発が大きな課題となっている。とくに、マンガン団塊、コバルトリッチクラフトは、いかに開発するかが課題だ。また、新しいエネルギー資源たるメタンハイドレート、非鉄金属、貴金属を含む海底熱水鉱床などは、探査、開発、事業化に大きな期待がかけられている。

海洋資源としては、さらに、海洋自体がもつエネルギーや資源も注目を集めている。すなわち潮流エネルギー、潮汐差エネルギー、波浪エネルギーを利用した発電システムや洋上風力発電システム、海水の温度差や濃度差を利用したエネルギーシステム、海洋バイオテクノロジーなど、海洋の利用開発は宇宙とともに現代の研究開発のフロンティアである。

海洋資源の利用としては、もちろん漁業を無視するわけにはいかない。魚類は人間の摂取する動物タンパク質の16%を占めるといわれるが、近年海面漁獲量は横ばいである[8]。世界の人口は増加し、そのタンパク質摂取の需要も増大しているので、漁業をめぐる海洋での摩擦は増加こそすれ減少する状況ではない。養殖漁業に関しては環境保全が、海面漁業に関しては資源保護が、漁業海域に関してはＥＥＺの境界と沿岸国管轄権が、国際関係においてしばしば問題となる。歴史的には、英国とアイスランドの間でタラの漁業水域をめぐり武力衝突[9]が10年以上続いたことすらある。食の安全保障にも関係するし、漁業は海洋安全保障を論じる場合の重要な要素である。

### (3)パワー・シフト

第3に、アジアを中心としたパワー・シフトの発露だが、この地域では、中国とインドが巨大な人口と国土を保有する新しい勃興国である。両者とも経済成長が高い伸び率で続き、その結果でもあるが、軍事力も急速に高めている。経済大国になる過程で、軍事的にも大国化の方向に進んでいるといっても過言ではない。また、政治が安定し、経済成長も進んできたインドネシアは、世界最大のムスリム人口を保持する国としても、今後の動向が注目される。旧ソ連の崩壊による冷戦の終焉後、世界の安全保障システムに関し、「米国の一極構造」と長らくいわれてきたが、米国の経済力も軍事力も相対的に低下して、米国のもつパワーが弱まり、中印へのパワー・シフトが発生しているといえる。米国は、しかし、人口は増加しており、軍事をも含むフロンティアの分野における技術では他を寄せ付けぬほどの高い水準を維持し、経済成長も拡大基調であるから、そう簡単にパワーの極が右から左に移るわけではないだろう。

ある意味で多極化の方向に向かっているといえるが、いずれにしても、アジアの大国勃興に伴うパワーのシフトが少なからず発生していることは事実である。

また、冷戦下の二極の一方であったロシアも国力、軍事力に回復傾向が見られ、少なくとも冷戦終焉直後の米国一極構造はかなり変化してきている、というべきである。

しかも、このパワー・シフトは、太平洋、インド洋を中心としたアジアの海洋において、あるいは、地政学的にいえばユーラシアのリムランドにおいて、生じている。したがって、海洋安全保障を考える場合、起こっているこのパワー・シフトの影響を、地政学的にもよく考える必要がある。

## (4)中国の勃興

第4に、中国の海洋戦略の影響である。以上三つの作用に密接に関係するものではあるが、日本に大きく関係する太平洋とインド洋の海洋安全保障の問題は、多くが中国ファクターにかかわるものである。

中国はもともと大陸国家と考えられてきたが、以下のような考えで、積極的な海洋戦略を展開するようになった。まず、国土の防衛という観点から、沿岸、近海、遠海の順に防衛ないし支配が重要と考え、海洋軍事力の増強とオペレーションの拡大をしてきた。

経済の成長に並行して、資源エネルギーの確保が喫緊の課題となり、海洋エネルギー資源の開発、漁業資源の確保ないし支配を進め、かかる観点で国家の海洋権益を強く意識するようになっている。

1980年代に、劉華清海軍司令員は強大な海軍の必要性を説き、沿岸防衛戦略から「近海防御」へと海軍戦略を拡大し、いわゆる第一列島線および第二列島線までを作戦の対象海域とした。今世紀に入り、第二列島線を越えて作戦を展開する「遠海防衛」が議論されるようになっている。政策面での拡大進展もあるが、中国の驚異的な経済成長をベースに、海軍の装備増強と作戦の拡大が可能となってきたという側面がある。

他方、中国はその近代史において、その時代の列強に国土を蹂躙されるなどの経験から、領土領海の回復、保全に強い意識をもち、かかる問題を、最終的には武力行使も辞さないとする、国家の核心的利益と位置づけている。近年、陸上における国境画定の進展に並行して、海洋における中国の領土領海の確保あるいは海域の支配に対して、断固たる姿勢で臨んでいる。南シナ海でも、東シナ海でも、沿岸国との間で、多くの領土、領海、境界画定紛争を起こしている。現代はポストモダンの時代で基本的には戦争は起こりにくいと考えられているが、中国はまさにいま、モダンの時代にあるようで、軍事力に加え国家の各種の力（force）を使った、強制外交を展開している。

さらに、大国化に伴い、中国は覇権的な行動も見られるようになり、アジアの国々に対する政治経済的関与、影響力の拡大、あえていえば、支配し、場合によっては衛星国化を目指し、太平洋とインド洋に一定の影響力を確保しようとしていると見ることができる。

## 2　太平洋・インド洋における海洋安全保障

わが国にとって、海洋の安全保障は太平洋とインド洋におけるものが主なものである。ただし、北極海の融氷が進むと見込まれることから、今後については、北極海および太平洋北域を無視することはできない。以下、わが国にとっての今日的な海洋安全保障の問題を海域別に把握し、考察する。

### (1)西太平洋

太平洋における日本にとっての海洋安全保障の問題は、多くは北東アジアおよび東南アジアの海域におけるものであるが、これらは西太平洋の構成要素である。ここでの多くの課題が中国に関係するが、資源の探査開発、国連海洋法条約の境界画定などは、両アジア海域の外においても、また、太平洋沿岸国ないし島嶼国との関係でも、問題となりうる。

#### A 東シナ海

東シナ海では、台湾および中国が、日本の領土たる尖閣諸島に対して領有権を主張して困難な問題が発生し、事態は深刻化している。1895年、国際法上正当な方法で、無主の土地を日本国土に編入し、実効支配を始めてから3四半世紀、中国を含めいかなる国、地域からクレームが出されなかった状況下で、1971年、台湾と中国が突然、尖閣諸島に対して領有の権利を主張し始めた[10]。以降、状況はだんだんと悪化してきた。中国は問題を棚上げし次世代での解決を待つことを主張したが、1970年代以降、何回か中国漁船の大挙来襲、活動家の上陸、中国では1992年に導入された「領海及び接続水域法」で尖閣諸島を中国領土へ組み込み、2008年には中国の国家海洋局の公船が尖閣諸島の領海内に長時間滞留、2010年中国漁船が海上保安庁の巡視船に体当たり衝突と、一方的に挑発行為を繰り返してきた。2012年に至り、石原慎太郎東京都知事が、状況打開のため尖閣諸島本島の魚釣島を民間所有者から購入する話を進めたため、政府は同島の平穏管理を維持する観点から、同島を民間所有者から国が直接購入することを9月に決定し、購入した。これを国有化と捉え、現状を大きく変更するものと中国が強く反発し、激しい反日デモと事実上の経済制裁、これに魚政、海監[11]の公船が同島周辺へ集結することを恒常化、領海内への侵入、国家海洋局所属の航空機の同島領空への接近と続き、日本側は領土領海領空防衛のため海上保安庁の巡視船と自衛隊の航空機が対応し、かなり緊張した状況になった。2013年に入り、尖閣諸島付近の公海上で、海上自衛隊の護衛艦やヘリコプターに対して、中国海軍の駆逐艦から射撃管制用レーダーが照射されるという異常な事態も発生している。領海内に入る公船に対しては、法執行がなされないため、今後長期間にわたり尖閣諸島周辺においては、中国公船の領海侵犯が恒常化する可能性があり、何らかの間違いから物理的衝突も起こりかねない。とくに、領空侵犯に関しては、航空自衛隊機が対応するなか、不測の事態も想定しなければならない状況となった。

尖閣諸島問題は、このように領有主権にかかわる問題、現場での物理的衝突の問題が懸念されているが、さらに地政学的観点から見てもわが国の安全保障あるいは国益にとって極めて重要な問題である（秋山［2012］）。

領土領海問題に関しては、東シナ海の北端付近では日韓間に竹島の領有権問題があるほか、中韓間にも岩礁をめぐる領土紛争がある。これらは、もちろんEEZや大陸棚の境界画定の問題に関係してくる。また、中国と韓国は、大陸棚に関して、国連の大陸棚限界委員会に、それぞれの大陸棚の沖縄トラフまでの延伸を申請した[12]。相対峙する国の間の距離が400海里以内の場合は、EEZおよび大陸棚の境界画定は二国間の協議で決定すると国連海洋法条約に規定されているにもかかわらず、この規定を無視する形で申請したのである。なお、中韓では、EEZ境界を越えた中国漁船の漁業活動に対して、韓国当局が厳しく取り締まることから、両国間にしばしば緊張関係が発生する。

日中間には、尖閣諸島問題にとどまらず、これにも絡んでEEZと大陸棚の境界画定問題がある。EEZに関しては、日本が国内法で、日中の中間線を境界とする（したがって大陸棚の境界も同様）と規定しているが[13]、中国はこれを認めない。中国はEEZはさて置き、大陸棚の境界を、大陸棚自然延長論に基き日中中間線から大きく日本側に入る沖縄トラフのラインと主張し、話し合いも行われない状況である。これに、尖閣諸島問題が絡むので、東シナ海での境界画定についての交渉の展望はまったく描くことができない。

しかし、中国は１９８０年代からこの中間線の中国側海域において、石油ガス田の探鉱調査、開発を進め、近年ガスの採掘段階にまできた。中間線に近接しているサイトがあるため、海底の石油ガス田が中間線を跨いで日本側に広がっている可能性もあり、日本から開発採掘の中止を求め、共同開発の提案をした。その結果、２０１０年日中間で、いくつかのサイトで共同開発の合意がなされたが、その後中国国内の反発もあって合意は履行されていない。

中国はサイトを守るためか、一時海軍の艦船を近傍海域に派遣した。また、日本は対抗上中間線より日本側での開発を考慮し、そのための海上秩序維持の観点から、同サイトを海上保安庁の巡視船により監視、管理することを目的とした法律[14]を２００７年に導入した。海洋開発に関しては、日中間で軍や法執行機関によるオペレーションが展開され、結果として物理的な衝突が起こりうる状況にある。

国連海洋法条約では、ＥＥＺと大陸棚の境界画定は相対峙する二国間の協議により解決することを前提としているが、経過措置として係争海域における共同開発などについての暫定的な取り極めを締結することができると示されている[15]。日中間および日韓間において、前者は漁業について、後者は海洋資源について、暫定措置水域ないし大陸棚共同開発区域を東シナ海に設定している。しかし、前者においては尖閣諸島近辺について何も決めていないに等しく、問題解決に向けた経過措置の役割を果たしていない。

なお、尖閣諸島問題、漁業問題に関しては、中国のほか、台湾が領有権ないし伝統的漁業権を主張しており、中国とは別に日本は台湾への対応が必要である。尖閣諸島は、そもそも、大陸中国ではなく台湾が歴史的権原をもっていたかどうかという問題であり、１９７１年に領有権を主張し始めたのも台湾の国民党政権が最初であった。中国が尖閣諸島は古く歴史的に中国の領土だったと主張する明の時代は、中国はそもそも台湾を国土として領有していなかったことは明らかであるので、中国が同諸島を古くからの中国固有の領土と主張するのはおかしなことである。その後も含め、中国による同島の実効支配の事実および領有の証拠はまったくない。

台湾もしばしば多数の漁船を尖閣諸島に送り込んでくるし、最近は海洋巡防署（コーストガード）の公船も随伴したりしている。ただし、台湾当局者は尖閣問題で大陸中国と共闘することはないと公言しているし、話し合いによる平和的解決を呼び掛けている。[16] その意味で、２０１３年４月に、日台間で日台漁業協定が合意、締結されたことは、重要なステップであった。

東シナ海にとどまらないが、中国の海洋戦略は、この海域の安全保障上大きな問題を提起している。よくいわれるように、日本本島、奄美群島、沖縄、八重山諸島、台湾、フィリピンをつなぎ、南シナ海を囲む第一列島線と、小笠原諸島、グァム島、ミクロネシア、パラオ、パプアニューギニアに至り大きくフィリピン海を囲む第二列島線（防衛省防衛研究所［２０１２：10］）を意識し、まずは第一列島線の内側を中国の海として守り、次いで第二列島線の内側を支配して敵国の自由な活動を阻止する構想をもつ。１９９０年代までは、そうはいってもカがなく、何とか第一列島線内を防御する体制を確立するのが精一杯であったが、今世紀に入り、進む経済成長に応じて海軍力の近代化、増強も進み、第一列島線の外にも影響力を広め始めた。中国海軍の艦船が、訓練など作戦の展開のため、沖縄本島と宮古の間の海域を通り抜けて太平洋に出入りする回数が、年を追って増加している（防衛省防衛研究所［２０１２：38］、図1参照）。

中国は国土の防衛という観点から、この列島線のなかの防御、防衛、支配を強く意識している。脅威の対象はもちろん米国であり、さらには、日米同盟の海軍統合力であろう。中国の考える防衛には、もちろん台湾が含まれたものであり、とくに台湾独立阻止、海峡問題に関する外国の干渉排除を念頭に置いていることはいうまでもない。２０１３年11月、東シナ海に中国が、近隣諸国の防空識別圏（ＡＤＳＬ）と重なる形で一方的に中国のＡＤＳＬを導入し、国際社会から厳しく批判されたが、これは、このような流れのなかでの中国の行動の一環と見ることができる。

中国ではさらに、近年、これら列島線の外をにらみ、遠海防衛が議論され始めている。空母の就役などに見られる、

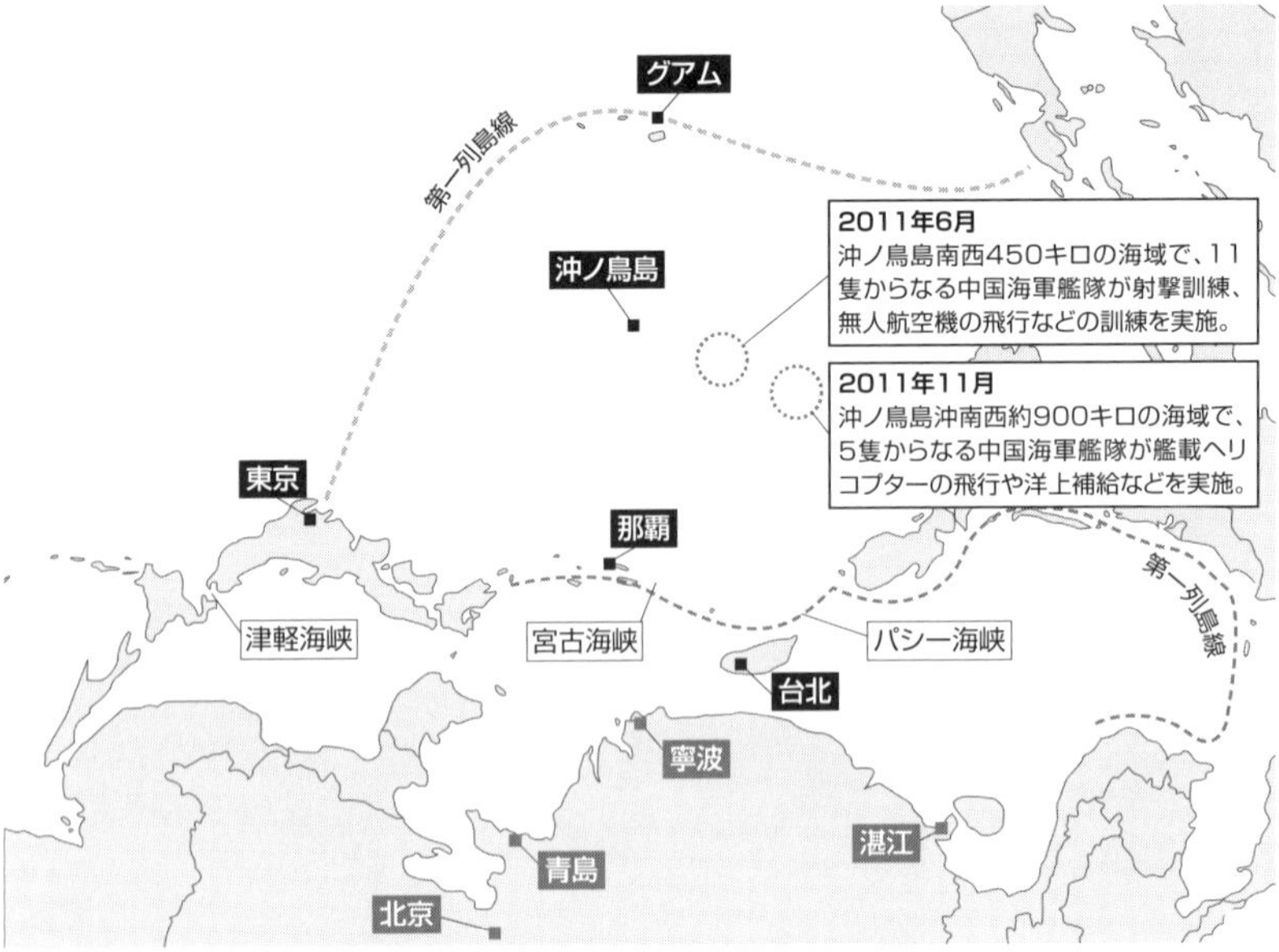


図１　第一、第二列島線（防衛研究所『中国安全保障レポート2011』10頁、「図１　2011年に実施された西太平洋における中国海軍の演習」より）

世界的な規模での戦力投射、軍事活動を考え始めている可能性を否定することはできない。中国が主観的に中国防衛を目的にしていると思い込んでも、その対象海域の広さを考えれば、中国本土の防衛範囲を越え、海洋の支配、アジア地域への覇権の確立、世界への軍事力の拡張といった方向へ歩んでいると見なければならない（平間［2007：12］、防衛省防衛研究所［2012：10－11］）。これは、まさにパワー・シフトの問題であるため、相対的には力を落としている米国とともに日本がとりうる対応を考えなければならない。

### B　南シナ海

南シナ海に関しては、200を超えるといわれる島、岩礁などをめぐる領土紛争が大きな課題である。EEZや大陸棚を有する島はそれほど多くなく20を下回るといわれている。実質的には、中国と他の沿岸国との対立であるが、ヴェトナムもほぼ全域の領有権を主張していることもあり、中国以外の沿岸国同士も領土紛争を抱えているのが実態である。しかし、中国は１９６０年代以降、軍事力を使っていくつかの島嶼の実効支配を確立し、近年は非軍事ではあるが法執行機関の力（force）を使用した強制外交を展開して領土領海の囲い込みないし取得、維持を図っており、周辺国との摩擦が大きくなっている。

日本にとっては、南シナ海は資源エネルギーなどの海上輸送にとって重要なシーレーンの通る海域であり、その安全の確保は死活的な国益そのものである。したがって、この海域が領土領海紛争、これに伴うＥＥＺや大陸棚に関する境界画定の紛争により不安定になることは国益に反する。

また、相手が中国であるということになると、島嶼に関する主権問題は、東シナ海で起こっている事案とオーバーラップする。尖閣諸島問題に関する中国の強制外交に対して日本が島を守る強い作戦を展開していることに南シナ海の沿岸国たる東南アジア諸国が喝采を送るのは、同海域で同じ問題を中国によって引き起こされているからに他ならない。

中国は、第二次世界大戦終了の１９４０年代に、南シナ海を、いわゆる11破線（現在は9破線）で大きく囲い込み、この内側は中国の領土（島嶼など）領海、あるいは「中国の海」などと主張してきた[17]。これに対しては、ヴェトナムがほぼ同じ海域を、フィリピンがフィリピン西方と南沙諸島について、それぞれの領土、領海の主権を主張した。このほか、マレーシア、ブルネイ、台湾がそれぞれ同海域に対して主権の主張を行い、とくに南沙諸島に関しては、６カ国・地域が重複して主権を主張している状況である（防衛省防衛研究所［２０１１：17］、図2参照）。

１９７０年代に中国は軍事力によりヴェトナムの支配を排除して西沙諸島を手中にし、80年代から90年代にかけても、国家の力（軍事力を含む）を使用して、南シナ海の多くの島嶼を次々と支配下に入れてきた。多くの手口が、まず漁船の大量進出、国家権力による対象島嶼の調査、島嶼の陸上からの管理支配、軍による基地の建設と軍の常駐、実効支配の確立、と進んでいく形をとる。最近では、南シナ海の広範な海域を対象に新たな市制を敷くなどして、行

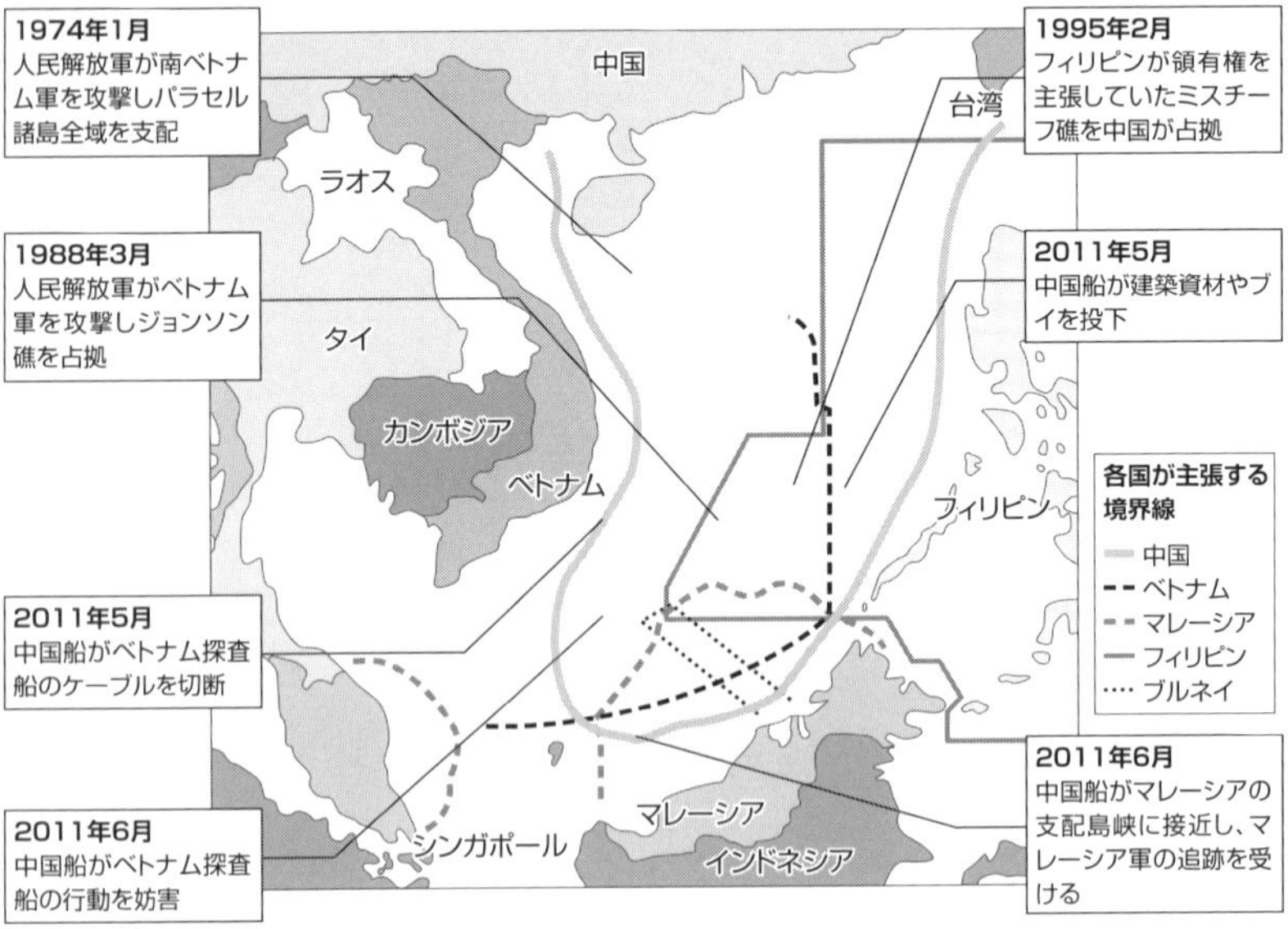


図2　南シナ海における沿岸国の主張する境界線（防衛研究所『中国安全保障レポート2011』17頁、「図3　南シナ海で各国が主張する境界線と主な対立事件」より）

政施行権の確立などを進めている。[18] 尖閣諸島に対しても、いままさにこれらのプロセスと同じことを進めている観を呈している。

南シナ海における中国以外の沿岸国はこういう展開を懸念し、沿岸国が主な構成メンバーたる東南アジア諸国連合（ＡＳＥＡＮ）は、１９９０年代に「南シナ海宣言」（92年）や「南シナ海の最近の情勢に関する外相声明」（95年）を発出し、問題の平和的解決を中国に呼びかけた。この結果、２００２年に、ＡＳＥＡＮ諸国と中国は「南シナ海関係諸国行動宣言」に署名し、共同開発の動きなども出てきた。しかし、この頃国際的な協調姿勢を示した中国は、最近に至り再び強硬姿勢に転じており、魚政によるパトロールの強化と暴力的行為の発生（インドネシアの巡視船に砲の照準を合わせる、ヴェトナムの資源調査船の探査ケーブルを切断するなど）が続いている。有望と見られるヴェトナム沖の大陸棚資源、あるいは南シナ海全体に期待される資源開発に関して、あらためて中国が9破線内の支配に強い意思を示し始めたといってよい。

近時での具体的領土紛争事例は、フィリピンとの間にあったスカボロー礁である。従来はフィリピンがその領有権を主張し支配し、フィリピン漁民の活動対象地域であったが、中国漁船の侵入も多く、中国はこれを護る公船を繰り出し、2012年、フィリピン側艦船とにらみ合いを続けた後、フィリピンが引き下がり、現在は事実上中国の支配する島嶼となった。フィリピンはこれに対して、国際仲裁裁判所の請求を起こしている。

南シナ海についての中国の関心は、資源開発だけではない。中国の領土領海に対する強い関心がもちろんその背景にあるが、さらに、中国はその安全保障上の理由から、この南シナ海を完全に中国の支配下に置き、外国とくに米軍によるこの海域での軍事活動を拒否することを考えている。国連海洋法条約の運用ないし適用について、中国は、領海は当然としてもその外側のEEZ（およびその上空）において、沿岸国（中国）の許可なくして非沿岸国（米国）の軍艦の活動・作戦・行動を認めない立場をとっている。これに基く中国の軍事作戦を、米国では接近阻止・領域拒否（A2／AD）[19]作戦と呼んでいる。その意味でも、中国にとっては、南シナ海の9破線内の領土およびそれに伴うEEZの確保は、極めて重要となる。逆にいえば、非沿岸国とくに米国にとっては、従来軍の活動がまったく自由であった南シナ海で大きな制約を受けることとなり、米国海軍・空軍の世界的戦略・作戦に重大な支障が生じることになる。米国は中国以外の沿岸国の要請も受け、南シナ海問題に関与することを決意し、南シナ海に関して航行自由の確保と紛争の平和的解決を強く訴えている[20]。

中国は、軍事的観点からのみ南シナ海を見ているわけではない。エネルギー、鉱物資源の大輸入国になった中国としては、太平洋インド洋を通じたシーレーン防衛が重要な課題となっている。中国は、マラッカ海峡もインド洋も結局は米国に支配されていると見ており、少なくともこの南シナ海は、東シナ海、黄海とともに完全に中国の支配下に置いて、中国にとってのシーレーンの安全の確保を図ろうとしていると考えられる。この問題は、以下のインド洋に関して、さらに述べる。

### (2)インド洋およびマラッカ・シンガポール海峡

マラッカ・シンガポール海峡は、通過する船舶の多さと航路が狭隘であることから、従来から航行安全の確保が重要な課題であった。これは、日本にとっても、タンカーなどによるエネルギー資源の輸送ルートの確保、まさにシーレーンの安全確保そのものであった。前述の通り、日本は、日本財団が中心となり、過去40年にわたり総額約140億円の対策費をつぎ込むなど、同海峡の事故防止、安全対策という観点から大きな関与をしてきた。

1990年代前後からは、事故防止の問題とは別に、海賊事案が頻繁に発生するようになった。海賊事案は、同海峡にとどまらず南シナ海あるいはアンダマン海、インド洋に広がり、その対策、防止は海洋安全保障の重要な課題となっていった。1999年、日本の貨物船アロンドラ・レインボー号がマラッカ・シンガポール海峡で、海賊にハイジャックされ、約1カ月後に偽装された同船がインド洋でインド海軍に捕捉された事件が起こっている。

海賊問題についていえば、その後、インド洋の西方、アフリカの角のソマリア沖あるいはアデン湾で身代金目当ての大胆なハイジャック事案が頻発し、2008年の国連安全保障理事会の決議を受けて、多くの国が海軍の艦船や哨戒機を同海域に派遣して、海賊行為の防止ないし海賊の撲滅のため活動を行ってきた。日本も2009年より、護衛艦2隻、哨戒機2機を派遣し、当海域における民間船舶の護衛などを開始し、今日に至っている。海賊対策のため軍艦を派遣している国は20カ国程度に上り、派遣艦船も全体で40隻を超える。このような国際協力による対海賊作戦の効果もあって、なかなか減らなかった海賊行為、ハイジャック事案は、2012年以降急速に減少してきた。

2001年9月に発生した、アルカーイダによる米国テロ事件に対して、米国が開始した対テロ作戦、対タリバン、対アフガニスタン戦争に国際社会も呼応し、インド洋を中心にアフガニスタンに対する軍事作戦が展開された。日本もテロ特別措置法[21]を制定し、補給艦と護衛艦2隻を派遣して、インド洋にて対テロ作戦を展開する米国他数カ国の艦船に対する給油活動を行った。インド洋における各国艦船の作戦展開は、海を利用するテログループの武器輸送などの抑止にも効果を発揮した。

海賊やテロの活動の場となったインド洋は、日本のみならずアジアや欧米において、シーレーンの安全の確保があらためて注目される場となった。実はこれ以前においても、インド洋に接するアラビア海のホルムズ海峡で、1980年代におけるイラン・イラク戦争において、タンカーをはじめ民間船舶がイランおよびイラクからの攻撃を受け、400隻以上が被弾される事件が発生している。

中国は、ちょうどこの頃から石油ガスなどエネルギー資源の輸入国に転じ、新世紀に入ると中近東からインド洋、マラッカ・シンガポール海峡、南シナ海、東シナ海にわたるシーレーンの安全確保に強い意欲を示しだした。パキスタンのグワダル港、ミャンマーのシットウェイ港などいくつか港湾の近代化に資金投入して、これら港湾利用の権益を確保し、海上輸送の拠点としてシーレーンの安全を確保する（秋元［2007：24］[22]）とともに、両地点から陸上パイプラインで中国にエネルギー資源を輸送することを構想している。中国はまた、ミャンマーを拠点としてインド洋に対し関与を強めている。これに対して、インドは強い警戒心を示し、海軍力を増強するとともに、インド亜大陸およびアンダマン・ニコバル諸島において新たに海軍基地を開設するなどの対応を見せた。

### (3) 北極海・北太平洋

地球温暖化の影響で、北極海の氷の融解が進んでいる。いろいろな推測、見通しがあるが、それらを考慮すると、2030年頃には夏場を中心に数カ月間氷が消失し、2050年頃には1年を通して氷がなくなるだろう、との推測がある。北極海を利用した海上輸送は、欧州と北東アジア間の運行が南回り（スエズ運河経由）で行われるのに比べ、距離、時間とも40％程度短縮されるので、将来的にはこれが主流となるだろう（図3参照）。

また、ピークを過ぎた北海油田に代わって、その北方の海域、バレンツ海その他北極海で石油ガス資源の探鉱、開発が進められている。北極海に面した陸地における資源開発も進んでおり、その輸送の中心が北極海を利用する海上輸送になることが想定される。

冷戦時代、氷で閉ざされていた北極海は、海上交通を前提とした大国間ないし主要国間の安全保障上の問題は基本的にはなかった。[23] 北極海の海上航行不可を前提としたマッキンダーの説く地政学論は、現在、根底から条件が変わりつつあると考える。北極海の海上交通が可能となり一般化するとなると、これは安全保障上大きな問題を投げかける。とくに、世界の大国、軍事大国たる米国とロシアが、北極海を挟んで海上を通じ直接対峙するという姿となる。実際、ロシアは北極海ないし北極圏を対象とした特別な軍隊組織を立ち上げ、戦力および態勢の整備を行っており、米国は、２０００年代に入り本格的に、北極海をにらんだ海軍戦略のあり方を検討している。北極海は、冷戦下とはまったく異なる形で、安全保障上の大きな課題となっている。しかも、シーレーンの問題、資源開発の問題、安全保障の問題、さらにいえば環境保全の問題が重層的に現れ、日本にとっても、米国の同盟国という立場、および地政学的視点から、今後は、この北極海ファクターを考えていかなければならない。

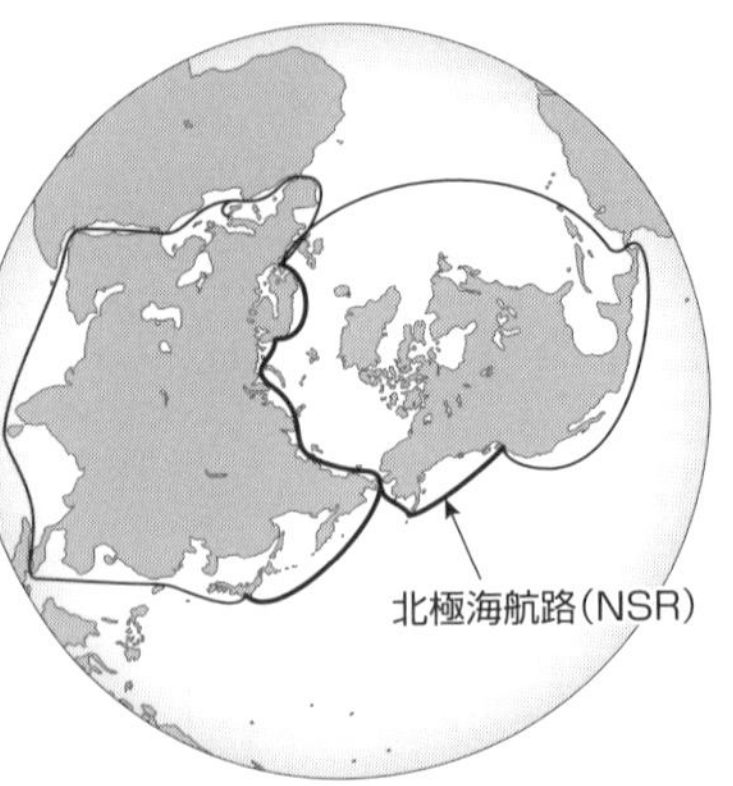


図３　北極海航路と従来航路との比較（北川弘光「北極海航路時代到来か」、OPRFニューズレター177号、2007年より）

資源の開発、とくに漁業、そして環境保全の観点からは、北太平洋についても、我々は考慮を払わなければならない。とくに日本は、その北方に位置するサハリンにおける海上資源開発の問題、海上交通の増大、好漁場をめぐるさまざまな問題に直面している。マラッカ・シンガポール海峡を通航する船舶の2分の1、ないし3分の1が北極海周りとなって津軽海峡や宗谷海峡、日本海を通航するかもしれないことを考えると、タンカーあり、LNG輸送船ありで、この海域の安全の確保、環境保全は深刻な課題となるだろう。他方で、北極海航路の開啓は、日本によるグローバルな海運物流ネットワーク構築の好機となるかもしれない。

## 3　わが国の対応――新たな海洋戦略の展開

以上の、海洋安全保障への作用と太平洋、インド洋等における海洋安全保障の考察を踏まえ、わが国としてどう対応し、いかなる海洋戦略を展開すべきなのかを考えてみたい。第1に海上交通の安全確保、テロ対策などへの対応として海上自衛力の遠方展開、第2に海洋の安全保障の特性として法秩序および海洋ガバナンスの重視、第3に海上自衛力の拡充強化と実効ある運用の展開、第4に国際的、国内的協力・提携の強化である。

### (1)海上自衛力の遠方展開

伝統的なシーレーンの安全確保に関しては、日本国籍ないし日本企業の管理する船舶の安全確保のためには、日本からの航路帯約1000海里を対象にしている現状（防衛省防衛研究所［2012：203］[24]）から脱却し、インド洋もアラビア海も対象にしなければならないだろう。ユーラシアブルーベルトには4本の大きなシーベルトがあるという。北インド洋、南インド洋、東アジア、オセアニア各シーレーンである（秋元［2007：21］）。日本にとっては、いずれも重要だが、とくに北インド洋、東アジア各シーレーンは核心的に重要である。日本はすでに、対テロ（アルカーイダ）作戦あるいは対海賊作戦において、遠方に艦船を派遣してシーレーンの安全確保の活動など海上安全保障作戦を行っており、かかる海域での一般的なシーレーン安全確保を他国に依頼する考えはとりえないと考える。

また、陸上におけるテロへの対応についても、艦船による海上輸送力はつねに重要であり、また、大量破壊兵器の拡散防止でも、海上輸送の監視は必須である。かかるテロがらみの安全保障活動として、日本は今後世界大での活動、国際協力活動や国民救出活動を、「恒常的」かつ「臨機応変」に展開することが求められる。このための法整備も喫緊の課題である。

## (2)国際法秩序

南シナ海問題を取り上げればよくわかることだが、海洋安全保障については、国際法や国連海洋法条約に基づく法にかなった対応がとくに重要であり、要すれば、海洋ガバナンス確保のため新たな法秩序ないしルールの導入も、日本として先導的に取り組むべきものである。このことは、２００７年に制定された海洋基本法の精神、基本原理に沿うのである。[25] 領海もさることながら、接続水域、ＥＥＺ、大陸棚に関しては、それぞれの海域の特性に関し、また、それらの境界画定に関しては、法に基づく対応、議論、説得などによる、つまり武力の使用に至らぬ外交上の作用がとくに重要になる。東シナ海、南シナ海において強制外交を進める中国に対しては、関係国との連携とともに、この法秩序を尊重した平和的解決の重要性を、また、そのこと自体が中国にとっても有効な解決手段であることを、理解させなければならない。

同時に、中国の軍事力強化への対応を怠ることは許されず、以下に示すように考えていかなければならない。

### (3) 海上自衛力の増強

中国の勃興、米国の力の相対的低下を考えれば、抑止力を確保し、パワーバランスを維持するため、海上自衛隊の装備の増強、体制の整備、効果的な作戦の展開、国際協力、他のフォースとの協調などが重要である。

装備に関しては、艦船の近代化と増強を進める必要がある。新しい中期防衛力整備計画においては、増強と近代化に一定の前進があったが、さらに高い目標を明示してほしい。日本を取り巻く海洋安全保障環境の変化を踏まえ、空母についても、防衛力を高める上で必要ならば、導入ないしそれと同等の効果をもたらす手段の研究、検討は進めるべきではないか。

体制の整備に関しては、南西方面重視を実際に目に見える形で具体化するとともに、将来における北極海利用の拡大にからむ安全保障問題をにらんだ対応を検討しておく必要がある。また、洋上の安全保障を考えるならば、航空自衛隊の体制整備を合わせ検討しなければならない。米国では、いまだ観念的段階かもしれないが、エアシーバトル構想が論じられている。これは、中国のＡ２／ＡＤ作戦に対抗するものと認識されているものである。

実効定員の著しい抑制による定員割れで、艦船などの稼働率に支障をきたしている実態を改善すべく、予算定員は実効でも１００％手当をするべきと考える。もちろんアウトソーシングの拡大により、定員をより有効、効率的に使用することも重要である。

日本の海上自衛力は、同盟国米国の海軍力と協力することによって大いなる力を発揮する。逆に、米国も日本の海上自衛力に依存している部分も大きく、日米両国の海軍力はその統合的運用、オペレーションが極めて重要である。このため、日米の統合訓練は、質的にも量的にも拡充し、訓練形態、組み合わせ、訓練場所について、実効性や効果を十分考慮した、レベルの高いものを実施すべきである。

オペレーションに関しては、もちろん情報収集、情報技術、情報分析、情報シェアー、情報の発信といった面で、とくに日本は相当の努力をしなければならない。同盟国米国は、情報活動においては、世界屈指の大国である。日本は受動的な状況から脱却して、相互作用が見られる方向へ進む努力が必要である。とにかく情報分野のヒューマンリソースが不十分である。

### (4)国内外における協力

海洋安全保障の場の広がりと、起こっている事象、すなわち海賊、国際テロ、大量破壊兵器の拡散、海洋資源をめぐる争いを考慮すれば、米国以外の多くの国との提携、協力関係の強化が重要である。とくに、航行の自由、海洋利用の自由が危険に晒されている一方、非民主国家の勃興などを考慮すれば、価値観を同じくする国で海洋大国に向かっているインドとの連携を強化すべきと考える。インドは、もとは大陸国家だったと思うが、現在は海洋に目を向け、海軍力の増強、近代化を急速に進めている。「自由と繁栄の弧」(一方で「不安定の弧」)のほぼ両端に位置する二つの海洋大国、日本とインドは、「限りなく同盟関係に近い戦略的パートナーシップ」の関係を確立すべきであると考える。たとえば、改定された武器輸出三原則(防衛装備移転三原則)に基づき、米国、英国、豪州に続き、インドに対しても大幅緩和ないし適用除外とすることを考えなければならない。

国内での他のフォースとの協力については、航空自衛隊のみならず、海上保安庁との協力、提携が重要となる。東シナ海のみならず南シナ海においても、中国により法執行機関のフォースを使った強制外交が展開されているなか、コーストガードと海上自衛隊の間で、危機管理マニュアルを共有し、各種演習、訓練の実施が欠かせない。また、警察との協力も考えておかなければならない。

海洋安全保障に対する日本の立場を明確にするためにも、以上のようなことを含めた、日本の海洋安全保障戦略を具体的に明らかにして、これを国家安全保障戦略や防衛大綱にはっきりと記述することが重要だ。そのこと自体がソフトパワー的な政策効果をもたらすと考える。

## 注

1 一般社団法人日本船主協会調べ。
2 同上。
3 正確には、12海里「以内で沿岸国が定める」ことになっている。わが国の場合、津軽海峡ほか国際海峡の海域では、領海を3海里に設定している。接続水域、EEZの境界についても、同様の規定ぶりとなっている。
4 海洋法に関する国際連合条約（国連海洋法条約。1982年採択、1994年発効）第3条、第33条、第57条、第76条。
5 同条約第74条、第83条。
6 同条約56条、58条、第77条。
7 同条約第121条。
8 漁業には、海面漁業のほか近年比重を高めている養殖漁業がある。
9 1958年~1976年。俗にタラ戦争（Cod War）と呼ぶ。
10 尖閣諸島の問題に関しては、外務省のホームページ中、「尖閣諸島に関するQ&A」が詳しい情報提供をしている。http://www.mofa.go.jp/mofaj/area/senkaku/qa_1010.html 参照。
11 漁政は漁業取り締り機関、海監は海洋権益保全機関。
12 それぞれ、2012年12月14日および16日に申請。
13 排他的経済水域及び大陸棚に関する法律（1992年法律第74号）第1条。
14 海洋構築物等に係る安全水域の設定等に関する法律（2007年法律第34号）。
15 国連海洋法条約第74条、第83条。
16 馬英九総統による「東シナ海平和イニシャティブ」の提起（2012年8月）。
17 中国はこれまで、9破線ないしその囲む海域について公式に、法的性格を表明してこなかったが、ヴェトナムとマレーシアによる大陸棚限界延長に関する共同申請に対して、下記口上書を国連に送り、そこで初めてこの海域について公式に言及した。それによれば、領土主権主張の内容の是非はともかく、一応国連海洋法条約の考えに沿った説明となっている。「中華人民共和国国連代表部から国連事務総長に対する口上書」（2009年5月）。

18 2012年7月、中国は西沙、中沙、南沙各諸島を管轄する三沙市を発足させた。

19 Anti-Access / Area Denial、接近阻止・領域拒否。「中華人民共和国の軍事力2009」（米国防長官より議会への年次報告　2009年3月）。

20 クリントン米国務長官発言（アセアン地域フォーラム、2010年7月）。

21 「2001年9月11日にアメリカ合衆国において発生したテロリストによる攻撃等に対応して行われる国際連合憲章の目的達成のための諸外国の活動に対してわが国が実施する措置及び関連する国際連合決議等に基づく人道的措置に関する特別措置法」（2001年法律第113号）。

22 インド洋からマラッカ・シンガポール海峡を通り、南シナ海にかけて、いくつかの拠点港を確保するこの中国の戦略を、米国では、The Strings of Pearls「真珠の首飾り戦略」と名付けている。

23 もちろん、冷戦時代の北極海でも、海上の上空では米ソの戦略爆撃機が、氷海の下では潜水艦が作戦を展開し、両者が対峙していたが、これまでの地政学論で見る限り、異質の条件下にあった。

24 海上交通の安全確保のための現在の作戦は、周辺数百海里の海域で行う場合と航路帯を設定して行う場合があり、後者の作戦はおおむね1000海里の海域を設定するとしている。それ以遠を否定しているわけではない、と当局はいうかもしれないが、それならそう明記すべきである。

25 海洋基本法（2007年法律第33号）第7条。

## 参考文献


秋元一峰［2007］「ユーラシアブルーベルトのシーレーン防衛」『国際安全保障』第35巻第1号。

秋山昌廣［2012］「尖閣諸島に関する地政学的考察」『島嶼研究ジャーナル』第2巻1号。

平間洋一［2007］「海洋権益と外交・軍事戦略」『国際安全保障』第35巻第1号。

防衛省［2012］『平成24年版防衛白書』。

防衛省防衛研究所［2011］『中国安全保障レポート2011』。

防衛省防衛研究所［2012］『中国安全保障レポート2012』。

# 第9章　宇宙空間の安全保障利用
## ——その歴史とわが国の課題

橋本靖明

要約

宇宙空間は、公海やその上空（公空）、さらにはサイバー空間のように、いずれの国家の領有権も及ばない、すべての国に開かれた公共の領域、グローバル・コモンズである。そうした宇宙空間は、わが国を含む先進国にとっては外交、安全保障上欠かせない重要な活動領域となっている。

宇宙空間は、冷戦期には、主としてインテリジェンス収集を目的として安保利用がなされてきた。光学式とレーダー式の偵察衛星が東西両陣営の相互監視のために用いられた。さらに、弾道ミサイルの発射を探知する早期警戒衛星や電波情報を観測する電波偵察衛星、長距離通信を行うための通信衛星などが開発され、それぞれ利用されてきた。

こうした傾向が変化するのは冷戦後のことである。偵察衛星技術の民間開放が進み、民生用リモートセンシング市場は急速に拡大して、安保部門がこれを積極的に利用する形態が生まれた。また、ＩＴ技術の進展が情報における軍事革命をもたらし、衛星システムを組み込んだＣ４ＩＳＲ（指揮・統制・通信・コンピュータ・情報・監視・偵察）の整備が宇宙先進国では行われている。現在では、ＧＰＳや各種衛星を利用することで、地球規模での軍事行動が行えるようにまでになっている。他方、宇宙技術の進展に伴い、一部の国家によるＡＳＡＴ（対衛星兵器）実験などによるスペース・デブリ（宇宙ゴミ）大量発生の問題が生じており、その対策は急務である。

日本は１９７０年に始まる宇宙活動の当初から、宇宙の開発は非軍事的利用目的にのみ限られるとして、宇宙科学や民生用技術の発展にもっぱら意を注いできた。非軍事部門での宇宙利用に関しては、世界の中でもトップクラスの成果を挙げている。しかし、わが国は安全保障目的では、社会的に一般化した宇宙技術の利用しか認められてこなかったため、他の宇宙先進国のような、宇宙活動を安全保障に深く組み込む形はとられなかった。

こうした日本の宇宙開発体制は、宇宙基本法の制定（２００８年）を契機として変化しつつある。わが国は、国際法と憲法の理念に従い、国際社会の平和と安全、日本の安保に資するように宇宙を利用することとなった。ただ、その具体的内容についてはまだ検討の途上にある。

今後は、宇宙ゴミが急激に増大しつつある現在の宇宙状況に鑑み、そうした状況の監視や低減にわが国の技術を応用するとともに、インテリジェンス収集の機能を拡大して、わが国とアジア太平洋地域の平和と安全に資する宇宙利用を進めることが望まれる。宇宙開発と利用は、わが国の外交、安保、産業政策等と密接不可分の関係にあることを認識した上で、関係機関の間での議論を通じて適切な宇宙開発戦略を定め、長期的な視点に立った技術開発を行っていく必要がある。

## はじめに

宇宙空間は、公海やその上空（公空）、さらにはサイバー空間のように、いずれの国家の領有権も及ばない、すべての国に開かれた公共の領域（グローバル・コモンズ）であるが、この空間はいまや、国家、とりわけ先進国にとっては、外交、安全保障上欠かせない重要な活動領域となっている。また、経済面においても、その利用は必須である。各地で不安定な状況が生起している今日の国際社会において、宇宙空間のような公共に開かれた領域を積極的に利用し、地球上で起こる各種事態の変化を捉えられるようにすることには大きな意味がある。わが国の周辺でも、安定化には程遠い状況の朝鮮半島情勢や、海洋進出に力を入れる中国の動向など、宇宙空間を利用することによって得られる情報は、地域の安定と繁栄のために不可欠であり、そのための体制構築が、わが国においても求められているところである。

本章は、そのような状況認識に立ち、海洋・サイバーと並ぶ、新しい安全保障上の重要領域である宇宙空間を取り上げる。宇宙空間がどのように安全保障上利用されてきたかについてその歴史的経緯を概観し、特徴を分析した上で、今後のわが国の宇宙開発、利用に関する留意点、課題の一端を示すよう試みる。

## 1　間もなく還暦を迎える宇宙利用

1957年のソ連（当時）によるスプートニク1号打ち上げ以来、その利用が間もなく60年を迎えようとしている宇宙空間であるが、そこで展開される技術は、現在の私たちの生活に不可欠の一部となっている。たとえば、天気予報には静止軌道に打ち上げられた気象衛星が利用されている。自動車に搭載されているカーナビゲーションシステムは、グローバル・ポジショニング・システム（Global Positioning System：GPS）衛星からの電波を受信して機能している。GPSは正確な時刻を発信しているため、その時刻を用いた金融決裁が世界のスタンダードとなっている。海外との通信やテレビ中継画像の一部はインテルサット（Intelsat）などの通信衛星を介している。船舶や航空機から我々が電話できるのも、移動体通信衛星インマルサット（Inmarsat）があるからである。このように見てみると、私たちの日常にいかに宇宙空間の利用がかかわっているか実感できる。

しかし、宇宙利用はこうした一般生活上の利用だけではない。たとえば、近年の北朝鮮のさまざまな活動のうち、ミサイルや宇宙開発の動向も、我々は、宇宙からの遠隔探査（リモートセンシング）によって知ることができる。2012年12月12日に北朝鮮が東倉里から打ち上げた光明星3号と呼ばれる人工衛星の準備状況が、米国の民間企業が保有する衛星からの撮影画像を解析して報道されたことは記憶に新しい。[1] 寧辺における核関連施設の動向が、衛星から撮影された画像に他の情報も加味して分析されていたことも周知のことである。[2]

もちろん、宇宙からの観測能力を有する各国は、独自に画像情報を収集して、これらの事案に対する外交・安保方針を決めたはずである。つまり、宇宙空間は、政策決定に資し、軍事利用にも有用な重要な領域でもあるのである。

宇宙の安保利用は、実は、一部の例外を除くと、世界的には宇宙利用の主要目的である。むしろ、軍事、安全保障目的のために宇宙利用が始まったといったほうが正確であろう。前述のＧＰＳにしても、測位目的で開発され、米軍によって打ち上げられ運用されている宇宙システムであり、私たちはその恩恵を蒙って、その位置情報や時刻情報をカーナビゲーションや金融決裁に利用しているにすぎないのである。

## 2　冷戦期の宇宙安保利用

### (1)冷戦期の宇宙利用

東西冷戦期の宇宙利用の基本は、相手側勢力の軍事動向を的確に把握するということである。米国とソ連を頂点とする東西各陣営は核弾頭を搭載する長射程の大陸間弾道ミサイルを有しており、実際に使用する場合に備えて攻撃対象を選定し、その位置や状況を恒常的にチェックする必要があった。また、対立陣営の軍事行動も随時観測しておく必要があったのである。

たとえば、英国とアルゼンチンとの間で1982年に起こったフォークランド紛争では、偵察衛星によって得た英国艦隊の行動をソ連（当時）がアルゼンチン側に通知し、その情報がアルゼンチン軍による英海軍艦艇の撃沈につながった。[3] また、建国以来ソ連が初めて保有した空母、アドミラル・クズネツォフを建造途中に撮影し、その装備や性能を進水の前に推定できたのは、米国の偵察衛星の成果であった。[4]

さらに、東西間の軍備管理・軍縮条約では、その履行状況を検証する査察官が相互に派遣されたが、それに加えて、双方の偵察衛星を国家検証手段（National Technical Means）として認め、宇宙からも査察を行うことで条約違反を防止することとした。[5] これらは、宇宙空間を利用した安全保障の例である。

対峙する東西両陣営は数十年にわたって、宇宙利用を軍事活動上不可欠の要素として組み込んできた。これらの活動は、1967年の宇宙条約[6]が定める、大量破壊兵器の地球周回軌道や宇宙空間への設置禁止規定（宇宙条約第4条）に抵触しない、合法的な宇宙利用である。[7] これらはまた、侵略行為を禁じる国連憲章を含む国際法が適用される（宇宙条約第3条）とされた宇宙空間で認められる、非侵略的（non-aggressive）な利用形態でもあった。[8] 以下に、宇宙大国であった米国や旧ソ連が行った宇宙活動を衛星の機能ごとに概観してみる。

**①偵察衛星**（画像偵察、電波偵察）

冷戦期以来現在まで、偵察衛星が軍事衛星の主力である。冷戦期は米ソ二大国が数多くの偵察衛星を地球周回軌道

米国の偵察衛星KH-12と似た形状と考えられているハッブル望遠鏡
http://asd.gsfc.nasa.gov/archive/hubble/overview/intro.html

に投入、互いの軍事活動を監視する体制を整えていた。カメラで撮影する光学衛星と、合成開口レーダーによって撮影するレーダー衛星の2種類が画像を撮影し、さらに電子偵察衛星は電子情報を収集した。

光学衛星はいわば望遠のデジタルカメラであり、高解像度の撮影ができるが、曇天時や夜間、意図的に建物内に隠蔽している場合などは何も映らないという欠点ももつ。[9]

光学衛星の欠点を克服するのがレーダー衛星である。電波は雲も透過し、夜間でも地上に到達するため、天候と時刻を問わずに使用できる。光学式に比べると一般に解像度が低く、光学衛星同様、隠蔽された物は見えない弱点はあるが、宇宙先進国は、光学、レーダー衛星の両方を運用することが多い。[10]

さらに、電波が地上のどんな地点から出されているかを探知する電子偵察衛星もある。対立陣営のレーダー施設や通信施設の位置を特定することに役立つと考えられる。

**②早期警戒衛星**

弾道ミサイルの発射の際に発生する赤外線を捉えて地上に通報する衛星システムである。このシステムが弾道ミサイル発射を探知すれば、その防御や反撃の準備が行われることになる。当初は大陸間弾道ミサイルのような長射程ミサイルの発射をもっぱら監視していたが、現在では射程の短いミサイルの発射探知までカバーできるようになっている。

### ③通信衛星

部隊を海外に展開しようとする場合、地上の有線、無線の通信システムだけでは長距離通信は不可能である。また、海上の船舶や飛行中の航空機のような移動体との通信も、地上系システムでは十分にカバーできない。大規模かつ迅速に部隊を海外展開しようとする国家は、こうした欠点を補うために軍事用通信衛星システムをもつ場合がある。

### (2)冷戦期の宇宙安保利用の特徴

こうした衛星の軍事利用形態を見ると、通信衛星のようなものはあるが、多くは基本的にインテリジェンスの収集が目的であったことがわかる。軍事用衛星のほとんどは偵察目的であり、これらの衛星の主な利用者は情報関連部門ということになる。彼らが宇宙空間から画像情報(image intelligence/imint:イミント)や通信情報(signal intelligence/sigint:シギント)を収集し、地上において得られる各種の関連情報(人を経由して集められる情報〈human intelligence/humint:ヒュミント〉や地上施設によって集められた電波情報など)をさまざまに加味して有意なインテリジェンスとし、それを政策決定者や軍事活動の指揮官が活用するという形である。

## 3　冷戦後の宇宙安保利用

### (1)宇宙利用の変化

冷戦後の国際情勢が大きく変わっていったことを受けて宇宙の利用に変化が起こったのは1990年代以降のこと

である。冷戦期には、相手側陣営に劣ることのないように採算を度外視して行われた宇宙開発活動は、その意義が問い直されることになった。これは、最大の宇宙活動国である米国においてとりわけ顕著であり、ソ連崩壊によって人工衛星の存在意義が低下した結果、予算も削減されることになったのである。

こうした状況を受けた対応策の一つが、軍事衛星技術、とりわけ光学偵察衛星技術の民間開放である。米国は1メートル程度までの地上分解能の偵察衛星技術を民間部門に開放し、一般商用市場での販売を許可することとした。その後、民間衛星の観測精度はさらに向上し、現在では50センチ以下の地上分解能データまで商業市場において一般に提供されるようになっている。[11] わが国の防衛省も、ワールドビューのような米国の商用衛星のリモートセンシングデータを多量に購入し、周辺地域の情勢分析に利用している。

GPSⅡF
http://www.losangeles.af.mil/library/factsheets/factsheet.asp?id=18670

### (2) RMAによる宇宙分野の組み込みに活路を見出した米国

宇宙空間の軍事利用大国である米国は、民間部門への技術移転といった対策と平行して、宇宙資産を組み込んだ新しい軍事活動の形をつくり上げた。これは、情報を伝達するインターネット等の通信性能の向上、いわゆるIT技術の急激な進歩とも相まった情報RMA（Revolution in Military Affairs）といわれる変化である。ここでは、宇宙における人工衛星網をC4ISR（Command, Control, Communication, Computer, Intelligence, Surveillance and Reconnaissance）に必須の手段として組み込み、いわゆるNetwork Centric Warfareといわれる軍事活動の形がつくられた。偵察衛星や航空機からの情報をリアルタイムに指揮官が把握し、即座に各軍種の攻撃へとつながるシステムが構築されていった。このように、人工衛星を含む情報伝達手段の充実に重点を置いた軍事システムは、通常の軍事行動から、従来は軍事部門があまりカバーしてこなかったテロリズムへの対処活動にまで有効である。

こうしたシステムの基盤的技術が、米軍のGPSシステムである。これは、高度約2万キロの地球周回軌道上に約30機のGPS衛星を設置し、そこから地上に届く航法信号を受信することで、自らの位置や進行方向、速度等を正確に割り出す全地球的測位・航法システムである。米軍以外にも今日は、ソ連時代に始まったロシアのグロナス、欧州中心に軍民共用のシステムとして開発され構築中のガリレオ、中国が開発、初期展開を終え、試験運用を開始した北斗（コンパス）、現在、展開が進められようとしている日本の準天頂衛星も測位・航法衛星のシステムとしてあげられるが、まだ構築途上のものが多く、完全に機能しているのは米軍のGPSのみである。以下に、宇宙を利用した地上の軍事活動の最新具体例を見てみたい。

**①GPS受信機を搭載したトマホーク巡航ミサイル**

開発当初は偵察衛星等で撮影した地形データを事前入力し、実際の飛行中にその地形を確認しながら標的に向かうようになっていたトマホークは、後にGPS受信機を搭載し、自らの位置をより正確に把握するとともに、飛行中に人工衛星経由でプログラム変更が行えるまでになっている。

**②GPSを利用した精密誘導爆弾**（Joint Direct Attack Munition：JDAM）

第二次湾岸戦争やアフガニスタンにおける米軍の作戦等で通常の爆弾に代わって用いられている。事前に偵察衛星等によって取得された目標位置を入力し、数十キロ離れた航空機より投下された後はGPSによって自らの位置を把握、コースを調整しながら自律滑空し、目標を正確に破壊する爆弾である。

③**データリレー衛星を利用し遠隔操作を行う無人機**（Unmanned Aerial Vehicle：UAV）

アフガニスタンなど、米国から遠く離れた地域で作戦飛行するＵＡＶは、搭載したＧＰＳシステムで自機の位置を把握するとともに、撮影した地上の画像をデータリレー衛星経由で米本土に転送、遠隔操縦者に伝えている。遠隔操縦者の機体操作は再びデータリレー衛星を通じて飛行中のＵＡＶに伝達され、作戦が実行されている。

米国の早期警戒衛星SBIRS-GEO
http://www.lockheedmartin.com/us/products/sbirs.html

④**早期警戒衛星を利用したミサイル防衛システム**

ミサイル防衛は、宇宙空間に配備された早期警戒衛星が、目標となるミサイルの発射を探知、その軌道を捉えて弾道を計算することでより有効な迎撃が可能となる。米国は、全地球的な探知網を宇宙空間に構築しており、そのデータをもとにミサイル防衛が行われる。

宇宙先進国である米国では、宇宙利用を抜きにしては不可能な軍事行動が増えている。これらの機器間のデータ通信はサイバー空間を通して行われており、この状況を鑑みれば、陸域、海域、空域と並んで、宇宙空間とサイバー空間の安定的利用が確実に保証されることの必要性と重要性がわかる。米国はそのため、宇宙とサイバーの両空間を第４、第５の作戦空間と認識し、その確実な利用確保に留意しているものと考えられる。[12]

### （3）他の宇宙先進国の利用進展と米国の対応

冷戦構造が終了してしばらく経つと、ソ連に代わって米国に対抗する新しい勢力が出現した。中国である。己の価値観を中心に据えた国際秩序の下で卓越した繁栄を求めている米国にとって、中国は新たに出現したライバルと目される。[13] 自らの宇宙白書[14]の中で中国は、国家安全保障のため、国家権益を保護、増強するために宇宙開発を行うとし、軍事目的での宇宙開発を積極的に押し進めた。20機以上の偵察衛星、数機の通信衛星、15機以上の測位衛星などを現在、着々と軌道上に配備しつつある。将来は35機の配備を計画する北斗（コンパス）測位衛星システムは、2012年末に試験運用を開始した。[15]

加えて、2007年1月11日には、寿命を終えた自国の気象衛星、「風雲1号c」を、中国本土から発射したミサイルで迎撃することにも成功した。冷戦期の米ソ両国だけがもっていた衛星破壊（Anti SATellite：ASAT）能力を中国がもった瞬間である。[16] これによって、米国の人工衛星網が他国によって破壊されうる脆弱性が明らかとなった。宇宙空間を積極的に利用し、ネットワークを中心に軍事活動の有効性と優位性を維持しようとする米国にとっては由々しき事態である。中国は現在、米国の軍事力が中国に接近することを防ごうと、接近阻止・領域拒否（Anti-Access/Area Denial：A2/AD）能力向上を図っているといわれるが、米国の宇宙軍事利用能力を削ぐことはまさにこの戦略実現に資することになる。

米国も、自らの卓越した能力が他の国に妨害され拒否される可能性を手を拱いて認めるわけにはいかない。2010年の「4年毎の国防計画の見直し（QDR）」では、宇宙空間やサイバー空間を含むグローバル・コモンズの安全を確保することの必要性を訴えている。[17] たとえば、中国の接近阻止・領域拒否に対抗するエアシーバトル戦略では、陸海空、宇宙、サイバー空間に展開した米軍の能力の有機的活用が想定されている。宇宙空間でも、米国の宇宙資産の機能が妨害される危険性に鑑みて対策を進めつつある。それらの対策の一つが即応型小型衛星（Operationally Responsive Space：ORS）で、大型の軍事衛星が破壊され機能を停止した際に、完全な代替能力までは有しないものの、応急的には十分な能力をもつ小型衛星を速やかに打ち上げ、利用しようとするものである。さらに、宇宙空間ではないが、地上2万メートル近くの高高度を長時間飛行するＵＡＶによる代替性、補完性の追求も行っている。ＵＡＶ搭載のセンサー類の技術は、人工衛星が搭載するセンサーの技術と基本的に共通である。

加えて、ＡＳＡＴや自然劣化等によって人工衛星などが破壊され、もしくは自ら爆発して多くの宇宙ゴミ（スペース・デブリ）が発生している事実に鑑み、地球周回軌道上にある物体をできるだけ多く把握し、衝突等の事故を防ごうとする試みである宇宙状況監視（Space Situational Awareness：SSA）も米国によって主張され[18]、欧州、豪、日本等が協力していく予定である。同様の趣旨は、欧州連合（ＥＵ）が主唱する宇宙空間における行動規範案（Code of Conduct for Outer Space Activities）[19]にも示されており、衝突や破壊のような有害な干渉の最小化、意識的破壊の回避、リスクの通報義務、協議などの制度が求められている。[20]

### （4）宇宙安保利用の新しい形

この20年ほどは、冷戦期とは異なる新しい利用形態が現れている。高速通信網の構築と情報処理能力の劇的な向上によって、重要であり必須ではあるが、即時性に欠けるインテリジェンス収集手段としての宇宙利用から、実際の軍事活動の一部としての宇宙利用へと形態が拡大しつつある。たとえば画像偵察衛星は、冷戦時代には画像を取得し、それを地上に伝送、処理を施して画像に変え、政策決定者や軍事指揮官に提供する手段であったが、現在では、画像偵察衛星の取得した画像を直接見ながら軍事活動が行われるようになっている。つまり、インテリジェンスと軍事活動がより密接、直接にリンクしているのである。利用者についても、冷戦期の宇宙利用の主たる運用者が情報関連機関であったのに対し、軍事部門関係者が直接に宇宙利用に関与するスタイルへと変更が加えられてきている。もちろん、インテリジェンス手段としての宇宙利用は引き続きその価値をもち続けるが、この両面から宇宙を利用する傾向は今後も、とりわけ最先端を行く米国においては継続することになろう。さらに、情報と軍事の両部門が共に民生用の宇宙機器を活用していることも近年の特徴である。宇宙先進国の軍事部門の通信は、相当程度が民生用通信衛星を通じて行われている。また、高性能化した民生用リモートセンシング衛星のデータも、自国の軍事偵察衛星を補完するために積極的に利用されている。こうした利用方式がデュアルユースと呼ばれる形態である。加えて、民間資金を活用した公的部門の整備（Private Finance Initiative：PFI）や、民生用衛星に軍事用の機器搭載を依頼する相乗り型の衛星開発等も、厳しい予算状況下にある各国が採用しつつある注目すべき傾向である。

## 4　日本の宇宙利用の変遷

### (1) 従来の日本の宇宙利用

翻って日本は、冷戦期には、自らの宇宙活動において一貫して非軍事利用方針を採用し、安全保障目的での宇宙利用を禁じてきた。宇宙開発に関する基本法規を設けてこなかった日本は、実質的な国家宇宙機関である宇宙開発事業団を設立するためにつくられた宇宙開発事業団法（１９６９年）のなかで、宇宙を平和目的で利用するものと規定し、[21] さらに、その後の国会決議や政府答弁を通じて、その平和目的が非軍事的（non-military）活動を指すものと解釈してきた。[22] 以降、実用宇宙開発を進める科学技術庁系の宇宙開発事業団と宇宙科学を担当する文部省系の宇宙科学研究所の双方とも、もっぱら非軍事的な宇宙開発を進めることとなった。こうした解釈と政府の姿勢は、日本の宇宙開発に関する総合的な施策を検討する宇宙開発委員会（1968年設立）が数回にわたって策定してきた宇宙開発基本計画等においても踏襲されたのである。

## （2）政府解釈の変化

非軍事的利用だけが許されるとする政府解釈は、宇宙利用がより一般的となるにつれて若干の拡大が加えられ、一般的となった宇宙利用分野に関しては安全保障目的での宇宙利用も可能となるようになったが、引き続き、安保部門による直接的な宇宙利用は禁じられたままであった。[23] そのため、日本が安全保障を目的として行ってきた宇宙活動は、公開、市販されている宇宙からの民生用リモートセンシングデータを購入し、それに一定の解釈を加えて利用する、インテリジェンス面に集中するものであった。2006年、北朝鮮が発射した長距離ミサイル、テポドンが日本本土の上空を通過した際にその兆候を察知できなかった、いわゆるテポドンショックを契機として、わが国も独自に情報収集衛星を開発、運用するようになり、ユーザとしての受動的利用だけでなく、自らが能動的利用者として活動するようになったが、情報収集衛星の性能は、一般化理論（23の注を参照）に従って民間部門の衛星と同程度のレベルにとどまっていた。日本の宇宙安保利用は、政府解釈に変化があったものの、冷戦後もインテリジェンスに重点を置いた宇宙利用であったといえる。

## （3）宇宙基本法の制定と新しい宇宙利用

日本は、2008年には宇宙基本法を策定し、非軍事利用の従来の原則を、非侵略的（non-aggressive）利用を許容するグローバル・スタンダードへと変更するに至った。[24] 具体的には、第1条でわが国の宇宙活動が世界平和に貢献するものであることを定め[25]、国際法と憲法の理念に従い（第2条）[26]、国際社会の平和と安全、日本の安全保障に資すること（第3条）を明確にしている。[27]

とはいえ、2009年と2013年に定められた宇宙基本計画では、安保利用の具体化はまだ、それ程行われていないようである。既存の情報収集衛星システムの機能強化を明言しているものの、早期警戒技術についてはその実証検討を示唆する程度である。ただ、自衛隊の情報共有、指揮・統制について触れ、さらに測位衛星の活用検討を進めるとするなど、先進国の宇宙利用状況を意識した、安全保障面での宇宙利用の推進を指向している点は今後の変化の兆しを示すものである。

## 5 日本の宇宙安保利用の課題

わが国の場合、非軍事利用方針を政策上一貫してとっていたこともあり、安保面では、民生用市場レベルのデータによるインテリジェンス収集が活動の中心であった。しかし、新たに制定された宇宙基本法、その下で策定された宇宙基本計画等は、安全保障目的での宇宙利用に対して積極的に道を開こうとしており、そこには大きな政策転換が見られる。では、わが国は今後、どのような方向に宇宙空間の安保利用を進めるべきなのであろうか。

### (1)宇宙環境の維持

まず考えるべきは、宇宙空間の利用は、今後のわが国の安全保障上、確実に必須となるという事実である。宇宙システムは、日本の安全保障上重要なインフラストラクチャである。この宇宙インフラを構築、維持できる国はそう多くない。高性能の衛星を開発、製造し、自国のロケットを作って軌道に正確に投入、適切に常時運用できるのは、世界の200ほどの国家や地域の内、10にも満たないメンバーだけである。わが国はその数少ない宇宙大国の一つであり、こうした宇宙インフラをわが国の安全を確保するために利用しない手はない。これが、考察の前提である。

そう考えると、まず重要なのが宇宙空間を利用可能な状態に維持することである。前述のように宇宙空間では近年、スペース・デブリが急激に増加する傾向にある。この状況を放置すれば、劣悪な環境の下で宇宙インフラ構築や維持が不可能となり、わが国が有する技術を活用できない事態すら懸念される。こうした事態を招くことがないように、わが国は、米国が主唱する宇宙状況監視の実施や、EUが提案する宇宙空間における行動規範案の成立や他の国々への啓蒙など、宇宙の環境維持ともいうべきこれらの行動に協力すべきである。国連の宇宙空間平和利用委員会（ウィーン）における積極的活動も望まれる。[28] 具体的には、宇宙状況監視については、日本の観測網を活用して地上からの人工衛星や宇宙ゴミの観測を行い、[29] その情報を米国や欧州などと共有することによって国際的な宇宙状況データベースを作成することが必要である。世界的には米国や欧州上空に比してアジア上空の観測網構築が遅れており、わが国の果たす役割は重要である。また、EUの行動規範提案については、意見を同じくする関係国での協議を進め、まずは実行可能な国家、地域間で宇宙の環境維持に関する国際システムを開始すべきであろう。その上で、アジア太平洋諸国など、宇宙活動に参入しようとしている周辺諸国に対してその行動規範の有用性を説明し、システムへの参加を促す努力が求められる。加えて、国連での積極的活動を通じ、その他の地域各国への理解深化も期待できる。そのよ

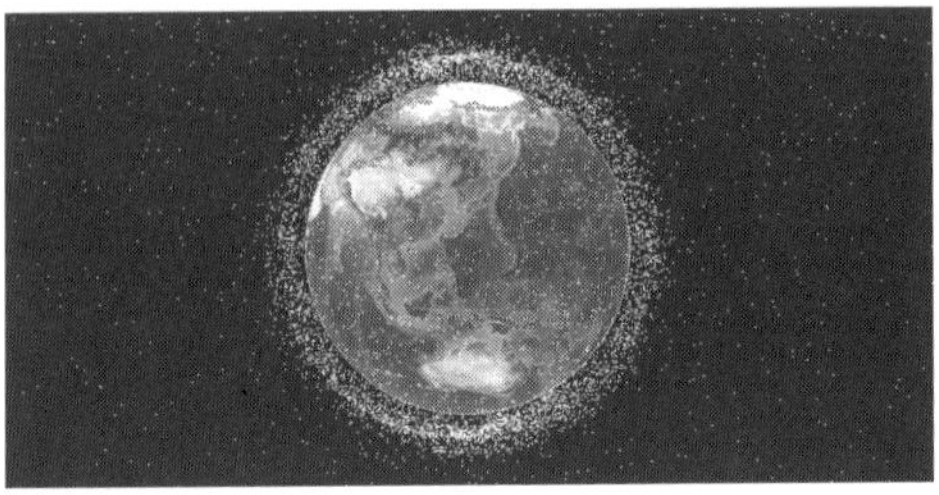

地球周辺を回る宇宙ゴミ
http://www.ard.jaxa.jp/research/mitou/mit-debris.html

うにして賛同者を増やしていくことで、こうした提案に懐疑的な一部の国家からの理解を得やすくなる可能性もあり、引いては宇宙環境の悪化防止、環境改善にもつながると思われる。

### (2)安保利用の促進

宇宙空間に配備した各種衛星から得られる情報や機能は、日本の安全保障上非常に有用なものである。わが国は、宇宙安保利用に消極的態度をとってきたが、周辺地域の情勢を考慮するとき、積極的で多面的な宇宙利用が望まれる。そうすることによって、自ら得た多くの情報を元に、より有効な外交・安保政策の立案と実行が可能になるためである。

具体的には、情報収集衛星による現在のインテリジェンス収集機能を高めることである。現行の情報収集衛星は光学2機、レーダー2機の4機体制であるが、観測頻度を、たとえば新しい民生用観測衛星ASNAROを追加することによって上げることが考えられる。[30] また、即応型小型衛星と航空機を利用した空中発射システムを開発して観測頻度をさらに上げるとともに、ASATによる人為的妨害やスペース・デブリに起因する予想外の機能停止状態に備えることも有効である。

日本で開発された約50センチ立方、重量60キロの小型衛星「ほどよし1号」は、高度500キロメートルから地上を6.7メートル精度で観測できる。こうした衛星はさらに小型化が見込まれている。
http://www.axelspace.com/solution/hodoyoshi1/

加えて、1号機が打ち上げられた日本上空でほぼ静止する軌道特性をもつ準天頂衛星[31]については、2号機以降にミサイル防衛に有効な早期警戒用赤外線センサーを試験的に搭載し、早期警戒機能をわが国も早期にもてるよう開発、実験を進めることも考えられる。準天頂衛星は全部で4機打ち上げられるため、この衛星を利用することで早期警戒技術の開発が大いに進捗する可能性がある。

　このようにさまざまな面での安保利用を進めるにしても、政府部内における十分な検討が必要である。宇宙空間の開発利用は、外交、安全保障、産業政策分野にまたがる総合的なものであり、内閣府、外務省、防衛省、経済産業省などの間で十分に議論しなくてはならない。宇宙政策は単独では存在しえず、外交政策や安全保障政策とも密接に関連することから、安全保障会議や宇宙政策委員会などとの間での横断的な政策検討も行われるべきである。そのようにして初めて、日本の宇宙活動はわが国の政策実現のための有効な一手段として確立することになるのである。

## 結論

　宇宙の安保利用は、先進国の間では国家の安全保障上必須の要素として長年組み込まれてきた。しかし、その内容には変化が見られる。冷戦期は主としてインテリジェンス収集手段としての宇宙利用に力点が置かれてきたが、冷戦後、ＩＴ技術革新の影響もあり、インテリジェンス収集機能を発展させながらも、同時に、軍事活動そのものに宇宙利用を直接結び付ける利用形態にも大きな力点が置かれるようになった。この傾向は、最先端を行く米国において顕著であるが、他の宇宙活動国も同様の活動へと進む可能性がある。

　日本の宇宙安保利用に関しては、人口や経済力等、さまざまな側面から日本や周辺諸国、アジア太平洋地域の将来の安保情勢を予測し、そのなかでのわが国の位置、果たすべき役割、守るべき価値を検討した上で、その目的にかなう最適な宇宙開発を立案することが大切である。宇宙システムの構築には長い時間を必要とする。利用形態を想定した要求性能決定、衛星開発、製造、打ち上げ、運用開始までには、早くとも数年、場合によっては10年近い時間を要する。そうして運用を始めた後、軌道上の衛星は５年あるいはそれ以上の寿命をもって機能する。後継機を打ち上げれば都合10年以上にわたって同じ機能が提供されるのである。つまり、宇宙システムは、10年、20年後、あるいは30年後の利用環境を見据えて、そこで有効に利用できるものでなくてはならない。そのような利用形態を考慮すれば、今後の課題は、インテリジェンス収集中心の宇宙利用の現行体制を発展させつつ、宇宙と安保活動を一体化した米国式の利用形態に進むことが相応しいか、可能なのかといった日本の宇宙利用の将来のあり方、方向性について、わが国自身の外交・安保戦略に関する議論を深めつつ、適切に決定していくことかと思われる[32]。

ただ、その考慮の際には、わが国の唯一の同盟国である米国と我々の安全保障上の関心地域が同じではないことには留意すべきであろう。わが国の場合、現在も近い将来も、自らの周辺地域が安保上最も関心のある地域である。地球のあらゆる箇所に迅速に展開、活動する米軍に必須のツールとして組み込まれている宇宙システムと同じものを、わが国が独自に構築する意味はさほど大きくはない。また、地球周回軌道上に展開する人工衛星システムは、全地球的なサービス提供には最適であるが、特定の地域のみでの利用には一般的に不向きである。システム構築に要する費用負担も大きく、軌道上での故障や破壊に弱いという欠点も有している。そのように考えると、わが国の場合には、宇宙空間の人工衛星活用のみならず、高度2万メートルの同じ位置に長期間にわたって停止できる性能をもつ成層圏プラットフォーム[33]や、それに近い高度を数十時間連

JAXAの航空宇宙技術研究所が作成した成層圏プラットフォーム実験機
http://www.iadf.or.jp/8361/LIBRARY/MEDIA/H14_doukochosa/h14-4-2.pdf

高度約2万メートルを長時間飛行できる米国のグローバルホーク無人偵察機
http://www.northropgrumman.com/capabilities/globalhawk/Pages/default.aspx

続して飛行できるＵＡＶのような、宇宙技術と共通の技術基盤をもつ各種システムの開発、利用可能性も検討されてよいだろう。いずれにせよ、わが国の行いうる安保活動の地理的範囲、開発可能な技術や能力を十分に見極め、宇宙を利用することに関するさまざまな面での利害得失について冷静かつ適切な評価を行い、将来の日本における宇宙安保利用の姿を描くことが最も重要なポイントである。

## 注

1　たとえば米国のシンクタンク、グローバルセキュリティ（Global Security）は、東倉里打ち上げ場の衛星画像を公開している。これは、米国の民間リモートセンシング衛星ジオアイ（Geo Eye）から取得した画像である。http://sitrep.globalsecurity.org/images/tongchang-dong1.jpg

2　前注1と同様、グローバルセキュリティは寧辺の核関連施設の画像を公開している。http://www.globalsecurity.org/wmd/world/dprk/yongbyon-imagery.htm　同様の画像は、多くのマスコミ等によって使われ、北朝鮮の核開発に関する情報が報道された。

3　フォークランド紛争が発生すると当時のソ連は偵察衛星コスモスを打ち上げ、その撮影によって判明した情報をアルゼンチン政府に渡していた。

4　米国の偵察衛星であるＫＨ-11が、黒海沿岸のニコライエフ造船所で建造されていた空母の画像を１９８４年に捉えた。ＫＨ-11の解像度は約30センチであったと考えられている。

5　ＳＡＬＴＩ（第1次戦略兵器制限交渉）やⅡ（第2次戦略兵器制限交渉）といった米ソ間での各種の戦略兵器制限交渉の文書において、この宇宙利用が検証手段として採用され、双方が実際に査察手段として使用している。

6　月その他の天体を含む宇宙空間の探査及び利用における国家活動を律する原則に関する条約（１９６６年採択、１９６７年発効）。

7　「条約の当事国は、核兵器及びその他の種類の大量破壊兵器を運ぶ物体を地球を回る軌道に乗せないこと、これらの兵器を天体に設置しないこと並びに他のいかなる方法によってもこれらの兵器を宇宙空間に配置しないことを約束する」

8　「条約の当事国は、国際連合憲章を含む国際法に従って、……宇宙空間の探査及び利用における活動を行わなければならない」

9　米国の最新の光学式偵察衛星は、10センチ以下の観測精度ではないかと推測されている。

10 レーダー衛星の高解像度のものでは地上分解能は1メートル以下であろうと思われる。

11 たとえば米国の光学衛星イコノス（Ikonos）は80センチの地上解像度、ワールドビュー（World View）は50センチの解像度、さらにジオアイは40センチ程度の解像度をもつデータを市販している。また、ドイツの開発したテラサーエックス（Terra SAR-X)は合成開口レーダーを備えており、解像度は1メートルである。

12 リン国防副長官（当時）が、サイバー空間を陸海空宇宙と並ぶ第５の作戦空間として指摘した。William J. Lynn III, "Defending a New Domain", *Foreign Affairs*, Vol.89, No.5, September/October 2010. http://www.foreignaffairs.com/articles/66552/william-j-lynn-iii/defending-a-new-domain

13 米国は、国家安全保障戦略（ＮＳＳ２０１０）（２０１０年5月）でこうした戦略を示している。

14 中国の宇宙白書「中国的航天」は２０００年、２００６年、２０１１年に出されている。

15 ２０１２年12月27日から試験運用を開始した模様である。http://j.people.com.cn/95952/202949/203944/index.html

16 冷戦体制下で米ソ両国は、ＡＳＡＴ技術を開発、相互に相手側の衛星を無力化できる能力を有するに至っていた。しかし、実際のＡＳＡＴ使用は不要に緊張を高めることになるという判断から、双方共にその使用を控えるというモラトリアム状態となっていた。

17 ちなみに、宇宙戦略そのもののなかでも、米国は自国の優位性確保を重視している。他国の対抗、追随を許さないという米国戦略が示されている。直近のオバマ政権が２０１１年に発表した「国家安全保障宇宙戦略（ＮＳＳＳ）」においても、ブッシュ前政権が２００６年に出した新宇宙ビジョンが示した、米国は宇宙における絶対的優位を確保するため、あらゆる手段を講じるとしたことを踏襲しつつ、さまざまな挑戦を受ける状況下でも実質的なリーダーシップを維持するために、国際協力枠組みを用いることも明らかにしている。

18 米国は２０１０年の国家宇宙戦略で、宇宙の安定した環境維持の必要性を主張している。http://www.whitehouse.gov/sites/default/files/national_space_policy_6-28-10.pdf

19 ２００８年12月に作成され、2年後の２０１０年9月と２０１２年の6月に改訂された、宇宙空間における国際的な行動規範に関する提案である。当初案は、http://register.consilium.europa.eu/pdf/en/08/st17/st17175.en08.pdf であり、改訂された案は以下のものであった。http://www.consilium.europa.eu/uedocs/cmsUpload/st14455.en10.pdf　http://eeas.europa.eu/non-proliferation-and-disarmament/pdf/12_06_05_coc_space_eu_revised_draft_working_document.pdf

20 こうした米欧の動きに対して、中露両国、とりわけ中国は距離を置いている。逆に、中国は、宇宙空間への兵器配備を禁止するための条約案をジュネーブの軍縮委員会にロシアと共同提出し、米国等の動きを牽制しようとしているようにも見える。

21 １９６９年6月23日法律第50号。同法第１条。

22 「わが国における宇宙の開発及び利用に関する決議」（１９６９年5月9日、衆議院）と「宇宙開発事業団法案に対する附帯決議」（同年6月13日、参議院科学技術振興対策特別委員会）によってこの解釈が始まっている。

23 １９８５年になされた、いわゆる「一般化理論」と呼ばれる解釈である。

24 ２００８年5月28日法律第43号。

25 「この法律は、……国民生活の向上及び経済社会の発展に寄与するとともに、世界の平和及び人類の福祉の向上に貢献することを目的とする」

26 「宇宙開発利用は、……条約その他の国際約束の定めるところに従い、日本国憲法の平和主義の理念にのっとり、行われるものとする」

27 「宇宙開発利用は、……国際社会の平和及び安全の確保並びにわが国の安全保障に資するよう行われなければならない」

28 青木節子「「宇宙活動国際行動規範」の事務局獲得による外交・安全保障の強化」、『２０１４ №62会報宇宙　世界をリードする宇宙開発利用』（日本経済団体連合会、２０１４年3月）。

29 ２０１３年度には、そのための実験を行うことが予定されている。

30 情報収集衛星に、新しい民生用衛星ＡＳＮＡＲＯ（光学式の地上分解能は50センチ、レーダー式は1メートル）を複数機組み合わせることが費用や効果の面から有効と考えられる。

31 ２０１０年9月に、1号機「みちびき」が打ち上げられた。

32 自衛をもっぱらとし、他国や領域への攻撃能力を有しないことを安保政策の根幹としているわが国の場合、インテリジェンス収集能力をさらに磨き、その情報を地域の関係諸国と適宜共有し、アジア共通の「目」を提供することによって国家としての存在感を維持、向上させるという選択肢もありえよう。たとえば拙稿"Asian Regional Satellite Center for Regional Comprehensive Stability," International Symposium on Space Technology and Science [2009], http://archive.ists.or.jp/upload_pdf/2009-r-3-03.pdf 'Effective Utilization of Space Assets—Towards the Safer Regional Circumstances-,' http://archive.ists.or.jp/upload_pdf/2011-v-09.pdf

33 宇宙航空研究開発機構（ＪＡＸＡ）はすでに、飛行船型の成層圏プラットフォームに関する基礎的な実験を成功裏に実施している。「成層圏プラットフォームの研究開発」http://www.aero.jaxa.jp/research/kitaisystem/mujinki/seisoken.html

# 第10章　非伝統的安全保障としてのサイバーセキュリティの課題
## ――サイバースペースにおける領域侵犯の検討

土屋大洋

要約

本章では近年注目を浴びつつある非伝統的安全保障の一環としてのサイバーセキュリティについて検討した。米国はこの新しい問題への対応を急速に進めてきた。それは他国からの（非政府アクターによるものも含めて）日常的なサイバー攻撃が米軍や米国の民間システムに対して行われるようになったからである。日本でも２０１１年９月に三菱重工業へのサイバー攻撃が明るみになり、日米同盟という文脈でもサイバー攻撃への取り組みの必要性が広く認識されるようになってきた。こうした問題意識の下、本章の第１節から第３節では、３種類の代表的なサイバー攻撃（分散型サービス拒否攻撃、標的型電子メール攻撃、通常兵器との組み合わせによる攻撃）についてそれぞれ事例をもとに検討した。第４節では米国のオバマ政権がこうした攻撃にどう対応しているかを見た。オバマ政権は政権発足直後から対応を進め、サイバー軍（ＵＳＣＹＢＥＲＣＯＭ）の設置などを行うとともに、国防総省が積極的な取り組みを進めている。第５節ではサイバーセキュリティへの対応を考える際に、既存の国際法を適用するための一つの考え方として、サイバースペースの領域侵犯について検討した。サイバースペースは既存の法体系から遊離した特別な空間ではなく、既存の国内法および国際法を適用させることで適切な対応ができる可能性がある。領空侵犯ないし領海侵犯の概念をサイバースペースにおける有害な通信の遮断のために応用することができるかもしれない。その際、通信の秘密の問題や通信の遅延などの問題が生じる可能性がある。陸、海、空、宇宙についで、サイバースペースが第5の作戦空間であるとすれば、日本が最も多く「攻撃」を受けているのはサイバースペースであり、そこでの対応の強化は喫緊の課題である。しかし、今後、サイバースペースにおける環境変化やサイバー攻撃の手法の変化の可能性があることに鑑みれば、ルール化を急ぐべきでは必ずしもなく、戦略的曖昧性を残した法的基盤整備が行われるべきである。

## はじめに

さまざまな形でのサイバー攻撃はすでに2000年頃から広く認識されていた。日本でも政府の省庁を狙った大規模なウェブ書き換え事件が2000年に発生しており、それに対応する政策がとられてきた。2005年には内閣官房情報セキュリティセンター（NISC）が設立され、ほぼ同時に内閣官房長官を議長とし、関係閣僚と民間有識者が参加する情報セキュリティ政策会議も設置されている。それでも、2000年からの約10年間の認識では、これはあくまで技術的な問題であり、国家安全保障や危機管理の問題ではなかった。

しかし、2010年頃からサイバーセキュリティは非伝統的安全保障の一環として急速に注目されるようになってきた。安全保障の文脈で「セキュリティ」という言葉を使うとき、そこには「防衛」だけでなく「攻撃」の意味も含まれる。そして、サイバーセキュリティではそこに「利己的な利用、搾取」という本来の意味から変化した「脆弱性の探究、悪用」といった意味での「エクスプロイテーション（exploitation）」も付け加わる。従来の攻撃や防衛は目に見える形で行われることが多かったが、サイバースペースでは目に見えない形でのシステムへの侵入や情報の抜き取りも重要な一部を占めるからである。

この新しい問題への対応を米国は急速に進めつつある。それは他国からの（非政府アクターによるものも含めて）日常的なサイバー攻撃が米軍や米国の民間システムに対して行われるようになっているからである。２０１１年９月には日本の三菱重工業へのサイバー攻撃が明るみになり、日米同盟という文脈でもサイバー攻撃への取り組みの必要性が広く認識されるようになってきた。そして、日本の衆参両院や、財務省、農林水産省などに対する執拗なサイバー攻撃も明らかになっている。

本章では、近年注目されるようになってきたサイバーセキュリティの問題について報道されてきた事例を概観し、米国などがとってきた対応について検討した上で、日本の課題について論じることにしたい。第1節から第3節では、3種類の代表的なサイバー攻撃についてそれぞれ事例をもとに検討する。第4節では米国のオバマ政権がこうした攻撃にどう対応しているかを紹介する。第5節ではサイバーセキュリティへの対応を考える際に、既存の国際法を適用するための一つの考え方として、サイバースペースの領域侵犯について検討する。サイバースペースは既存の法体系から遊離した特別な空間ではなく、既存の国内法および国際法を適用させることで適切な対応ができる可能性があることをここでは示したい。最後に第6節では日本の課題について述べる。

## 1　DDoS攻撃

「サイバー攻撃」と一般的にいわれるが、その手法は多様である。もはや原始的な手法ともいえるのが、パスワード破りなどによるシステムへの侵入やウェブページの書き換えである。こうした「ハッカー」行為[1]は、近年のサイバー攻撃には必ずしも含められない。

近年のサイバー攻撃には大きく分けて三つをあげることができる。第１に、「分散型サービス拒否（DDoS：Distributed Denial of Service）」攻撃と呼ばれるものである。ＤＤｏＳ攻撃の初期の例として有名なのが、２００７年のエストニアに対する攻撃である。エストニアには旧ソ連の影響が色濃く残っている。その象徴的な存在だったのが、首都タリン中心の広場に置かれていたブロンズ像であった（図１）。エストニア政府がこのブロンズ像を郊外の戦没者墓地に移そうとしたところ、エストニアに対するＤＤｏＳ攻撃が始まった。

図１　エストニアのブロンズ像　出所：筆者撮影（2011年11月）

ＤＤｏＳ攻撃とは、たとえていえば、自宅やオフィスの玄関に数千人、数万人が一斉に押しかけて呼び鈴をしつこく押すような状況に似ている。ＤＤｏＳ攻撃の首謀者は、コンピュータ・ウイルスを不特定の人々のコンピュータに感染させ、感染したコンピュータが特定の日時になると標的となるコンピュータのサーバーなどに一斉にアクセスする。ウイルスに感染したコンピュータは世界中に広がっており、個々のアクセスは通常のアクセスと見かけ上は変わらないため、ウイルスによる攻撃だけを止めることはできない。その結果、処理能力を超えたコンピュータは機能を停止せざるをえない。

エストニアを攻撃したのは、状況証拠からロシアだと考えられていたが、後にロシアの愛国者グループが関与を認めた。しかし、ロシア政府がそれに関与したのかどうかははっきりしていない。ネットワークの世界では、自分の痕跡を消すことができるため、攻撃者が誰なのかがわからないことが多い。これを一般的に「アトリビューション（帰属、属性）問題」と呼んでいる。

エストニアに対する攻撃と同様のＤＤｏＳ攻撃は、２００８年にリトアニアやグルジア、２００９年には米韓に対しても同時に行われた。２０１０年には日中間の尖閣諸島問題に関連して、日本に対する攻撃も行われた。

## 2　標的型電子メール攻撃

第２のタイプの攻撃が、「標的型電子メール攻撃」である。英語では、「ＡＰＴ（Advanced Persistent Threat）」と呼ばれることが多い（ただし、ＡＰＴは電子メールを使わないものも含む）。これはいわゆる「偽メール」や「乗っ取りメール」であり、電子メールを偽造して送りつけたり、本物の電子メール・アカウントを乗っ取ってしまったりする行為である。従来は、アカウントを乗っ取ること自体が目的の場合が多かったが、近年では密かにメールにアクセスし続け、標的の人物に対するスパイ行為として使われることが多い。そのため、「persistent（持続的、しつこい）」という言葉が使われる。

この初期の例として知られるのが、２００８年にカナダの二人の研究者が警告を発したGhostNetである（Information Warfare Monitor [2009]）。そのきっかけとなったのは、チベットの指導者で亡命中のダライ・ラマの事務所の電子メールが漏洩しているのではないかという疑いであった。調べてみると、少なくとも１０３カ国にわたって１２９５台のコンピュータが特定のウイルスに感染しており、感染したコンピュータからは、リモート・コントロールでファイルが抜き取られ、中国に送信されていた。ファイルのコピーが送信されるだけなので利用者は感染に気づかず、ウイルスも広く流通しているものではなかったので、ウイルス対策ソフトでも検知することができなかった。

中国は関与を否定しているが、カナダの研究者たちは中国国内での調査が認められなかったため、報告書をインターネットで公開して世界に警告を発した。

同様の標的型電子メール攻撃はその後も繰り返し行われている。２０１１年3月11日に東北地方太平洋沖地震が発生し、大きな被害をもたらした。その直後から福島第一原発の放射線問題が深刻になった。地震から20日後の3月末になると、放射線に関する情報伝達を示唆する内容の電子メールが政府職員に送られ、添付されたファイルを開くと、コンピュータ・ウイルスに感染するという事例が見られた。

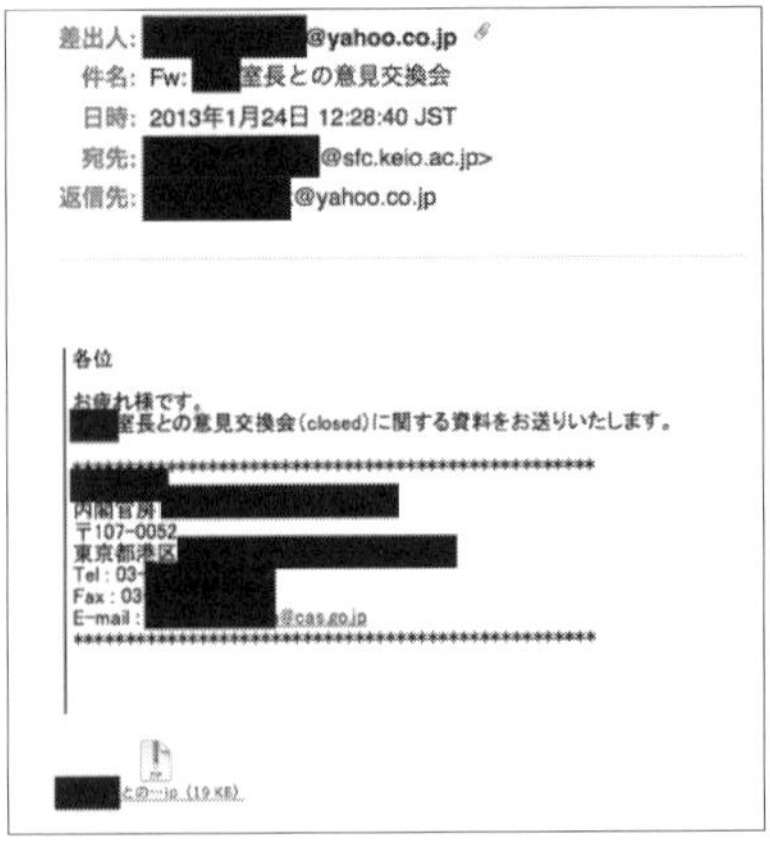
差出人: [redacted]@yahoo.co.jp
件名: Fw: [redacted]室長との意見交換会
日時: 2013年1月24日 12:28:40 JST
宛先: [redacted]@sfc.keio.ac.jp>
返信先: [redacted]@yahoo.co.jp

各位
お疲れ様です。
[redacted]室長との意見交換会(closed)に関する資料をお送りいたします。
[redacted]
内閣官房[redacted]
〒107-0052[redacted]
東京都港区[redacted]
Tel : 03-[redacted]
Fax : 03[redacted]
E-mail : [redacted]@cas.go.jp
************************************************

[redacted]との…jp (19 KB)

図２　偽メールの例　出所：筆者宛に2013年1月24日に送信されてきたもの

近年の標的型電子メール攻撃では、思わずファイルを開いてしまうように仕向ける「ソーシャル・エンジニアリング」という手法が用いられる。図2は、筆者に送られてきた偽メールの例である。内閣官房職員を装い、政府内部資料を転送してきたように見せかけている。恐らく、実際の電子メールを何らかの方法で入手し、その内容文を用い、ウイルス等のマルウェア（悪意のあるソフトウェア）を仕込んだファイルを添付したものである。しかし、このメールは差出人と返信先が無料メールになっており、転送に伴うメッセージが書き込まれていないなど、一見して偽メールとわかる低レベルのものである。本格的なオペレーションとして標的型電子メール攻撃が行われる場合には、さらに高度な偽装を施すことになるだろう。

２０１１年9月には、防衛産業の一角を占める三菱重工業が標的型電子メール攻撃を受け、情報が漏洩した可能性があることが報道によって明らかになった。この事例では、関連業界団体がまず狙われ、芋づる式に三菱重工業内部にウイルスが侵入したと考えられている。三菱重工業はしばらく感染に気づかず、どの情報が流出したのかも特定されていない（少なくとも報道では特定されていない）。

海外でもＡＰＴの深刻な事例が報告されている。代表的なのがスタックスネットである。イランは、エスファハーン州ナタンズに核関連施設をもち、イラン政府は平和利用だと主張しているものの、核兵器の開発が疑われている。イランのマフムード・アフマディーネジャード大統領は、当該施設をメディアに公開するなど、挑発的な動きを繰り返していた。

しかし、２０１０年6月頃、核施設内の遠心分離機が異常な動作をするようになった。計器は正常を示しているのに、実際には異常な回転を見せるようになった。不審に思った技術者がコンピュータを自宅に持ち帰り、インターネットに接続したため、異常の原因となっていたコンピュータ・ウイルスがインターネットに流出し、世界各国に広がるようになった。

「スタックスネット」と名付けられたウイルスを誰が作成し、どうやってイランの核施設に送り込んだのかが議論されたが、2年後の２０１２年6月になって米『ニューヨーク・タイムズ』紙が米国とイスラエルの共同作戦によるものと報道した（Sanger［2012b］）。イランに対するサイバー攻撃はジョージ・Ｗ・ブッシュ政権の頃から検討され、オバマ政権に引き継がれた。核開発を半ば公然と進めるイランは新たな懸念であったが、アフガニスタンとイラクの問題を抱えた米国にとってイランとも軍事的な衝突を始める余裕はない。そこで採用されたのが、核開発の遅延を狙ったサイバー攻撃であった。

## 3　通常兵器と組み合わせたサイバー攻撃

第3のタイプのサイバー攻撃は、通常兵器による攻撃と組み合わせたものである。この先駆的な例としては、シリアに対するイスラエルの空爆事件があげられる。２００７年、シリアの北東部に、北朝鮮の協力によるものと思われる核施設の開発が進められていた。ところが、この施設はイスラエルの戦闘機によって空爆されてしまった。しかし、シリアはまったくこれに対抗することができなかった。事前にイスラエルがシリアのレーダー網を操作し、イスラエル機がレーダーに映らないようにしていたといわれている（Clarke and Knake［2010］）。

２０１２年8月、米海兵隊のリチャード・Ｐ・ミルズ中将は、米国内で開かれた公開カンファレンスで、米軍がアフガニスタンにおいて敵側のネットワークに侵入していたと発言した。それによって、自軍を利する情報を入手し、戦局を有利に進めることができたという（Satter［2012］）。また、アフガニスタンのタリバンのウェブ・サイトは何度も書き換えられ、米軍側を支持するメッセージが載せられている（Taylor［2012］）。

通常兵器を使った現実の戦闘と組み合わせてサイバー攻撃が用いられることで、その威力はよりいっそう大きくなる。今後は、重要インフラストラクチャを対象とした物理的な攻撃とサイバー攻撃の組み合わせを懸念しなくてはならない。敵軍の指揮通信システムをサイバー攻撃によって不能にした上で通常兵器による攻撃を行えば、容易に勝利を得ることができるだろう。

その意味で、将来的に懸念されるのが人工衛星の乗っ取りやその通信の妨害である。すでに韓国においては北朝鮮によって米国が運用する全地球測位システム（GPS：Global Positioning System）のジャミング（電波妨害）が何度も行われている。それによって空中、地上、水上にある軍用および民間の航空機、車両、船舶の位置把握が妨害される恐れが出ている。国際通信の多くはすでに海底ケーブルへ移行しつつあるが、それでも米国の軍用・政府用通信の多くはいまだに人工衛星を通じて行われているという。たとえば、軍事作戦を展開しているアフガニスタンと米国との間の通信の80%は人工衛星によるといわれている（Srinivas［2012］）。

人工衛星の制御システムにはそれほどバリエーションがないといわれている。地上の通信システムであれば電源そのものを落とし、ネットワークから隔離することができるが、人工衛星の場合はそうした電源スイッチはなく、すべての操作をリモート・コントロールで通信によって行わなくてはならない。誰かが操作できるということはそれが乗っ取られる可能性もあると考えなくてはならない。放送衛星、通信衛星、偵察衛星などさまざまな用途の人工衛星が打ち上げられているが、そうした人工衛星のコントロールを失う可能性を想定した作戦を考えておく必要がある。空中、地上、水上、そして水中にある多様なビークルは、バックアップの通信システムを確保しておくとともに、それらを完全に失った場合にどう対処するかを想定しておかなければならない。

## 4　オバマ政権とサイバーセキュリティ

頻発し、日常化しつつあるサイバー攻撃に対し、米国のオバマ政権は、２００９年1月の発足当初から積極的な対応をとってきた。それは、先述のように、ブッシュ政権時代から進められていたイランへのサイバー攻撃計画の間接的な影響があったとも考えられるだろう。自らサイバー攻撃の計画を進めている以上、米国の側も自国を守るためのサイバー防御を進めなくてはならない。

オバマ大統領は、政権が発足するとすぐに、サイバースペースに関する政策のレビューを60日かけて行うよう指示し、それは２００９年５月に「サイバースペース政策レビュー（60日レビュー）」として発表された。その報告内容を受け、２００９年６月には米軍の戦略軍（ＵＳＳＴＲＡＴＣＯＭ）の下にサイバー軍（ＵＳＣＹＢＥＲＣＯＭ）を設置するようオバマ大統領は命令した。初代のサイバー司令官には、インテリジェンス機関の国家安全保障局（ＮＳＡ）の長官であるキース・Ｂ・アレグザンダー大将が兼任する形で任命された。

さらに、同年12月にはホワイトハウス内に「サイバーセキュリティ調整官」のポストを設置し、米国政府内の全省庁を横断的に調整するよう命じた。そして、２０１０年２月には「４年毎の国防計画見直し（QDR：Quadrennial Defense Review）」が発表された。このなかでは、陸、海、空に次ぐ第４の作戦空間として宇宙、第５の作戦空間としてサイバー空間が規定された（United States Department of Defense［2010］）。

２０１１年７月には、国防総省は初の「サイバー戦略」を発表した（United States Department of Defense［2011］）。ここでは、必要ならサイバー攻撃による報復を行うだけでなく、通常戦力の行使も辞さない方針も打ち出した。そして、２０１０年に設置されたサイバー軍には、陸、海、空、海兵隊の各サイバー部隊を横断的に統括する権限も与えた。

２０１２年10月、レオン・パネッタ米国防長官は業界団体の会合で演説し、さまざまなサイバー攻撃の「集積結果は、サイバー真珠湾になりうる。つまり、物理的な被害と人命の損失を引き起こす攻撃である。実際、それは国を麻痺させ、衝撃を与え、新しく深遠な脆弱性の感覚を創出するだろう」と述べた（Panetta［2012］）。

このパネッタ国防長官の演説の中でもう一つ注目されたのが、先述のアトリビューション問題である。パネッタ長官は、「過去２年間、国防総省はアトリビューション問題に対処するため、科学捜査（フォレンジクス）に多大な投資をしてきており、その投資から利益を得るようになってきている。米国を害しようとする行為に責任をもつ者たちを米国は見つけ出し、捕まえる能力があるということに潜在的な攻撃者たちは気づいたほうがよい」と述べた（Panetta［2012］）。先述のように、アトリビューション問題はサイバーセキュリティにまつわる困難な課題と考えられてきた。しかし、米国はこれに対応する方策を見つけたことを示唆している。

実際に、米国防総省がどのような方策を見つけたのか、その詳細はわかっていない。しかし一つヒントになるのが、グルジアの事例である。グルジアは２００８年にロシアからと見られる大規模なサイバー攻撃を受けた。チェチェンをめぐって武力紛争がグルジアとロシアで展開されている最中であった。その際、グルジアへのサイバー攻撃に携わったと見られる人物に、わざとウイルスが仕込まれたファイルを盗ませ、それによってウイルスに感染させ、この人物のコンピュータをリモート・コントロールし、写真を撮ることに成功した。この写真は広くインターネットで出回った。この人物はいまだ拘束されてはいないが、プライバシーを奪われ、実質的に国際的な移動の自由も奪われたことになるだろう（図３）。

図３　グルジアへのサイバー攻撃に加担したと見られる人物の写真　出所：Avik Sarkar “Russian Hacker Behind Cyber Attack on Georgia Caught on His Webcam,” Voice of Grey Hat〈http://www.voiceofgreyhat.com/2012/11/Russian-Hacker-Caught-on-His-Webcam.html〉(posted on November 2, 2012 ; accessed on January 30, 2013).

パネッタ国防長官は、さまざまな情報を突き合わせ、組織間の協力を進めていけば、アトリビューション問題はそれほど深刻ではないということを示唆しているのかもしれない。

２０１４年５月には、米国司法省が、中国の人民解放軍の５人を米国へのサイバー攻撃容疑で起訴した。

## 5 グローバル・コモンズ論とサイバースペースの領域侵犯

米国政府の各種の報告書で指摘されているのは、インターネットを中核とするサイバースペースが「グローバル・コモンズ（地球規模の公共財）」であり、国際協力による保護が必要であるという点である。

しかし、人工的な空間としてのサイバースペースは、自然空間と同じ意味でのグローバル・コモンズにはなりえない。宇宙空間や南極大陸は何人たりとも所有できないというルールに基づき、グローバル・コモンズになりうる。しかし、サイバースペースの場合は、さまざまな情報通信端末、情報通信回線、および記憶装置の集積でしかない。それぞれの端末や回線、装置には所有者がおり、そこを流れるデータはさまざまな取り決めの下で相互に受け渡されているにすぎない。技術的にはインターネット・プロトコル（IP：Internet Protocol）に基づいており、インターネット・サービス事業者（ISP：Internet Service Provider）はピアリング（無償の相互データ交換）やトランジット（有償の相互データ交換）といった個別契約によってデータを交換している。厳密に考えれば、それぞれの所在地に基づき、サイバースペース内の所有関係の境界を定めることができる。

とくに日本のような島国においては、サイバースペースにおける境界の設定が容易になる。端末や装置の所有者が誰であろうと、それらが日本の領土内に設置されている場合には、日本の主権下にあると規定することができる。外国人であろうとも日本国内にいれば、外交特権等の例外を除けば、原則として日本法の適用を受ける。同じように、日本国内にある端末や装置は日本法の適用を受け、それに対する各種の攻撃に対しては、日本法によって対処することができるはずである。サイバースペースとは既存の法体系から遊離した特別な空間ではない。

2012年4月26日、総理大臣官邸で開かれた情報セキュリティ政策会議に出席していた玄葉光一郎外相（当時）は、以下のように述べた。

今日国際社会においてはサイバー空間に従来の国際法が適用されるかという根本的な議論がある。外務省としてあらゆる検討を行った結果、この問題については、基本的には、サイバー空間にも従来の国際法が当然適用されるとの立場を取るのかが適当と考える。同時に、サイバー空間の特性に鑑み、個別具体的な法規範がどのように適用されるかについては、引き続き、議論していく必要があるとの立場である。この問題について、各国としっかり議論を行う（内閣官房情報セキュリティセンター（NISC）［2012］[2]）。

この発言は、サイバースペースだからといって特別な立法が必要というわけではなく、既存の各種の法律によってサイバー攻撃にも対処可能であるという外相および外務省の認識を示している。そうすると、日本の主権下にある端末、回線、装置に対して害を及ぼすような通信が行われた場合、これにどのような法概念によって対処することができるだろうか。

ここではまず、自衛隊法第84条に規定されている「領空侵犯に対する措置」を援用することにしたい。同条は以下のように書かれている。

防衛大臣は、外国の航空機が国際法規又は航空法（昭和二十七年法律第二百三十一号）その他の法令の規定に違反してわが国の領域の上空に侵入したときは、自衛隊の部隊に対し、これを着陸させ、又はわが国の領域の上空から退去させるため必要な措置を講じさせることができる。

また、２０１０年10月の国会答弁において政府は、外国の航空機が「我が国の領域の上空に侵入したときは、自衛隊の部隊に対し、これを着陸させ、又は我が国の領域の上空から退去させるため必要な措置を講じさせることができるとするものである」とし、領空侵犯に対する措置は、「公共の秩序の維持」に該当する任務であると答弁している。

上述のような考え方で、サイバースペースにおいて日本の主権下にある端末、回線、装置を特定し、それに対して、有害な通信が行われていると判断できれば、それを遮断し、それが目的の端末に届くことを阻止することができると解釈することはできないだろうか。現実には海底ケーブルや人工衛星を運用する通信事業者がそうした措置を講ずるということになるだろう。

ただし、インターネットを通り抜ける多くの通信は無害であり、有用でもある。インターネットを介して多様なアクターが多様な活動を行っている。そうすると、適用すべきは、「領空」侵犯の概念ではなく、「領海」侵犯の概念かもしれない。

領空侵犯は国際法においてほぼ確立された概念であり、自衛隊法にも規定がある。しかし、領海侵犯は慣習法であり、領空侵犯ほど確立された法概念ではない。海洋をめぐっては国連海洋法条約が存在するが、その条項の解釈をめぐっていまだに各国間に差異が見られる。

領空侵犯と領海侵犯の大きな違いは、無害通航権（right of innocent passage）の存在である。この権利は「船舶の航行利益と沿岸国法益との調和をはかる制度として長い史的慣行によって承認されてきた」とされ、「沿岸国の法益を侵害しないことを条件に、外国船舶は事前の許可や通告を要することなく領海を通航することができる（杉原ほか［２０１２：１２２］）」とするものである（領海条約第14条４項および国連海洋法条約第19条１項）。ここで、何が無害か、有害かは一義的には決まらない。船舶の行為や船種、通航目的、積荷の内容などによって判断される余地がある（杉原ほか［２０１２：１２３］）。

サイバースペースにおいて領空侵犯の概念を厳密に適用するとすれば、事前に許可のない通信をすべて止めてしまうことになりかねない。より政治的判断の余地を残すとすれば、領海侵犯の概念のほうが適切といえるかもしれない。そうした判断に加えて、議論を呼びかねないのは、どうやって、どこで通信が有害かどうかを判断するかという点である。海底ケーブルの陸揚げ局や人工衛星の基地局から一番近い通信事業者の施設内で行うのか、あるいはさらに入り込んだ各通信事業者の設備内で行うのか、あるいは、各種のトラフィックが集まるインターネット・エクスチェンジ（IX）といった場所で行うのか、さまざまな可能性がある。

そして、有害かどうかを判断する際に、通信のヘッダーや内容に基づいて判断するということになれば、憲法や電気通信事業法で保障された通信の秘密を侵害するとする議論が出て来る可能性がある。無論、通信の秘密は絶対不可侵の権利とするよりは、国家安全保障上ないし人権上の法益と照らしたバランスの下で検討されるべきだろう。とくに、外国からの通信に関しては、仮に外国にいる日本人が通信の発信者であるとしても、その内容を一部確認することは認められてもおかしくはない。実際に、そうした措置は米国をはじめとする諸外国では行われている（大津留〈北川〉［２００９：59－75］、土屋［２００９：67－77］）。さらに、２０１３年６月にＮＳＡの業務を請け負っていたエドワード・スノーデンが暴露したように、ＮＳＡは米国の通信事業者やサービス事業者と協力し、世界規模で通信傍受を行っており、プライバシーの侵害が大きな問題となっている（Harding［2014］；Greenwald［2014］）。

もう一つの問題は、そうした通信の傍受ないしスクリーニングを行うことによって、通信のスピードがある程度損なわれる可能性があるという点である。しかし、インターネットにおける通信が非同期通信であり、ベスト・エフォート（サービスの品質保証のない通信）を前提としているとすれば、これも国家安全保障上ないし人権上の法益と照らして判断されるべきだろう。

## 6　日本の課題

米国政府は、陸、海、空、宇宙に次ぐ第5の作戦空間としてサイバースペースを規定している。これらの五つの作戦空間において、日本が最も多く「攻撃」を受けているのはサイバースペースである。無論、近年では領空侵犯や領海侵犯といった事例が数多く起きるようになっている。しかし、サイバースペースにおいて有害な通信が届くという意味での領域侵犯は毎日無数といってよい規模で起きている。この問題に対処することが、非伝統的な安全保障の一環として日本に求められている。

日本がサイバー攻撃への対処能力を高めるためには、人材育成の問題、情報共有の問題などが当然のことながら検討されなくてはならない。本章では、とくに法的基盤整備の一環として、領域侵犯の概念を検討した。その是非は今後検討されなくてはならない。

さらに、法的な基盤の整備としては、サイバー攻撃のどこからが武力行使として見なされるのか、個別的自衛措置としての反撃はどこまで、どのような形で認められるのか、集団的自衛権はどのような形で適用できるか、抑止は可能か、集団安全保障は可能かといった問題も残されている。

しかしながら、こうした問題に明確な答えを性急に出すことが望ましいかどうかという点には、再考の余地がある。今後、サイバーセキュリティをめぐって情勢が大きく変化する可能性がある。そうした場合、性急に線引きを行い、かえって対処能力の幅を制限することがあってはならない。むしろ戦略的曖昧さを残しておくことが肝要であろう。

## 注

1 「ハッカー」はもともと技術に精通した人々を指す言葉であり、不法行為を行う人々という意味ではない。ハッカーたちの技術が、門外漢にはある種の魔法のように見えるため、一種の魔女狩りのように「ハッカー」は悪者の代名詞となった。

2 「情報セキュリティ政策会議第29回会合議事要旨」http://www.nisc.go.jp/conference/seisaku/dai29/pdf/29gijiyoushi.pdf（２０１３年１月30日アクセス）。なお、この議事要旨では発言者は特定されていないが、読売新聞は外相の発言と報じている（読売新聞 ２０１２年５月15日）。筆者もこの会議に参加していた。

## 参考文献


Arquilla, John, and David Ronfeldt［1993］“Cyberwar is Coming !” *Comparative Strategy*, vol. 12, no. 2, Spring, pp. 141-165.

Clarke, Richard A., and Robert K. Knake［2010］*Cyber War：The Next Threat to National Security and What to Do about It*, New York：ECCO. クラーク、リチャード、ロバート・ネイク（北川知子、峯村利哉訳）『世界サイバー戦争―核を超える脅威　見えない軍拡が始まった―』（徳間書店、２０１１年）。

CSIS［2008］“Securing Cyberspace for the 44th Presidency：A Report of the CSIS Commission on Cybersecurity for the 44th Presidency,” Washington, DC, CSIS.

Farwell, James P., Rafal Rohozinski［2011］“Stuxnet and the Future of Cyber War,” *Survival*, vol. 53, no. 1, pp. 23-40.

Greenwald, Glenn［2014］*No Place to Hide：Edward Snowden, the NSA, and the U.S. Surveillance State*, New York：Metroporitan Books.

Harding, Luke［2014］*The Snowden Files: The Inside Story of the World’s Most Wanted Man*, London：Vintage.

Information Warfare Monitor［2009］Tracking GhostNet：Investigating a Cyber Espionage Network, Information Warfare Monitor〈http://ja.scribd.com/doc/13731776/Tracking-GhostNet-Investigating-a-Cyber-Espionage-Network〉（posted on March, 29, 2009.：accessed on March 10, 2014）.

Lynn, William J., III［2010］“Defending a New Domain：The Pentagon’s Cyberstrategy,” *Foreign Affairs*, vol. 89, no. 5, pp. 97-108.

Nagash, Gautham［2010］“Alexander Says U.S. Networks under Constant Attack,” *The Hill*, June 3.

Nye, Joseph S. [2010] "Cyber Power," Harvard Kennedy School Belfer Center for Science and International Affairs.

Panetta, Leon E. [2012] "Remarks by Secretary Panetta on Cybersecurity to the Business Executives for National Security, New York City, October 11, 2012," Department of Defense 〈http://www.defense.gov/transcripts/transcript.aspx?transcriptid=5136〉 (accessed on January 30, 2013).

Sanger, David E. [2012a] *Confront and Conceal : Obama's Secret Wars and Surprising Use of American Power*, New York : Crown Publishers.

Sanger, David E. [2012b] "Obama Order Sped Up Wave of Cyberattacks against Iran," *New York Times*, June 1, 2012.

Satter, Raphael [2012] "Afghanistan Cyber Attack : Lt. Gen. Richard P. Mills Claims To Have Hacked The Enemy," Huffington Post 〈http://www.huffingtonpost.com/2012/08/24/afghanistan-cyber-attack-richard-mills_n_1828083.html〉 (posted on August 24, 2012 ; accessed on January 31, 2013).

Sarkar, Avik [2012] "Russian Hacker Behind Cyber Attack on Georgia Caught on His Webcam," Voice of Grey Hat 〈http://www.voiceofgreyhat.com/2012/11/Russian-Hacker-Caught-on-His-Webcam.html〉 (posted on November 2, 2012 : accessed on January 30, 2013).

Srinivas, Supriya [2012] "Governments/military Drive Growth for MSS Industry," SatellitePro 〈http://www.satelliteprome.com/opinion/governmentsmilitary-drive-growth-for-mss-industry/〉 (posted on March 18, 2012 : accessed on January 30, 2013).

Taylor, Rob [2012] "Taliban Website Hacked as Afghan Cyber War Heats up," Reuters 〈http://www.reuters.com/article/2012/04/27/net-us-afghanistan-taliban-hacking-idUSBRE83Q09I20120427〉 (posted on April 27, 2012 ; accessed on January 31, 2013).

Tikk, Eneken, Kadri Kaska, and Liis Vihul [2010] *International Cyber Incidents : Legal Considerations*, Tallinn : Cooperative Cyber Defence Centre of Excellence.

Tsuchiya, Motohiro [2012] "Cybersecurity in East Asia : Japan and the 2009 Attacks on South Korea and the United States," Kim Andreasson, ed., *Cybersecurity : Public Sector Threats and Responses*, Boca Raton, FL : CRC Press, pp. 55-76.

Tsuchiya, Motohiro [2012] "Patriotic Geeks Wanted to Counter a Cyber Militia," *AJISS-Commentary*, February 17.

United States Department of Defense [2010] *Quadrennial Defense Review* 〈http://www.defense.gov/qdr/qdr%20as%20of%2029jan10%201600.PDF〉 February.

United States Department of Defense〔2011〕*Strategy for Operating in Cyberspace*, Department of Defense〈http://www.defense.gov/news/d20110714cyber.pdf〉July.
United States Government Accountability Office〔2007〕*Critical Infrastructure Protection : Sector-Specific Plans' Coverage of Key Cyber Security Elements Varies*〈http://www.gao.gov/new.items/d08113.pdf〉October.
United States Government Accountability Office（GAO）〔2010〕*Cyberspace : United States Faces Challenges in Addressing Global Cybersecurity and Governance*, GAO-10-606, Washington, D.C., July.
The White House〔2003〕*The National Strategy to Secure Cyberspace*, Washington, D.C., February.
The White House〔2003〕*Homeland Security Presidential Directive 7, Critical Infrastructure Identification, Prioritization, and Protection*, Washington, D.C., December 17.
The White House〔2008〕*National Security Presidential Directive 54/Homeland Security Presidential Directive 23*, Washington, D.C., January 8.
The White House〔2009〕*Cyberspace Policy Review : Assuring a Trusted and Resilient Information and Communications Infrastructure*〈http://www.whitehouse.gov/assets/documents/Cyberspace_Policy_Review_final.pdf〉May.
伊東寛〔２０１２〕『「第５の戦場」サイバー戦争の脅威』祥伝社。
ボブ・ウッドワード〔２０１１〕（伏見威蕃訳）『オバマの戦争』日本経済新聞出版社。
大津留（北川）智恵子〔２００９〕「大統領像と戦争権限」『アメリカ研究』第43号、59～75頁。
情報セキュリティ政策会議〔２０１０〕「国民を守る情報セキュリティ戦略」（２０１０年５月11日）
杉原高嶺・水上千之・臼杵知史・吉井淳・加藤信行・高田映〔２０１２〕『現代国際法講義〔第５版〕』有斐閣。
土屋大洋〔２００７〕『情報による安全保障―ネットワーク時代のインテリジェンス・コミュニティ―』慶應義塾大学出版会。
土屋大洋〔２００９〕「デジタル通信傍受とプライバシー―米国におけるＦＩＳＡ（外国インテリジェンス監視法）を事例に―」情報通信学会編『情報通信学会誌』第91号（第27巻２号）、67－77頁。
土屋大洋〔２０１１〕「日本のサイバーセキュリティ対策とインテリジェンス活動―２００９年７月の米韓同時攻撃への対応を例に―」『海外事情』（２０１１年６月号）、16－29頁
土屋大洋〔２０１２〕『サイバー・テロ　日米 vs. 中国』文春新書。
内閣官房情報セキュリティセンター（ＮＩＳＣ）〔２０１２〕「情報セキュリティ政策会議第29回会合議事要旨」〈http://www.nisc.go.jp/conference/seisaku/dai29/pdf/29gijiyoushi.pdf〉（２０１３年１月30日アクセス）。

西本逸郎、三好尊信［２０１２］『サイバー戦争の真実』中経出版。
デイブ・マーカス、ライアン・シェルストビトフ［２０１２］「分析：Operation High Roller」〈http://www.mcafee.com/japan/security/rp OperationHighRoller.asp〉（access on December 22, 2012）
ジェームズ・ライゼン（伏見威蕃訳）［２００６］『戦争大統領―ＣＩＡとブッシュ政権の秘密―』毎日新聞社、２００６年。

# 終章　歴史の流れのなかで考えよ

渡邉昭夫

## 1　「彼を知り、己れを知れば百戦して殆うからず」

孫子の兵法を語るほどの人ならば誰でもが記憶しているはずのこの一句が、防衛戦略研究会議の議論に参加した我々すべての念頭にあったのは、当然であろう。いかに自分の持ち駒を上手く使って相手に打ち勝つかという狭義の戦略、つまり「兵法」について我々は問題にしているのではないが、「紛争を解決するために用いる、二つの対立する意志の弁証法のアートである」という戦略の定義（アンドレ・ボーフル）に従うならば、対峙する彼我についての充分な認識がまず何よりも必要であることは、自明だからである。その意味では、「彼を知り、己れを知る」のが戦略の要諦だと、いってよい。

だがあえていえば、「彼を知り、己れを知る」だけで充分だろうか。「時を知り、場を知る」ことが、さらに求められる。というよりも、「彼を知り、己れを知る」ためにも、「時と場」を知ることが必要である。再び、孫子に戻れば、「彼を知り、己れを知れば、乃ち殆うからず」に続けて「地を知り、天を知れば、乃ち全し」とある。我々が「時を知り、場を知る」ことが、戦略には必須だというのは、無論孫子の考えと矛盾するものではないが、我々の関心事が、狭義の戦略、即ち、戦場においていかに敵に打ち勝つかということではなくて、国際場裡において国家がいかに振舞うべきかという「大戦略」（あるいは「国家戦略」）である以上、より包括的な意味で「時と場」について知ることが必要だという意味においてである。

つまり、彼我を包む時代の流れがいかなるものであり、両者間の弁証法的相互作用の生起する環境がいかなる特徴を持っているのかを知ることが、彼と我とを知ることと不可分の関係にある。我々が、年間を通じての研究テーマとして「２０１０年代の国際環境と日本の安全保障」を選び、現在および近未来（＝「２０１０年代」）が国際システムの長い歴史のなかで、いかなる位置を占める時代であるのかについて、また、日本を取り巻く安全保障環境（＝場）の諸特徴を全体としての「国際社会」のシステム変動の観点から考察しようと志したのは、そのような問題意識からであった。その際キー・ワードとなったのが、「パワー・シフト」という概念である。この概念については、冒頭の山本吉宣氏の論文が周到な解明を試みている。それに続く中西寛氏の論文は、同じテーマを、歴史と文明論の視点から、アジア太平洋の諸国がそのなかに置かれている状況に光を当てている。いわば、彼と己れを知るために必要な、「時と場」についての大きな図を描いて見せるのが、この2論文の目的である。それに続く各章では、日本がいろいろな意味で、協力したり、競争したりするのを運命づけられている相手についての立ち入った分析を行う。ところで、日本とこれら諸国とがそれぞれの「国益」（＝安全保障）の目的から協力あるいは競合する際に、いかなる物理的な次元で関係を取り結ぶのかについても、目覚ましい技術上の革命に伴う重要な変化が進行しつつあるのが、「現代」の一特徴である。平面（陸地や海洋）だけでなく、空、宇宙、さらには、サイバースペースを含めた立体的な空間（いわば3Ｄ空間）が、諸国が鎬をけずる舞台となっている。先に述べたこととの関連でいえば、「場」の概念が、伝統的なものを越えて変質しつつある。その意味で、「場」とは、我々が手にしている技術の関数であり、「時」とともに変動する。最後の三つの章は、そうした観点からの考察である。

具体的に何が論じられているのかは、本書所収の各章を読んでいただければよいので、下手な要約を試みるのは、止めておこう。そこで、以下は、年間を通じての研究会での議論を聞き、そのまとめとしての本書所収の諸論文を読みながら議長として私の感じたいくつかの点と、読者に期待する事柄についてのコメントである。

## 2　焦点としての中国

20世紀の末から21世紀の初期にかけて、中国が国際情勢について人々が論じる際の焦点となってきている。本書の考察の対象である２０１０年代についても、そのことに変わりはない。否、中国の動向とそれに立ち向かう他の諸国（中でも、アメリカと日本）の態度がますます中心的なテーマであることが、鮮明になってくると予測できる。中国が人々の関心の中心となるには幾つかの理由がある。

### (1)冷戦の終焉

冷戦時代に「西側諸国」の戦略的議論の焦点であったソ連に代わって中国という存在が浮かび上がってきた。かつての米ソ対立に代わって米中関係が新しい時代の軸になったといえば、多分単純すぎるのであろう。わかり易さを求める人間の認識能力が、そのような存在を必要とするのかもしれない。１９９０年代の初めにソ連の脅威が目に見えて希薄化する頃、ワシントンで1年間を過ごした筆者は、アメリカ国務省のある人が、これまで、ソ連という「太陽」を目標にしていろいろやってきたのに、急に、それが見えなくなって、方向を見失ったと、その困惑ぶりを語ったことをよく思い出す。「太陽」という比喩がこの場合適切であるかどうかは別として、彼のいわんとすることは、よくわかった。対外政策や国防政策に新しい方向づけを与える存在としてソ連に代わって中国が直ちに浮上したわけではない。その頃、一部の米国人が（相当の識者を含めて）、日本が将来の脅威だと盛んに論じ立てたことは、未だ記憶に新しい。非米的な存在、西欧近代とは異質なものの象徴が日本であった。その後、いくつかの変遷を経て、次第に中国が浮上して来る。中国が問題とされる理由は次項以下で考察するが、ここで、第1に確認しておくべきは、国際システムの構造的変化との関連で、中国の動向が強く意識されるようになったことである。それが、パワー・シフトとかパワー・トランジッションという言葉とともに中国の動向が語られる理由である。

アメリカあるいはアメリカを中心とする「先進」諸国がこれまでもっていた力の優位が、台頭してくる新興の諸国（なかでも中華人民共和国）によって脅かされる事態が起きているという認識が広がっているのが、現代の顕著な現象である。そのような状況で追い上げる側の国々はどう行動するのか、また追い上げられる側はどういう戦略によって対応するのかについて、歴史的先例を参照しながら考察する必要がある。参照すべき先例はそれほど多くはないし、具体的状況は多様であるので、容易な一般化はできないが、そのような考察は、ある程度、現代中国の行動を理解するのに役立つはずである。米ソ対立時代にも体制間競争の意識がなかったわけではないし、過去のものとなりつつある「資本主義」世界が未来の展望を開く「社会主義」世界に追い越されそうになってきているという時代認識がなかったわけでもないが、どちらかといえば、静態的な構造の枠内での両陣営のせめぎ合いのイメージが支配的であった。それに比べて、冷戦後は、国際システムの構造そのものが変動しつつあるいう「動態的」なイメージが強くなっている。つまり、時代が急速に移りつつあるという時代意識が今日の特徴である。

そこで問題になるのは、そのような変動をもたらす原動力は何か、つまりパワーの本質とは何かである。国の力、国力とは何かと問われて、つまるところは経済力だ、GNPだという議論に長い間、戦後日本人は慣れている。力とはそれほど単純なものではないとはいうものの、やはり力の変動の根底にあるのは経済の動向であるという考えは、否定し難いようである。従来のパワー・シフト論で、たとえば、古典的なオーガンスキーの議論でも、力のシフトの原因として経済が念頭にあった。

### (2)中国の「近代化」と力の源泉

中国の、たとえばアメリカに対する関係について語られる場合、両国の経済情勢の近年における動向がその背景にあることとは、半ば自明のこととされている。一方における中国経済の目覚ましい近代化があり、他方には諸困難を抱えたアメリカ経済(とくにリーマンショック以後)がある。そのことが、安全保障にどう影響するかの最も見やすい兆候は、中国の軍事予算の急速かつ持続的な拡大傾向と、財政難の結果としてのアメリカの国防予算削減という事実である。ほぼ同じことが、日中関係についても当てはまる。

一定の期間内の傾向をそのまま延長して将来を予測するいわゆる外挿法を不用意に適用することは、この際も慎むべきであろう。現に、中国経済の見通しについても「中国が米国を追い抜く日は来ない」と説く専門家もいる(津上俊哉『中国台頭の終焉』日本経済新聞社)。とすれば、中国経済の高度成長が今後も続くということを前提としているパワー・シフト論も留保付きで受け取る必要がある。

だが、自分にとって都合のよい方向で考えたがるのも、人々の陥り易い過ちであるので、少なくとも、この先10年は、中国の経済力とそれに基づく国力の伸張が続くという前提で組み立てた我々の分析と提言は、理のあるものと称して差し支えないであろう。

より大きな歴史の流れに関連づけて見ると、先進工業諸国が脱工業化（ポストモダン化）する一方で、途上国の工業化（≒近代化）が進むという20世紀の（そしてしばらくは21世紀に持ち越されるであろう）趨勢の突出した事例として、中国の台頭は理解すべきであろう。ＢＲＩＣＳや、Ｇ20というものが関心を惹きつつあることからわかるように、西欧中心の「近代」が変貌しつつあるのをいま、人々は目にしているのである。

しかし、中国の台頭が意味するところは、そのような一般化では捉え切れないものを含んでいるように思える。そこで、我々は、歴史と地理において中国が占める独特の位置に注意を向けなければならない。

### (3)中国文明と歴史観

フェルナン・ブローデルの言葉を借りれば、「中国文明が今経ているのは、その極めて長い歴史上、最も大きく、最も激しい人類の実験」である。その実験とは、「多岐に亘る多様な社会的・経済的・政治的・知的・道徳的再編」、つまり、「事物、人間、階級を、そして可能ならば、外の世界を、中国の意志によってつくられた新しい状況に従わせること」なのである（『文明の文法Ｉ──世界史講義』、みすず書房、２３４頁）。我々がとくに関心を抱くのは、上の引用文の最後の部分、即ち「外の世界を、中国の意志によってつくられた新しい状況に従わせること」について中国がどのような考えを現在もっているのか、そして将来もつようになるのかである。中国文明のなかで育ち、しかも、広い国際的視野から中国について透徹した考察を示している歴史家ワン・ガンウー（元香港大学学長）によれば、中国は、国内の所得格差をはじめ、善良な統治を行うために克服すべき問題が山積しており、加えて、中国経済はグローバルな環境のなかにあり、あらゆるレベルで国際ルールに従って、行動するように促されているので、「国際関係における行動や対話の規範が西洋によって設定され、19世紀西洋文明の侵略的、拡張主義的勢力によって世界中に広められたことを熟知」してはいるが、今日の中国は、「総体的には、近代国家システムによって設定された国際規範を支持し、それを強化して近隣地域の状況に適用していくことに貢献する決意と意欲を有していることを示す十分な証拠がある」とされる（『中華文明と中国のゆくえ』、岩波書店、１５２頁）。無論、それは、他国、とくにアメリカと日本が、中国にどう対応するかにも懸かっているとワン・ガンウー教授は注意深く指摘するのを忘れてはいない。中国人の「文化的自尊心」「文明のナショナリズム（ブローデル、２４２頁）」「西洋人に復讐したいという中国の欲望」（同２４６頁）は無視できない要因である。

**（４）地政学的位置**

誰しも気づくように中国は地球上の大きな部分を占め、その国土が、北はロシア、モンゴル、西は中央アジア諸国および西南アジア、南は南シナ海と東南アジア諸国、東は東シナ海と北東アジア諸国（朝鮮半島と日本列島、そして台湾）と隣接している。したがって、中国の動向によって影響を受ける関係諸国や地域は数多いが、そのなかでも、２０１０年代に最大の関心を集めるのが、東シナ海と南シナ海とである。ここが、目下世界政治の要（pivot）となっている事情については、坂元論文が意を尽くしているので改めての詳説を要しない。ワン・ガンウーが説くように、長い歴史の大部分を通じて北方の外敵への対応に専念して海洋事業に乗り出すことを躊躇してきた中国がいまや東と南に関心を向けるときが来たが、それはまた、地球全体が相互依存の網の目で密接につながるようになってきた時代でもある。これをいい換えれば、国際社会に生きるすべての国々にとって海洋の自由と安全保障がとりわけ重視される時代の到来である。

**（５）中国はそもそも「国家」なのか**

このような問い掛けをする論者がいまもいる（橋爪大三郎他『おどろきの中国』講談社）。この問いは、古くしてまた新しい。人口の圧倒的多数を占める「漢族」だけで説明できないという特有の「民族」構成との関連で、近代的な nation=state の概念に収まり難いというよくいわれる意味においてのみでなく、ガヴァナンスのあり方において、「普通」でないという意味からである。stateness といういささか捉え難い概念をあえてもち出すのを許していただければ、かつてはその stateness の少なさが（たとえば１９３０年代の国際連盟による「満州問題」の処理の難しさは、一方の当事者である当時の中国の主権国家としての未熟さにあった）そしていまやその過剰さ（あえていえば「軍国主義」化）が、ふつうの国家間の関係の成立を困難ならしめている。台湾やチベットの問題も含めて、今後の中国の「国のかたち」は重要な未知数である。

## 3 「逆説の集積地」としての日本

歴史と地理に関連した多くのジレンマを抱えている点では、日本も、中国に劣らない。中西寛氏に従えば、日本は現代世界に存在するさまざまな逆説の集積地である。このテーマをめぐる文明論的な考察は数多くあるが、ここでは、これ以上は立ち入らない。ただ、今日の中国の「近代化」に伴う諸困難は、我々から見ると「既視感」に襲われざるをえないものが多いということにだけ言及しておく。たとえば、ｐｍ２・５のような北京の大気汚染は少し前の東京の光化学スモッグ騒ぎを想起させるといった身近な例から、あらゆる場面で「西欧」との対決を迫られる近代アジアの知識人の精神的苦悩といった深刻な例に至るまで、多種多様な事例がある。日本がかつて歩んだ道を、いまの中国が歩んでいる。その意味で、共に腹を割って語り合うべき多くのものをもっているはずの日中両国の間で、稔りあるコミュニケーションが、乏しいのは、両国民の大なる不幸である。それこそが、真の意味での「歴史認識」の共有であろう。この場合も「外国の政府や政治家がいかに善意と理想主義の意図からであれ、中国のような大国に対して指図したり、判決を言い渡すかのような態度を取るのは、極めて、非生産的な結果を招く」というワン・ガンウーの警告は念頭に置く必要がある（前掲書、１４４頁）。

## ４　「戦略のパラドックス」と戦略的柔軟性

以上の考察からもわかるように、台頭しつつある中国にどう対応すべきかというのは、極めて複雑な難問であって容易に解答が出ない。しかし、振り返って考えてみれば、そもそも戦略的コミットメントとは、パラドキシカルなものである。互いに競い合う関係のなかで、将来について何らかの予測を立て、それに基づいて、一定の選択を行うのが、戦略である。だが、予測は原則的に完全を期し難い。多かれ少なかれ不完全な予測に基づいてある行動を選択しなければならないのがふつうである。予測の間違いから来る好ましくない結果を最小限に食い止めるには、戦略をたえず見直し必要に応じて変更する能力、即ち戦略的柔軟性が必要である。予測が長期に関するものである場合は、より不確実性は大きい。組織の上層（政策決定者）は長い時間軸に責任を負い戦略的不確実性に目を配り、より低い層（現場）は、もっと短い時間軸に責任を負い、すでになされたコミットメントの着実な遂行に努力を傾注する（マイケル・レイナー『戦略のパラドックス』、翔泳社）。過去の実績に照らしてみると、ビジネスの世界はともかく、国家戦略において、後者は得意だが、前者（長期的戦略）に弱いのが、日本人である。

すでに述べたように、２０１０年代を見通す我々の作業は、中国経済がこれまでの勢いで伸び続けるという予測の上に立っているが、その予測が合っていると頭から決めてかかって、いたずらに悲観論に陥るのは、無意味である。

だが、日本の安全保障のために不都合なシナリオを考慮から排除した楽観論はもっと危険である。

## 5 外交・安全保障政策コミュニティ

最後に政策決定の責任を負う人々と我々の関係について述べておきたい。政策決定の中枢から一定の距離をとりながら、内部にいる人々を観察し、機会があれば彼らに助言するという立場に我々は、身を置いている。政策決定過程に関するある専門家がいうように、学者、研究者、専門家などは、政策決定の中枢にいる当局者と一般人（外部の人々）との微妙な中間に位置している（John Kingdon, *Agendas, Alternatives, and Public Policies*, Longman : chapter 3 'outside of government, but not just looking in'）。つまり、戦略的コミットメントの責任のない、我々のような存在は、戦略的コミットメントの責任を負う人々（なかでも長い時間軸に責任を負う政府の最高レベルの当局者やその補佐に当たる官僚）に対して語り掛ける気持ちで、このような「報告書」を書いている。そして、マスメディアや国民のなかの関心層（attentive public）をも読者層として想定している。政策決定者からここまでを含む人々からなる外交／安全保障政策のcommunityが対話の相手である。

## 6 歴史の流れのなかで考える

以上に述べてきたことを、少し違ったいい方で、いい直してみることで、この章を閉じる。政策決定者は歴史をどう使うべきかを主題とする本（Ernest May and Richard Neustadt, *Thinking in time*, Free Press）から、少し引用しておく。

「歴史の流れの中で考えることの本質は、未来を、未来が過去になることがあるというように想像することである――それはある程度理解できる連続性をもつが、しかし、驚くほど充分に複雑であり、強力である。その習慣を身に付けている人は、それによって、『問題解決』に用心深いのである。絶望せず、疑い深くもなく、まさに用心深い」「いやしくも予測可能であるにしても、予想外で予測することが非常に難しい非連続性が含まれている、どちらの兆候が現われるかについて現在を見守り、もしくは、さらに両者を改良することを学んだ人は、歴史の流れのなかで考えることを学んできたと言ってもよいだろう」（引用は、臼井久和他訳『ハーバード流歴史活用法』三嶺書房）。

複雑で、非常に難しい非連続性が含まれている未来について予測しながら、今後の日本の安全保障戦略、防衛戦略に取り組もうとする政策決定の当事者たちに、我々の「報告書」が多少とも役立つことがあれば、望外の幸せである。

## 執筆者紹介(掲載順)

**山本吉宣**(新潟県立大学教授、PHP総研研究顧問)
1966年東京大学教養学部卒業。1974年米国ミシガン大学政治学部博士課程修了(Ph.D.)。埼玉大学、東京大学、青山学院大学教授を経て、2013年より現職。主要な著書に『「帝国」の国際政治学』(東信堂、2006年)、『国際レジームとガバナンス』(有斐閣、2008年)、『日本の大戦略』(共著、PHP研究所、2012年)などがある。

**中西寛**(京都大学大学院法学研究科教授)
1985年京都大学法学部卒業。同法学研究科大学院修士課程修了、1991年同博士後期課程退学。その間、1988年〜1990年、シカゴ大学歴史学部博士課程在籍。1991年4月、京都大学法学部助教授、2002年4月より現職。専攻は国際政治学。主な著書に『国際政治とは何か』(中公新書、2003)、『歴史の桎梏を越えて』(千倉書房、2010、小林道彦との共編著)、『国際政治学』(有斐閣、2013、石田淳、田所昌幸との共著)。

**坂元一哉**(大阪大学大学院法学研究科教授)
1979年京都大学法学部卒業。同大学大学院法学研究科修士課程修了。米国オハイオ大学留学(MA)。京都大学法学部助手、三重大学人文学部助教授、大阪大学法学部助教授などを経て現職。京都大学博士(法学)。専攻は国際政治学・外交史。主な著書に『戦後日本外交史』(共著、有斐閣、1999年、吉田茂賞受賞)、『日米同盟の絆』(有斐閣、2000年、サントリー学芸賞)、『日米同盟の難問』(PHP研究所、2012年)。

**浅野亮**(同志社大学法学部政治学科教授)
1977年国際基督教大学教養学部卒業。1983年同大学大学院行政学研究科博士課程修了。日本国際問題研究所研究員、姫路獨協大学外国語学部教授などを経て、2004年4月より現職。主な著書に『中国をめぐる安全保障』(ミネルヴァ書房、2007年、共著)、『中国の軍隊』(創土社、2009年)、『肥大化する中国軍』(晃洋書房、2012年、共著)、『概説　近現代中国政治史』(ミネルヴァ書房、2012年、共著)。

**袴田茂樹**（新潟県立大学教授）
1967年東京大学文学部哲学科卒業。モスクワ国立大学大学院修了、東京大学大学院国際関係論博士課程満期退学。青山学院大学教授、プリンストン大学客員研究員、東京大学大学院客員教授、モスクワ大学客員教授。専攻は現代ロシア論。主な著書に『深層の社会主義』（筑摩書房、1987年）、『ソ連』（中公新書、1987年）、『ロシアのジレンマ』（筑摩書房、1993年）、『文化のリアリティ』（筑摩書房、1995年）、『沈みゆく大国』（新潮選書）、『現代ロシアを読み解く』（筑摩書房、2001年）などがある。

**小此木政夫**（慶應義塾大学名誉教授）
1969年慶應義塾大学法学部政治学科卒業。1972〜1974年延世大学政治外交学科博士課程在籍、1975年慶應義塾大学法学研究科修了。1981〜1982年フルブライト留学（ハワイ大学、ジョージ・ワシントン大学）。1987年法学博士（慶應義塾大学）。主な著書に『朝鮮戦争』（中央公論社、1996年）、編著に『ポスト冷戦の朝鮮半島』（日本国際問題研究所、1994年）、『市場・国家・国際体制』（慶應義塾大学出版会、2001年）、『東アジア地域秩序と共同体構想』（同上、2009年）などがある。

**菊池努**（青山学院大学国際政治経済学部国際政治学科教授、〈公益法人〉日本国際問題研究所客員研究員）
1977年埼玉大学教養学部卒業。1983年一橋大学大学院法学研究科博士課程修了。博士（法学）。南山大学法学部教授、オーストラリア国立大学客員研究員、ブリティッシュ・コロンビア大学客員教授などを歴任。アジア太平洋の国際関係専攻。本稿と関連する最近の論稿として、「インド太平洋の地域秩序と地域制度、スイング・ステーツ：インド、インドネシア、ASEAN」、黒柳米司編著『「米中対峙」時代のASEAN』、明石書店、2014年2月、71－95頁。「東アジア秩序の行方：リベラルな見方」『国際問題』623号（2013年7・8月合併号）、2013年7月、30－41頁。

**秋山昌廣**（東京財団理事長）
1964年東京大学法学部卒業。同年大蔵省入省。在カナダ日本国大使館参事官、大蔵省銀行局調査課長、主計局主計官、奈良県警察本部長、東京税関長などを歴任。1991年防衛庁に移り、防衛審議官、経理局長、防衛局長、防衛事務次官を経て、1998年退官。1999～2001年ハーバード大学客員研究員、2001～2012年海洋政策研究財団会長。主な著書に『日中安全保障・防衛交流の歴史・現状・展望』（亜紀書房、2011年、共編著）、『海の国際秩序と海洋政策』（東信堂、2006年、共編著）、『日米の戦略対話が始まった』（亜紀書房、2002年）、『サイバー犯罪、サイバーテロリズム、サイバー戦争』（ディフェンスリサーチセンター、2000年、翻訳）

**橋本靖明**（防衛省防衛研究所理論研究部政治・法制研究室長）
1983年金沢大学法文学部卒業。慶應義塾大学大学院法学研究科修士課程修了。ライデン大学（オランダ）博士候補。専門は国際法、宇宙法、サイバー法。国際宇宙法学会（International Institute of Space Law）理事（2013年～）。宇宙政策委員会臨時委員（2013～2014年）。
主要著書に『航空宇宙法の展開（関口雅夫教授追悼論文集）』（共著、八千代出版、2005年）、「宇宙基本法の成立―日本の宇宙安保政策―」防衛研究所ブリーフィングメモ（2008年）、『東アジア戦略概観2008』第１章「中国の宇宙開発」（防衛研究所、2008年）、'Effective Utilization of Space Assets –Towards the Safer Regional Circumstances–'International Symposium on Space Technology and Science（2011）等。

**土屋大洋**（慶應義塾大学大学院政策・メディア研究科教授）
1994年慶應義塾大学法学部卒業。同大学大学院政策・メディア研究科後期博士課程修了。博士（政策・メディア）。2011年より現職。主な著書に『サイバー・テロ 日米vs.中国』（文春新書、2012年）、『ネットワーク・ヘゲモニー』（NTT出版、2011年）、『情報による安全保障』（慶應義塾大学出版会、2007年）。

**渡邉昭夫**（財団法人平和・安全保障研究所副会長）
1958年東京大学文学部卒業。1966年オーストラリア国立大学博士課程修了（Ph. D）。明治大学助教授、東京大学教授、青山学院大学教授、財団法人平和・安全保障研究所理事長を経て2006年より現職。主な著書に『戦後日本の政治と外交』（福村出版、1970年）、『アジア太平洋の国際関係と日本』（東京大学出版会、1992年）、『日本の近代８』（中央公論社、2000年）などがある。

# 日本をめぐる安全保障
# これから10年のパワー・シフト

2014年 8 月28日　第1版第1刷発行

| | |
|---|---|
| 編著者 | 渡邉昭夫、秋山昌廣 |
| 発行所 | 株式会社亜紀書房<br>〒101-0051<br>東京都千代田区神田神保町1-32<br>電話……(03)5280-0261<br>FAX ……(03)5280-0263<br>http://www.akishobo.com<br>振替　00100-9-144037 |
| 印刷 | 株式会社トライ<br>http://www.try-sky.com |
| 装幀 | 芦澤泰偉 |

Printed in Japan
ISBN978-4-7505-1414-7 C0031

亜紀書房の本

新訂第4版
## 安全保障学入門
防衛大学校安全保障学研究会〔編著〕
初版刊行以来、読者の圧倒的支持を得てきた定番を大改訂。
「いま問われるべき課題群」に切り込んだ入門書。
二六〇〇円

## 安全保障のポイントがよくわかる本
防衛大学校安全保障学研究会〔編著〕
武田康裕〔責任編集〕
ますます混沌とする国際状勢を「安全保障」の視点から読み解き、
国際社会における日本の立場と将来像を浮き彫りにする。
二五〇〇円

増補改訂版
## 「新しい安全保障」論の視座
人間・環境・経済・情報
赤根谷達雄・落合浩太郎〔編著〕
ここ十数年、環境破壊や過度の輸出攻勢までも安全保障に取り込む動きが台頭している。
安全保障概念の歴史を辿り、新思潮の是非を検証する。
二四〇〇円

## 「テロ対策」入門
遍在する危機への対処法
テロ対策を考える会〔編著〕
宮坂直史〔責任編集〕
国際的にテロが頻発するなかで、日本でもその対策が急務となっている。
現代テロの背景と構造を明らかにし、日本がとるべき対策モデルを提示する。
二五〇〇円

＊価格は税別です。